ESPAÑA. UNA HISTORIA GLOBAL

LUIS FRANCISCO MARTÍNEZ MONTES

GLOBAL SQUARE EDITORIAL

MADRID

2018

© Global Square Editorial S.L. Madrid, 2018.

Colección Global Agora.

www.globalsquaremagazine.com

ISBN: 9788494938108

Salvo indicación en contrario, las imágenes utilizadas para ilustrar el texto pertenecen al dominio público.

En la cubierta: *De Español y Mestiza, Castiza*. Miguel Cabrera, 1763. Museo de América, Madrid.

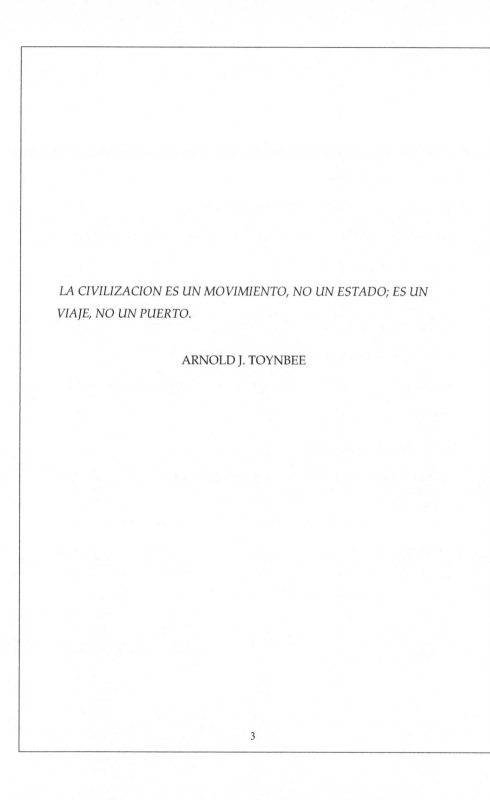

LA CIVILIZACION ES UN MOVIMIENTO, NO UN ESTADO; ES UN VIAJE, NO UN PUERTO.

ARNOLD J. TOYNBEE

ÍNDICE

OTRO PUNTO DE VISTA

Entre finales del siglo XV y principios del XIX, la Monarquía Hispánica fue una de las mayores y más complejas construcciones políticas jamás conocidas en la historia. Desde la meseta castellana hasta las cimas andinas; desde ciudades cosmopolitas como Sevilla, Nápoles o México hasta los pueblos y misiones del sudoeste norteamericano o la remota base de Nutka, en la canadiense isla de Vancouver; desde Bruselas a Buenos Aires y desde Milán a Los Ángeles, España ha dejado su impronta a través de continentes y océanos, contribuyendo, en no menor medida, al nacimiento de la modernidad y a la emergencia de la globalización. Una aportación que ha sido tanto material -el peso de plata hispanoamericano transportado a través del Atlántico y del Pacífico fue la primera moneda global-, como intelectual y artística. Los más extraordinarios intercambios culturales tuvieron lugar en casi todos los rincones del Mundo Hispánico, no importa a qué distancia estuvieran de la metrópolis. Durante aquellos largos siglos, en algún momento dado, un descendiente de la nobleza azteca traducía una obra de teatro barroca al náhuatl para el deleite de una audiencia indígena y mestiza en un mercado de la ciudad de México; gracias al contacto entre China y las islas Filipinas bajo dominio español, un sacerdote dominico andaluz terminaba, en la ciudad de Fuzhou, la primera gramática de la lengua china escrita por un occidental; un monje franciscano componía una pieza de música polifónica con letra en quechua para ser interpretada en una iglesia peruana decorada con artesonados mudéjares o un equipo multiétnico de naturalistas amerindios y españoles describía en latín, español y en las lenguas vernáculas americanas miles de plantas medicinales, minerales y animales previamente desconocidos en Europa. Y lo más probable es que la mayoría de los intercambios mencionados, y otros muchos posteriores, tuvieran lugar mientras los miembros de la Escuela de Salamanca establecían los cimientos del derecho internacional o contribuían a formular las primeras teorías a caballo entre la escolástica y la modernidad sobre el precio, el valor y el dinero; Cervantes escribía Don Quijote; Velázquez pintaba Las Meninas o Goya exponía las luces y sombras de la Ilustración europea.

Cuando contemplamos las galerías dedicadas a Velázquez, El Greco, Zurbarán, Murillo o Goya en el museo del Prado en Madrid; cuando leemos a Cervantes, a Jorge Luis Borges o a Mario Vargas Llosa, o visitamos el Palacio Nacional de México, una misión californiana o el barrio de Intramuros en Manila, o cada vez que oímos hablar español con una miríada de acentos en las calles de San Francisco, Nueva Orleans o Manhattan, estamos experimentando algunos de los frutos pasados y presentes de una comunidad cultural siempre vibrante y todavía en plena expansión.

Como el lector puede inferir a estas alturas, este libro trata de cómo España, y el más amplio Mundo Hispánico, ha contribuido a la historia universal y, en concreto, a la historia de la civilización, no sólo durante el apogeo del Imperio español, sino a través de un período mucho más amplio. Se trata de una aportación que no siempre ha sido tenida en cuenta y cuando lo ha sido, ha quedado relegada con demasiada frecuencia a los márgenes, especialmente en el mundo anglosajón, incluso en aquellas obras de naturaleza más académica[1].Hay un ejemplo egregio que, dado su carácter paradigmático y su gran influencia, tomaré como referencia a modo de contrapunto en las siguientes páginas. Cuando fue preguntado por qué había omitido a España en su renombrada serie titulada *Civilización*, producida por la BBC en 1969, y en su ensayo homónimo, el historiador del arte, humanista y publicista británico Kenneth Clark (1903-1983) replicó que si se hubiera propuesto escribir un ensayo sobre la historia del arte "España habría tenido un lugar importante y honorable"[2], pero puesto que su objetivo había sido centrarse en aquellas contribuciones que habían elevado y expandido la mente y el espíritu humanos, tenía serias dudas de que España -ni siquiera aludió al resto de las naciones hispanohablantes- pudiera encajar en su proyecto. Naturalmente, tan altiva y rotunda afirmación por parte de uno de los más prominentes académicos y una de las mentes más brillantes de su generación explica que, hasta nuestros días, el nombre de Kenneth Clark apenas sea mencionado en las conversaciones cultas entre españoles y, cuando es así, lo sea con ligera aprensión. Lamentablemente, me inclino a pensar. Aunque, por otra parte, es cierto que Lord Clark podía ser uno de esos pesados que con demasiada frecuencia pronuncian de una tirada los nombres de España, los toros, la Inquisición y la mal llamada Armada Invencible. En la segunda parte de sus memorias, *The Other Half*, expresó

---

[1] Ver, por ejemplo, Elliot, John (ed.) *The Hispanic World.* London: Thames & Hudson, 1991. En sus memorias, Elliot encuentra los orígenes de tal actitud en los prejuicios protestantes y en la crítica a la totalidad de la experiencia histórica española realizada por los filósofos racionalistas franceses de la Ilustración. Recordemos que en el artículo sobre España incluido en la *Enciclopedia* de 1783, Nicolas Masson de Morvilliers se preguntó: "¿Qué debemos a España?, ¿qué ha hecho por Europa en los últimos dos siglos, o en los últimos cuatro o diez?", en Elliot, John, *History in the Making*, pag.125.

[2] Clark, Kenneth, *The Other Half*, pag. 211.

cándidamente sus dudas acerca de cómo encajar la España de los conquistadores, Felipe II y la persecución de los erasmistas, el Escorial y la Inquisición en "el plan humanista y racional" que tenía en mente[3]. Al fin, decidió excluir a España de su obra alegando que no sabía demasiado acerca de su historia. Confesó así su ignorancia, pero no pudo ocultar que estaba bien versado en tópicos anti-españoles, pues es casi imposible incluir más en una simple frase. Imaginemos a cualquier otro académico de renombre afirmando que Gran Bretaña no "encaja" en un relato sobre la civilización debido a Enrique VIII y la Torre de Londres, la piratería, el tráfico de esclavos y las Guerras del Opio, ¿qué podría pensarse?, ¿sería justo?. El Consejo de la BBC aceptó sin más las explicaciones de Clark y así quedó la cosa[4].

Aparte de sus indisimulados prejuicios, Lord Clark poseía algunas virtudes agradables. Era un hombre erudito y cosmopolita, que podía acomodarse, al contrario que muchos de sus compatriotas, a las costumbres y manías continentales. Se sentía en casa tanto en la campiña inglesa como en un palacio ducal de la Toscana, o cenando en los salones privados del Louvre. Aportó, asimismo, una profunda erudición y un enfoque original a viejos problemas académicos, iluminando con una mente liberal varios ámbitos de los estudios humanísticos. Conocedor en detalle de la obra de Leonardo da Vinci, Piero della Francesca, Rembrandt o Fragonard, también era capaz de delinear con amplios e ingeniosos trazos géneros como el desnudo o la tradición paisajística.

---

[3] Clark, Kenneth, *Ibid.*

[4] Como réplica a la omisión de Kenneth Clark, el novelista y ensayista venezolano Arturo Uslar Pietri publicó en 1973 un artículo titulado "Los expulsados de la Civilización". En Uslar Pietri, Arturo, *Ensayos sobre el Nuevo Mundo. Antología de textos políticos.* Madrid: Tecnos, 2002.

Sobre todo, Kenneth Clark era un gran comunicador. En las salas de conferencias o enfrente de una cámara, conseguía componer la pose, casi inverosímil, del patricio cercano al pueblo. Sus modales, su dicción impecable, la peculiar manera de hacer girar sus hombros manteniendo la cabeza erecta y de dirigir una mirada al tiempo digna y próxima a una audiencia cautiva, conformaban una personalidad pública adecuada para atraer a una amplia audiencia a ambos lados del Atlántico presta para ser educada con algo más que las crecientes dosis de deporte, música pop y comedias familiares que comenzaban a proliferar en la época. Por supuesto, ayudaba que Clark fuera capaz de citar con profusión los grandes clásicos de la poesía, el drama o la novela, junto con algunos autores menores, para reforzar sus puntos de vista, que culminaban en un argumento persistente y persuasivo, como un motivo recurrente en una pieza de Bach o de Wagner.

En último término, la versión de la historia de la civilización ofrecida por Clark encubría una soberbia campaña de propaganda. En esencia, su contenido puede ser resumido en tres o cuatro ideas motrices. La primera es que la civilización es una invención del hombre europeo occidental, pues las mujeres apenas hacen acto de aparición y el resto del mundo puede ser ignorado. La segunda es que la civilización consiste en la expansión y perfección de los productos de la razón y de la imaginación, un logro tan sólo al alcance de una minoría de individuos privilegiados. En tercer lugar, para que la civilización persista es necesario que sus frutos, pese a ser la obra de unos pocos, sean compartidos por una amplia capa de la sociedad con el fin de evitar la alienación de las masas y su cooptación por proyectos revolucionarios o anárquicos. Finalmente, Clark estaba convencido de que la civilización occidental, para él la única digna de ser considerada como tal, era un recipiente frágil, vulnerable a los ataques de los bárbaros tanto en el interior como de aquellos apostados en sus fronteras, sobre todo en las orientales, envueltos en banderas adornadas con la hoz y el martillo. No en vano, *Civilización* fue escrita y presentada al público durante uno de los episodios más álgidos de la Guerra Fría, entre el fin de la Détente y el inicio del Proceso de Helsinki.

El ideario político que subyace en la visión de la civilización expuesta por Lord Clark me hace retornar a mi preocupación inicial, es decir, a la ausencia de España. Confieso que al intentar explicar la omisión que tan fatalmente daña su obra, me inclino a pensar que se debió a la política, y en concreto a su repulsa del régimen de Franco, al que consideraba, con razón, fuera de los límites del paisaje europeo de la época. Con todo, es cierto que Clark no era un hispanófilo nato. Al contrario, pensaba que los españoles apenas eran europeos, es decir, civilizados a la manera de los franceses o de los ingleses. Pero ello no ha de conducirnos a juzgarle sobre la premisa de sus filias y fobias, de las que no estaba escaso. Al contrario, la réplica a su actitud negativa hacia España, y el Mundo Hispánico en conjunto, ha de realizarse en un terreno de juego intelectualmente más elevado.

Para comenzar, dando por supuesto que una de las razones para excluir a España de la civilización era el rechazo por parte de Clark al régimen franquista, entonces habría de seguirse que todos y cada uno de los países que ocupan un lugar central en su obra como ejemplo de naciones civilizadas, ya sea Francia, Italia, Alemania, los Países Bajos o Inglaterra, habrían de ser expulsados del privilegiado reino al que a

España nunca se le permitió entrar. ¿Era la Francia de Montaigne, Descartes, Watteau o David una democracia liberal?; ¿era la Inglaterra de Isabel I un país tolerante?; ¿nos olvidamos de la persecución y discriminación contra los católicos o de las guerras de conquista y destrucción lanzadas contra los irlandeses?; ¿era la Italia de Leonardo o Bernini un estado constitucional con separación de poderes?; ¿fue la República de Holanda durante gran parte de su historia algo más que una oligarquía glorificada? En cuanto a Alemania, país admirable en muchos aspectos, es mejor no tocar ningún nervio. Una cosa es afirmar que la España de los años sesenta no era lo suficientemente madura en lo político y otra pretender que España no merece ocupar un lugar en la evolución de la civilización europea occidental porque los Austrias o los Borbones no eran gobernantes democráticos y debido a que Franco era un dictador. Si tal es el veredicto, cabe decir que al mismo se llega aplicando a España una vara de medir más estricta que al resto de los países europeos tradicionalmente considerados protagonistas en la marcha del continente hacia la libertad y las luces de la razón.

En segundo lugar, está la pregunta que pende sobre el concepto de civilización utilizado por Clark. Si asumimos, por seguir su razonamiento, que el mismo está confinado a la Europa occidental y que dentro de esos estrechos límites se trata de una noción relacionada con aquellas contribuciones que han ampliado el intelecto y el espíritu, no cabe imaginar mayores aportaciones a tan alto ideal que las realizadas por España en las eras de la convivencia y de los descubrimientos, o las llevadas a cabo por una larga lista de nombres que podría comenzar con el de San Isidoro, el gran enciclopedista medieval, y culminar con Picasso, cuyo genio creativo sin límites condensó y, al tiempo, superó las herencias artísticas hispánica y occidental.

Así pues, resulta que, incluso ciñéndonos al limitado terreno demarcado por Lord Clark, España, por emplear su expresión, hubiera tenido encaje en una obra como *Civilización*. Pero al no figurar en el original, y dado que casi todo lo humano es perfectible, me he atrevido a intentar corregir el error. Al hacerlo, no pretendo ajustar una vieja cuenta. Después de todo, para las nuevas generaciones el nombre de Lord Clark pertenece a otra época y su forma subjetiva y elitista de interpretar el pasado ha sido apartada a los márgenes de la historiografía, no siempre para lo mejor. Cuando más recientemente otro historiador británico, Niall Ferguson, se propuso escribir una historia actualizada de la civilización, con el revelador subtítulo de *Occidente y el Resto*, publicada en 2011 y también convertida en serie de televisión, lo hizo con el propósito explícito de superar "la visión de arriba hacia abajo de su predecesor, sustituyéndola por una más amplia y comparativa, más cercana al suelo y sucia que soberbia y decorosa"[5]. El propósito de Ferguson era, en cierto modo, elogiable, pero por desgracia su enfoque más amplio y comparativo no le impidió adoptar una perspectiva igualmente anglo-céntrica o, para ser más preciso, nord-Atlántica acerca del mundo occidental y de la historia mundial[6].

---

[5] Niall, Ferguson, *Civilization. The West and the Rest*, pag.2.

[6] El término nord-atlántico es empleado en este ensayo para denotar una visión del mundo según la cual el eje de la moderna historia occidental -e incluso de la historia mundial- sigue una línea que conecta la costa noreste de los Estados Unidos, Londres, París y Berlín. En esta peculiar visión del mundo casi nada de lo acaecido al sur de esa línea imaginaria cuenta en términos de civilización. Para una penetrante reflexión sobre el lugar de España y del Mundo Hispánico en la visión nord-atlántica puede consultarse con provecho la obra de Madariaga, Salvador de, *The Rise of the Spanish American Empire*, pag. xvi.

Como no podía ser de otra forma, cuando Ferguson hace referencia en su libro a España o al Mundo Hispánico termina adoptando el mismo tono condescendiente y altivo que el empleado por Kenneth Clark al justificar su exclusión de la familia de los civilizados. En el capítulo de su obra donde Ferguson dedica alguna atención a España e Hispanoamérica su propósito no es otro que utilizar su experiencia histórica como copia negativa del mundo anglosajón, en particular de Gran Bretaña y sus antiguas colonias norteamericanas, consideradas por él como los auténticos epítomes de Occidente. De forma previsible, al buscar la causa principal que explicaría el actual desfase entre las Américas anglosajona e hispánica termina encontrándola en los diferentes patrones de colonización a los que se vieron sometidas. Desde su punto de vista, "América del Norte es superior a Sudamérica pura y simplemente porque el modelo británico basado en una amplia distribución de la propiedad y en la representación democrática funcionó mejor que el modelo español autoritario y de concentración de poder"[7]. Parece una razón convincente, y así suele considerarse, pero tiene el problema, como gustaba decir uno de los Padres Fundadores de la república estadounidense, John Adams, de que "los hechos son tozudos" y, como veremos más adelante, los puros y simples hechos demuestran que desde mediados del siglo XVI hasta finales del XVIII los principales centros urbanos y regionales de la América hispánica estaban más avanzados cultural y materialmente y, sobre todo, aceptaban la diversidad humana en grado mucho mayor que las originales Trece Colonias, en varias de las cuales, recordémoslo, primaban las grandes plantaciones esclavistas, el clientelismo y las desigualdades

---

[7] Ferguson, Niall, *ibid.*, pag. 138.

sociales más acusadas. El desfase entre ambas Américas al que alude Ferguson en su ensayo tuvo lugar durante el siglo XIX, no antes, y, de hecho, está en nuestros días cerrándose en la medida en que la mayoría de los países hispanoamericanos pertenecen a la categoría de economías de renta media y no pocos de entre ellos superaron la Gran Recesión mejor que muchos de los países del Norte[8].

Por otra parte, si ampliamos el campo de visión, la hipótesis tan frecuentada de que aquellos países que fueron colonizados por Gran Bretaña están mejor, en términos materiales, que los que estuvieron bajo control español es lisa y llanamente errónea. Es cierto que Estados Unidos es más rico per cápita que México, o Nueva Zelanda que Uruguay; pero de acuerdo con las estadísticas del Banco Mundial publicadas en 2016, Chile, con 23.960 $ per cápita, o el propio México, con 17.862 $ per cápita, son más ricos que antiguas colonias británicas tan importantes como África del Sur, con 13.225 $, la India, con 6.572 $, o Nigeria, con 5.867 $ per cápita.

Encontramos una visión incluso más extrema del Mundo Hispánico como ajeno a la civilización occidental en la obra de Samuel Huntington. En *¿Quiénes somos?*, su controvertido ensayo sobre la supuesta esencia de Estados Unidos, el autor explícitamente mencionó "la expansión del español como segunda lengua americana y las tendencias hispanizantes en la sociedad americana" como una de las principales amenazas a "la cultura anglo-protestante que ha sido central para la identidad americana durante

---

[8] En 2007, el historiador británico de la economía mundial Angus Maddison publicó su *Contours of the World Economy*, que incluía una lista de países y regiones en orden jerárquico de acuerdo a su renta per cápita entre el año 1 y el 2003 medida en dólares internacionales tomando como referencia 1990. En 1700, Nueva España, un territorio mayor que el actual México, puesto que incluía una buena parte de los actuales Estados Unidos, tenía una renta per cápita de 568 dólares, mientras que las colonias anglo-americanas estaban rezagadas con 527. Estos datos pueden consultarse en línea en www.ggdc.net/Maddison.

tres siglos"[9]. Incluso llegó al límite de considerar la imaginaria amenaza hispana como un reto existencial a las raíces occidentales de Estados Unidos, urgiendo a sus compatriotas a elegir entre ambas identidades contrapuestas en sus tratos con el resto del mundo: "si Estados Unidos es principalmente definido por su herencia cultural europea como un país occidental, entonces debe dirigir su atención hacia el reforzamiento de sus lazos con Europa occidental. Si, por el contrario, la inmigración está transformando Estados Unidos en una nación más hispánica, deberíamos orientarnos hacia América Latina"[10]. El lector podrá, seguramente, encontrar ecos de la proclama huntingtoniana entre muchos votantes que auparon a Donald Trump como presidente de Estados Unidos y en ciertas medidas adoptadas durante su mandato.

De lo dicho, se desprende que Huntington tenía una visión ciertamente peculiar de la historia, la geografía, la cultura y la etnicidad y lo mismo puede decirse de sus más recientes epígonos. Cualquiera que sea su raza o nacionalidad, los hispanos, como su mismo nombre indica, derivan sus raíces culturales, en parte o en la totalidad, desde Hispania, la provincia del Imperio Romano que ocupó gran parte de la península ibérica, en Europa occidental, entre los siglos III a.C. y V. El español, la lengua empleada por la mayoría de los hispanos, no es una curiosidad filológica excéntrica a la cultura occidental. Por el contrario, es una lengua europea en origen y, de hecho, la lengua derivada del latín más ampliamente hablada. Es ahora mismo la segunda lengua internacional (o la cuarta, si consideramos el chino y el hindi, dos lenguas en su mayor

[9] Huntington, Samuel P. *Who Are We?*, pag. xvi.
[10] *Ibid.*, pag.10.

parte confinadas a sus respectivos países de origen)[11]. Los nombres del Inca Garcilaso, Cervantes, Góngora, Velázquez, Sor Juana Inés de la Cruz, Goya, Rubén Darío, Picasso, Diego Rivera, García Márquez, Jorge Luis Borges, Octavio Paz, Mario Vargas Llosa, Isabel Allende o Jaime Manrique pertenecen a una variedad de naciones y tradiciones hispánicas, pero, al mismo tiempo, todos ellos son miembros de la misma familia cultural en sentido amplio de la que forman parte Dante, Shakespeare, Milton, Molière, Rubens, Blake, Proust, Virginia Woolf, Thomas Mann, Jackson Pollock o Jonathan Franzen. Al contrario de lo temido por Huntington, al transformarse en una nación más hispana, si de hecho es lo que está ocurriendo, Estados Unidos no verá cortado su cordón umbilical con Occidente; sino que reforzará y ampliará su herencia occidental. La hispanización no implica ni empobrecimiento cultural, ni degeneración moral. Significa conectar más estrechamente con una comunidad excepcionalmente dinámica y diversa, con peso creciente en el seno de un mundo cada vez más globalizado. Al hacerse más hispano y sus ciudadanos más bilingües, sin renunciar al inglés como lengua vehicular ni a su Constitución y valores, Estados Unidos tiene la oportunidad de enriquecerse y de competir más eficazmente en el cambiante mundo del siglo XXI.

Un propósito principal de las siguientes páginas es, en este sentido, mostrar, a contracorriente de una narración nord-atlántica dominada por la visión de autores como Clark, Huntington, Ferguson y otros, que España y el Mundo Hispánico son una parte integral y consustancial de Occidente y de ninguna forma ajenos al mismo. Debido a su excepcional

---

[11] Ostler, Nicholas, *Empires of the Word*, pag. 526.

trayectoria histórica, caracterizada por su capacidad para absorber, mezclar y transformar culturas diversas, el Mundo Hispánico representa una versión original y enriquecida de Occidente, habiendo demostrado reiteradamente su capacidad de supervivencia y adaptación, al tiempo que ha contribuido de forma relevante a la extensión de las facultades de la mente y el espíritu que constituye una de las señas de la civilización occidental y, en realidad, de toda civilización digna del nombre.

Como nota adicional a esta introducción, me permitiré añadir que, en aras de una mayor claridad expositiva, el presente ensayo está dividido en diez capítulos más o menos coincidentes con aquellos en los que está ordenada la obra original de Kenneth Clark, tanto en su versión audiovisual como escrita. Cada capítulo empieza, por tanto, con una breve referencia a cada época histórica según la interpretación de Lord Clark y a partir de ese punto se separa de la misma para ofrecer, a modo de diálogo crítico, una perspectiva hispánica. Entiéndase bien que el término hispánico no se utiliza aquí para definir a una raza o nacionalidad específicas. Los hispanos pueden pertenecer a todo tipo de etnias y disfrutar de las más variadas ciudadanías. Lo que les une a efectos de este ensayo es su participación en una comunidad cultural y geopolítica de naturaleza plural -a la que denominamos Mundo Hispánico- que es el precipitado de la incorporación y amalgamación creativa de varios ingredientes civilizadores a través de una sucesión de ciclos históricos. En términos generales, el primero de esos ciclos tuvo lugar entre los siglos III a.C. y V, cuando la mayoría de los pueblos de la península ibérica formaron parte del Imperio Romano. El segundo ciclo se extendió entre los siglos V y VIII, y se inició cuando los visigodos, una tribu germana,

17

invadió la provincia romana de Hispania, equivalente grosso modo a la actual España (parte de Lusitania, otra provincia de la Iberia romana, daría lugar a Portugal, un país también llamado a desempeñar un papel esencial en los orígenes de la modernidad). Este ciclo se caracterizó por una desigual interacción entre los dominadores visigodos y la previa población hispano-romana, dando origen a una combinación de elementos germánicos, o nórdicos, y latinos, o mediterráneos. El tercer ciclo, que puede denominarse como el Gran Intercambio Ibérico, fue más largo, al extenderse entre los siglos VIII al XV. Durante el mismo, cristianos, musulmanes y judíos coexistieron en la Hispania fragmentada tras la invasión islámica de 711. Durante este período, la Hispania de las Tres Culturas se convirtió en una marmita en ebullición en la que el norte y el sur, Oriente y Occidente mantuvieron una relación inestable de conflicto y convivencia. Finalmente, hasta ahora, el cuarto ciclo se puso en marcha al finalizar el siglo XV, cuando la caída del último enclave musulmán de Granada en 1492 y la unión dinástica entre el Reino de Castilla y la Corona de Aragón coincidieron con el inicio de la Era de los Descubrimientos, haciendo posible el Primer Intercambio Global, o Colombino. La extroversión del Estado español en formación condujo a la creación de un imperio de alcance mundial que, al mismo inicio de la Edad Moderna, puso en marcha un proceso simultáneo de destrucción y creación cuyos efectos fueron sentidos en Europa, Asia, África y América. Regiones del globo que antes habían permanecido ajenas unas a otras fueron por vez primera puestas en contacto. El vasto Mundo Hispánico como hoy existe fue, en gran medida, uno de los principales catalizadores y, al tiempo, uno de los primeros productos de la era de la expansión y hegemonía europeas, una era que podría estar llegando a su fin en nuestros días. ¿Cuál podría ser, entonces, el próximo ciclo en la historia del Mundo Hispánico? Idealmente, sería un período en el que podría contribuir con todo su potencial creador a facilitar una transición desde la era eurocéntrica a una civilización auténticamente cosmopolita, pero el tiempo tiene la última palabra.

Para concluir estas palabras iniciales, desearía aclarar que la elección de Kenneth Clark como guía en nuestro viaje en lugar de sus epígonos tardíos no es arbitraria. Lord Clark, a pesar de su peculiar carácter y de sus errores de apreciación, sigue siendo el mejor historiador nord-atlántico de la historia cultural de las civilizaciones en su sentido clásico. La elección, huelga decirlo, es también fruto de mi admiración sincera por el personaje y su, por desgracia, incompleto legado.

CAPÍTULO 1

EL ENCICLOPEDISTA SOLITARIO

Como serie de televisión, *Civilización* comienza con el capítulo titulado *Salvados de milagro*. En el mismo, Kenneth Clark muestra cómo la Europa occidental estuvo a punto de ser destruida al inicio de la Edad Media debido al debilitamiento y casi desaparición del legado de la Antigüedad clásica, a las incursiones de los pueblos del Norte, en particular de los vikingos, y a la irrupción del Islam. En su interpretación, el que Europa pudiera salvarse fue debido a unos pocos monjes refugiados en los promontorios atlánticos de Irlanda y a la poderosa personalidad de Carlomagno.

A mi entender, se trata de una explicación poco satisfactoria, sobre todo porque los orígenes de la tradición monástica irlandesa en el siglo V y el renacimiento carolingio del siglo IX, aun siendo importantes para la recuperación de la civilización clásica desde su casi asegurada destrucción, están demasiado lejanos entre sí y no fueron por sí mismos factores lo suficientemente decisivos para evitar que Europa se sumiera en el abismo y mucho menos para permitir el engarce entre la Antigüedad tardía y el Renacimiento. Para ayudarnos a salvar tal distancia temporal hemos de desviar la vista desde los remotos acantilados celtas y los nebulosos valles del Rin y dirigir nuestra cámara imaginaria hacia los luminosos campos andaluces, la inabarcable meseta castellana o las costas cantábricas y levantinas de la Península ibérica y sus islas adyacentes. Pues fue en esos paisajes donde el temprano encuentro entre la herencia goda y la hispano-romana terminaría produciendo una peculiar variedad de la cultura occidental, a su vez enriquecida con la repentina y duradera aparición del Islam y con la impronta judía. Es precisamente esa compleja variante de nuestra civilización la que, a su debido tiempo, proyectaría a Europa hasta los confines más remotos del orbe por descubrir.

No hace falta decir que el problema planteado por la solución aquí presentada al dilema del declive y resurgir de Occidente es que no encaja con la visión de Lord Clark. En su interpretación, el hombre nord-atlántico -ya fuera de ascendencia irlandesa, inglesa o franca; monje, emperador o trovador- fue el eslabón perdido que unió la cultura de la Antigüedad tardía, a través de los tiempos oscuros y las sucesivas renovaciones medievales hasta llegar al Renacimiento, ese momento de esplendor cuando la energía desbordada de las jubilosas ciudades-estado italianas convergió con las emergentes fuerzas del capitalismo protestante, predestinadas a moldear al hombre occidental con su creador y productivo impulso.

Es, sin lugar a dudas, un guión atractivo y como tal ha sido endosado por muchos historiadores nord-europeos y por sus seguidores en otras tradiciones académicas. Resulta así natural encontrarse con muchos libros especializados en la Edad Media que apenas dedican unas pocas páginas a España mientras consagran una meticulosa atención a los más íntimos detalles de la vida de San Columba o a las más nimias disputas entre juglares largo tiempo olvidados en una pequeña corte provenzal. Afortunadamente, en fechas más recientes esa forma de contar historias en lugar de dedicarse a escribir seriamente sobre la historia está siendo superada por un número creciente de ensayos destinados a un amplio público lector en los que los extraordinarios resultados de siglos de convivencia y confrontación entre culturas, pueblos y religiones en el medievo ibérico son al fin objeto de una atención más que merecida, pero no siempre debidamente otorgada. Así pues, en lugar de evocar a los Doce Apóstoles de Erin, visitar los monasterios de Clonard, Clonmore y Bangor y desde allí, dando un salto con la imaginación, visitar la catedral carolingia de Aquisgrán, comenzaremos este recorrido alternativo por la historia de la civilización occidental invocando un solo nombre: San Isidoro de Sevilla (1).

1. Todo el saber en un solo libro: *San Isidoro*, por Murillo, 1655. Catedral de Sevilla.

No se trata de un nombre demasiado conocido fuera de los confines del Mundo Hispánico y, desgraciadamente, tampoco en su seno. Quizá a los aficionados al universo de las nuevas tecnologías y de las redes informáticas les recuerde una anécdota no tan lejana acerca de una encuesta iniciada por la Iglesia católica con el fin de elegir al santo patrón de Internet. No era broma, ciertamente, y, de hecho, tras sesudas deliberaciones, el ganador fue San Isidoro, por muy buenas razones, como veremos.

San Isidoro nació alrededor de 560, de padres hispano-romanos en un país ya dominado por los visigodos, una de las tribus bárbaras antiguamente asociadas con el Imperio romano que supieron sacarle partido a la declinante suerte de sus señores a la hora de hacerse con los despojos imperiales. Como los merovingios, los ostrogodos o los lombardos, los nómadas visigodos tuvieron que luchar con otros pueblos peripatéticos y con los restos del poder imperial para establecer su hegemonía sobre una parte del espacio previamente dominado por Roma. En su caso, tras varios intentos infructuosos por dominar a los francos y formar un poderoso estado que incluyera las provincias de Galia e Hispania, finalmente tuvieron que conformarse con limitar sus ambiciones a la península ibérica, a la que terminaron por unificar en su casi totalidad, creando la primera comunidad política independiente en las tierras que más tarde serían conocidas como España.

Tras décadas de negligencia, la naturaleza e importancia del período visigodo ha comenzado a ser reconocida en el mundo académico, aunque todavía no de forma suficiente. Los nuevos señores de Hispania no eran demasiado numerosos, apenas un contingente de 200.000 al cruzar los Pirineos, pero no tardaron en imponer su dominio sobre una población hispano-romana desmoralizada. Eran guerreros en movimiento que ya habían sido expuestos a la decadencia romana y, en cierto modo, habían sido inoculados con el deseo debilitante de emular a sus antiguos patronos. Por ejemplo, y ello constituye un caso excepcional entre sus congéneres germánicos, durante su predominio sobre la población hispano-romana los visigodos fueron los únicos bárbaros que fundaron ciudades siguiendo modelos romanos y bizantinos. Victoriacum, en la frontera con las tribus vasconas, Ologicum y Recópolis fueron los únicos establecimientos urbanos erigidos en Europa occidental entre los siglos V y VIII.

Fue la suya una costumbre perdurable. Siguiendo su ejemplo, dondequiera que fueran, los españoles siempre se inclinaron a fundar ciudades destinadas a permanecer. Para ello, se inspiraron también en los modelos de planificación hispano-romanos con sus plazas, iglesias o catedrales, mercados y ayuntamientos, ya fuera en las planicies mexicanas, en las proximidades de la selva amazónica, en la bahía de Manila o en las alturas andinas. En su apogeo, España, como Roma anteriormente, siempre tuvo lo que Menéndez Pidal denominara como una *infinita cupiditas aedificandi*, un infinito deseo de construir, de perdurar. Llevado a su extremo, ese deseo puede conducir a generar inmensas burbujas inmobiliarias, pero esa historia pertenece a una época de la que no nos ocuparemos en el presente estudio.

Así pues, pese a sus orígenes bárbaros, los visigodos eran el pueblo germánico más romanizado. Pero su aculturación había sido peculiar y poseía algunos rasgos que terminaron condicionando su suerte. Sus leyes estaban escritas en latín, cierto, pero su conversión religiosa les llevó a abrazar el arrianismo, una forma de cristianismo que había llegado a ser popular entre los germanos, aunque era considerada herética por Roma y les distanciaba de sus súbditos hispano-romanos, cuyas creencias por lo general toleraron. Los arrianos mantenían que el Hijo era una creación de Dios Padre y no su igual. Las dos Personas no compartían la misma sustancia y el Hijo no era eterno. En contraste, los cristianos que seguían la ortodoxia romana enunciada en el Concilio de Nicea de 325 mantenían que las tres Personas de la Santísima Trinidad sí tenían la misma sustancia. La divergencia religiosa así someramente enunciada fue una de las principales fuentes de descontento y discordia en el seno de la monarquía visigoda. Además, en la medida en que fueron quedándose en minoría, incluso entre sus parientes germánicos, los visigodos se alejaron hasta de sus vecinos francos, quienes bajo su rey Clovis se habían convertido al credo de Nicea. Fue así como, pese a su fina patina cultural y su reluctancia a enfrentarse directamente con la población hispano-romana, tuvieron crecientes dificultades para manejar tanto la diversidad cultural intrínseca a su reino, como las relaciones con otras comunidades políticas extranjeras. De hecho, su incapacidad para adaptarse al papel de señores sedentarios, junto con la funesta costumbre de dirimir las sucesiones al trono por la fuerza de las armas en lugar de por procedimientos pacíficos y reglados, explica que la fase inicial de su reinado sobre Hispania fuera un desastre apenas mitigado. Ello se hizo notar en el declive de la herencia latina, que también comenzaba a desvanecerse en la mayor parte de Europa. Para asegurar su supervivencia, personajes como San Isidoro, quienes se consideraban como los legítimos causahabientes de Roma, estimaron necesario convertir a sus nuevos señores a la forma de civilización a la que estaba acostumbrada la elite hispano-romana. A ello dedicó San Isidoro sus mejores energías. Puesto que los bárbaros estaban en Hispania para quedarse, razonó, educarles y convertirles a la cultura y fe de sus vasallos era la única vía para crear una comunidad hispano-goda digna de sus orígenes clásicos. En este empeño, casi todo había de comenzar de nuevo.

En primer lugar, Isidoro y su hermano Leandro, otra figura religiosa prominente y Obispo de Sevilla, se propusieron convencer a los dirigentes visigodos de que carecía de sentido tanto político como teológico el que permanecieran fieles a la herejía arriana. Tuvieron éxito en su tarea. En 587 Recaredo I abrazó el credo católico y convirtió a su reino en el Tercer Concilio de Toledo dos años más tarde. Fue una decisión que habría de marcar el resto de la historia de España. Desde ese momento, en particular tras el término de la Reconquista, el factor casi determinante en el curso de la civilización hispánica fue la asociación de la esencia social, cultural y política de la nación con la fe católica romana. No pretendo hacer aquí un juicio de valor, sino constatar un hecho que tampoco es único de España y de sus descendientes hasta fecha relativamente reciente. En el momento de escribir estas páginas, los monarcas británicos todavía son la cabeza suprema de la Iglesia anglicana. En los casos tanto de España como del Reino Unido la adopción, por razones diversas y en un momento dado, de una determinada vía religiosa con connotaciones políticas habría de convertirse en un rasgo sobresaliente de sus decursos históricos.

Sea como fuere, a resultas de la conversión en Toledo apareció una nueva entidad política y cultural en la península Ibérica diferente del resto de los reinos germánicos, que fueron menos afectados, o de forma distinta, por sus antecedentes romanos y locales. Hemos de tener en cuenta al respecto que Hispania había sido uno de los territorios más romanizados del Imperio antes de las invasiones bárbaras. Era, además, un tipo de romanización que había permitido la emergencia de un fuerte sentido de identidad propia y la creación de unas elites que adquirirían una gran influencia en los procesos de toma de decisiones de la metrópolis. Los *Hispani* ofrecieron una formidable lista de personalidades al Imperio en una multitud de ámbitos, desde la más alta magistratura política hasta los terrenos de la filosofía, la poesía o en el naciente gobierno de la Iglesia católica: Séneca, Lucano, Marcial, Quintiliano, Columela, Marco Aurelio, Trajano, Adriano, Teodosio I, Osio, Prudencio, Prisciliano...cada uno de ellos era no sólo *Hispaniensis natus, sed Hispanus,* no sólo nacido en Hispania, sino también hispano en el sentido etimológico del nombre. No hemos de olvidar que, por encima de sus orígenes diversos, los hispanos, ya sean de sangre amerindia, asiática, africana, europea o, más frecuentemente, mezclada, tienen un rasgo en común que es su engarce último, ya sea por razón étnica, cultural o ambas, con la Hispania originaria, una de las joyas del Imperio romano que, junto con Grecia, es la cuna de la civilización occidental.

Retornemos al momento en que los visigodos se convirtieron al catolicismo en 589. Aunque la dimensión religiosa del acontecimiento tuvo la mayor importancia, vino a simbolizar al mismo tiempo un hecho de más largo alcance temporal si cabe. Fue el culmen en el proceso de hispano-romanización de los visigodos y como tal puede ser considerado como la primera gran contribución hispana a la emergencia de una realidad novedosa: la aparición de lo que conocemos como Europa occidental más allá de su significado como mera expresión geográfica. Pasemos ahora a explorar las implicaciones de esta afirmación. Europa occidental como comunidad de civilización es la resultante de la convergencia en la

Antigüedad tardía de dos poderosas fuerzas que operaban entonces en sentido contrario: la establecida, pero declinante, representada por el mundo mediterráneo y la novedosa y ascendente portada por los pueblos germánicos y proto-eslavos. La confrontación entre ambas fue tanto destructiva como creativa y se manifestó de forma distinta en cada una de las diversas provincias del Imperio romano en desintegración. Por lo general, el choque se resolvió mediante la intrusión activa del elemento nórdico en un estrato romano más pasivo, al que el primero terminó por domeñar, si bien la fusión resultante presentó variedades significativas. En la península itálica, los ostrogodos bajo el mando de Teodorico preservaron la mayor parte del legado de Roma, o lo que de él quedaba tras el colapso del orden imperial. En el caso de los francos bajo la dinastía merovingia, la mezcla, aunque inclinada del lado de los invasores, fue más equilibrada. Los recién llegados y la población pre-existente galo-romana alcanzaron un rápido entendimiento basado principal, aunque no únicamente, en la conversión de los francos a la fe romana de sus súbditos. Además, los francos, aunque en posesión de una vibrante tradición artesanal germánica, no tuvieron problemas en adaptarla a las formas clásicas. Sin embargo, en materia de legislación, la codificación merovingia, conocida como Ley Sálica, estaba más inspirada en las leyes germánicas que en las romanas.

Respecto de las islas británicas, la invasión de los anglos, jutos y sajones -tribus conocidas conjuntamente como anglosajones- condujo a una subyugación casi total de las apenas romanizadas poblaciones celtas. La victoria de los bárbaros y su relativamente tardía conversión al cristianismo, precisamente obra de monjes y misioneros celtas, implicó que la tradición latina fuera un factor menor y que el catolicismo romano tardara en imponerse, lo que fue posible en gran medida gracias a la labor de Veda el Venerable, ya en el siglo VIII.

En contraste con los casos antes mencionados, la relación de los visigodos con el legado romano tuvo una naturaleza más singular. Como ya se ha dicho, su romanización era mayor a la de los francos o los anglosajones, que terminaron creando comunidades menos dependientes de los restos dejados atrás por Roma. En cuanto a los ostrogodos y sus sucesores, en el extremo opuesto, todo lo que tuvieron que hacer fue preservar lo más posible la herencia romana sin interferir demasiado en ella. Para los visigodos, la solución no estaba tan clara. Por un proceso de prueba y error y ante la resistencia tozuda de sus vasallos, finalmente aceptaron un compromiso que, aunque no habría de durar, contenía las semillas de una unión entre los mundos mediterráneo y nórdico que, de culminar algún día, podría constituir el núcleo del ideal europeo, sin olvidar el elemento eslavo. Fue en ese terreno intermedio donde encontramos el nombre de Isidoro de Sevilla, pues fue gracias a su visión y perseverancia que ese compromiso entre los godos y los herederos de Roma estuvo a punto de alcanzarse.

Mientras los monjes irlandeses tan apreciados por Lord Clark creaban monasterios para convertir a los pictos y se debatían en disputas teológicas sobre la forma de la tonsura, Isidoro de Sevilla tenía otro tipo de preocupación en mente, nada menos que salvar los restos de la cultura clásica de su total desaparición para traspasarlos a sus señores visigodos. Así lo hizo en medio de las circunstancias más difíciles. El fruto de su esfuerzo fue la enciclopedia conocida como las *Etimologías,* la obra académica más influyente y duradera engendrada por una sola pluma durante la llamada Edad Oscura. En palabras de Ernst Robert Curtius, las *Etimologías* fueron "el manual del saber", la enciclopedia "que sirvió como libro de cabecera durante la totalidad de la Edad Media" al contener "una acumulación de información que aquella época no podía encontrar en ningún otro autor". Por esta razón, de acuerdo con Curtius, un académico alemán escasamente dado a elogios desmesurados, San Isidoro "hizo época"[12]. Es una opinión que fue compartida por sus contemporáneos. Las *Etimologías* contenían, para el Obispo Braulio, *quaecunque fere sciri debentur*, prácticamente todo lo que es necesario saber[13]. Ese prácticamente todo estaba, lo que explica la relación entre San Isidoro y las modernas bases de datos e Internet, sistematizado en un índice a modo de tesauro, subdividido en capítulos y clasificado cronológicamente de acuerdo con un método de correspondencias sincrónicas entre las fuentes de conocimiento orientales, es decir bíblicas, y clásicas. De ahí el otro título por el que se conoce a las *Etimologías,* los *Orígenes*, pues por cada entrada en el índice había referencias tanto a las fuentes cristianas como paganas. Aquí encontramos otra contribución crucial de San Isidoro al avance del saber y a la expansión del espíritu humano pues, aunque daba prioridad a los autores cristianos, nuestro enciclopedista concedía a las luminarias griegas o romanas casi iguales credenciales para ser consideradas como fuentes de autoridad. Homero, Aristóteles, Plauto o Terencio eran citados para ilustrar los orígenes de la escritura, la poesía o la historia, de modo que los tesoros de la Antigüedad pagana pasaron a formar parte del edificio del saber cristiano y así continuó siendo durante el resto del

---

[12] Curtius, Ernst Robert, *European Literature and the Latin Middle Ages*, pags.450-457.
[13] Mencionado en Brehaut, Ernest, *An Encyclopedist of the Dark Ages: Isidore of Seville*, pag.31.

medievo hasta el Renacimiento. El Obispo Braulio, quien inspiró a San Isidoro la idea de escribir su obra y fue responsable de su división en veinte libros, lo vio claramente cuando afirmó que "quienquiera que lea con discernimiento esta obra, que es en su totalidad provechosa para la sabiduría, no será ignorante en lo tocante a lo humano y lo divino"[14].

Era una compilación realmente impresionante, en especial si tenemos en cuenta el contexto en que fue escrita. A inicios del siglo VII el legado clásico había sufrido una dramática contracción. Mientras las *Etimologías* contenían 448 capítulos, la *Enciclopedia* de Plinio el Viejo, escrita en el siglo I, contenía más de 2.000. Las *Etimologías* de San Isidoro fueron el intento desesperado de un náufrago por recuperar los últimos restos de un hundimiento. Esos restos no eran objetos, sino palabras. Las *Etimologías* fueron un esfuerzo de última hora para apuntalar un edificio que se venía abajo, al tiempo que suponían un primer ensayo para reconstruir una arquitectura levantada no con mármol, piedra o ladrillo, sino con nombres, adjetivos y verbos. Isidoro de Sevilla no estaba interesado en la realidad agazapada detrás o más allá del lenguaje. Para él, el camino a la verdad no había que buscarlo en la apariencia externa de las cosas, o en las relaciones expresadas en las leyes de la causalidad, sino en el origen de las palabras. El resultado de su labor fue, por así decirlo, un palacio significante, una catedral semiótica destinada a perdurar.

Las *Etimologías*, escritas alrededor del año 627, fueron el libro de referencia más importante durante la Edad Media hasta el extremo que todavía en los siglos XV y XVI conoció más de diez nuevas impresiones. Imaginemos una edición de la Espasa o de la Enciclopedia Británica escrita

---

[14] *Ibid*, pag.25.

en nuestros días y todavía en uso en el año 2900. Para entender plenamente la naturaleza excepcional de la labor isidoriana hemos de tener en cuenta que su propósito no era simplemente erudito, sino que formaba parte de un proyecto educativo destinado a formar una nueva clase dirigente hispano-goda. En el Cuarto Concilio de Toledo de 633, presidido por el propio Isidoro, ya nombrado Obispo de Sevilla, se decretó que cada sede catedralicia debía contar con un seminario donde se enseñaran las artes liberales, el griego y el hebreo. Tal programa estaba concebido como un medio para conseguir una finalidad política de más largo alcance: la creación de una comunidad política a la altura del legado clásico. Para alcanzar ese objetivo, San Isidoro escribió otro libro, la *Historia de regibus Gothorum, Wandalorum, et Suevorum*, cuyo propósito era presentar una genealogía ligeramente idealizada de los nuevos señores de Hispania y un sumario de sus principales gestas desde sus ancestros mitológicos, Gog y Magog, hasta el Rey Sisebuto, muerto en 621. Por otro lado, en la introducción a la misma *Historia*, conocida como *De Laude Spaniae*, o Elogio de España, el enciclopedista tornado en ingeniero político intentó encarecer las virtudes de la nueva patria adoptiva ante la clase dirigente visigoda: "de todas las tierras del occidente a la India, tú Hispania...eres el orgullo y ornamento del mundo, la parte más ilustre de la tierra...eres rica en olivos...tus montañas están llenas de árboles y tus costas repletas de peces"[15].

Aunque en el momento de componer su encendido elogio San Isidoro no podía saberlo, otras gentes procedentes del Este también terminaron teniendo tan elevado concepto de Hispania que decidieron quedarse con

---

[15] Citado en Lowney, Chris, *A Vanished World*, pag. 21.

ella. En última instancia, mientras el proyecto cultural isidoriano destinado a salvar el legado clásico y fundirlo con el canon cristiano fue un rotundo éxito, lo mismo no puede decirse de su designio político. La monarquía que tenía en mente apenas duró menos de un siglo más, pero no fue un período glorioso. Al contrario, fue un lento descenso en el caos, puntuado por algunos episodios brillantes. Entre ellos, el desarrollo de un corpus legal, el *Codex Visigothorum*, aplicado tanto a los visigodos como a los hispano-romanos, de forma que a efectos jurídicos pudo emerger un pueblo bajo una misma ley. También en el terreno del sistema monetario, donde la monarquía visigoda creó un sistema centralizado para la acuñación de monedas de oro según el modelo de los *tremisses* romanos. En cuanto a las artes, el período visigodo es recordado en relación con las técnicas de repujado de metales y por la supervivencia de algunos ejemplos de arquitectura exenta, sobre todo pequeñas iglesias que todavía se encuentran dispersas por el paisaje ibérico. Entre las muestras mejor conservadas de artesanía visigoda que han llegado hasta nuestros días destaca el Tesoro de Guarrazar, una colección de veintiséis joyas votivas, coronas y cruces ofrecida por los reyes conversos a la Iglesia católica. La pieza más conocida del Tesoro es la corona del rey Recesvinto, hecha de zafiros de Ceilán. Escondido largo tiempo para evitar su saqueo por los ejércitos árabes invasores, el Tesoro fue encontrado cerca de Toledo en 1858 y dividido hasta nuestros días entre el Museo Arqueológico y el Palacio Real de Madrid, por un lado, y el Museo de Cluny en París. En su dimensión artística, el Tesoro de Guarrazar es interesante por cuanto nos muestra la fusión, también alcanzada en otros reinos germánicos tras la caída de Roma, entre el estilo nórdico de incrustación con gemas y la tradición bizantina. Nos ofrece, asimismo, un vislumbre de la mentalidad que subyacía al arte mobiliario de los pueblos nómadas, atraída por las cualidades mágicas de las piedras preciosas en cuanto ventanas abiertas a lo numinoso, una dimensión luminosa en medio de una existencia breve y brutal. Pese a no habernos llegado intacto y estar disperso, el Tesoro de Guarrazar, más allá de su valor espiritual, es sobre todo una de las muestras artísticas más bellas que nos han llegado desde los tiempos llamados oscuros (2).

2. Corona votiva del Tesoro de Guarrazar. Museo Arqueológico, Madrid.

En cuanto a las construcciones visigodas, las mismas son consideradas como parte de una secuencia que va desde la arquitectura paleo-cristiana, atraviesa el período germánico y conduce al arte pre-románico del Reino de Asturias, la cuna de la Reconquista. Desde ese punto, los motivos visigodos y asturianos se integran en el Románico pleno que llegó a la península a través del Camino de Santiago. Este proceso puede ser trazado a través de una peculiar contribución ibérica a la historia de la morfología arquitectónica, el arco de herradura. Este tipo de arco lo encontramos primero en la provincia de León y en el sur de Portugal empleado en algunas estelas paleo-cristianas y como motivo decorativo, reapareciendo en torno a los siglos cuarto y quinto como elemento estructural en la puerta de entrada de una pequeña capilla, construida sobre un *nymphaeum* romano pre-existente en la provincia de Lugo, en la región de Galicia. Me refiero a Santa Eulalia de Bóveda, uno de los edificios más enigmáticos en la historia de la arquitectura española debido al sincretismo de los símbolos y figuras romanas, celtas y cristianas que se encuentran en su planta y murales. Pero, por importantes que éstas sean, lo relevante para nosotros es la novedad representada por el arco de herradura. Hoy conocido como arco morisco, debido a su empleo profuso en la arquitectura de la España musulmana, si bien en una forma más alargada y curvilínea, como puede contemplarse en la Gran Mezquita de Córdoba, el mismo representa las continuidades y disrupciones experimentadas por España tras la invasión de los ejércitos musulmanes a inicios del siglo VIII (3 y 4).

3. Capilla de Santa Eulalia de Bóveda, con el arco de herradura en la entrada.

4. La Mezquita de Córdoba con su foresta de arcos de herradura.

La irrupción musulmana y sus consecuencias serán abordadas en el próximo capítulo; por ahora baste mencionar que la misma puso fin al sueño isidoriano de una monarquía independiente hispano-visigoda. Pero ese fracaso no puede empañar su gran aportación a la civilización occidental. Lord Clark estaba sorprendido por el hecho de que la literatura de la Antigüedad pre-cristiana pudiera sobrevivir y consideraba que "el legado de Grecia y Roma se salvó por los pelos". En ello se equivocaba. Se salvó no por algún milagro, sino por el esfuerzo consciente de personalidades como San Isidoro, quien lejos de las costas nord-atlánticas y dos siglos antes de Carlomagno, hizo todo lo humanamente posible por salvar, compilar y legar a futuras generaciones la sabiduría precedente. Como el Obispo Braulio, recordando a Cicerón, dijo al glosar la obra del enciclopedista solitario: "mientras éramos extraños en nuestra ciudad y habíamos perdido nuestro camino, tus libros nos condujeron al hogar, de modo que pudimos al fin reconocer quienes éramos y dónde estábamos"[16]. Lo que San Isidoro con toda su presciencia no pudo enunciar en sus libros era el extraordinario curso que España, el ornamento de su mundo, pronto estaría abocada a seguir.

---

[16] Brehaut, Ernest, *Ibid*. pags. 23-24.

CAPÍTULO 2
CONQUISTA, CONVIVENCIA Y RECONQUISTA

El segundo episodio en la obra de Kenneth Clark se titula el *Gran Deshielo*. Está dedicado a examinar el despertar de la civilización europea en el siglo XII, siguiendo los pasos de los proverbiales monjes irlandeses y del gran Carlomagno. El resurgimiento comenzó con las primeras manifestaciones del románico en la Abadía de Cluny, continuó con la obra de Gislebertus en Autun y alcanzó su culmen con la construcción de la catedral de Chartres. Desde ese momento, el tercer capítulo -*Romance y Realidad*- nos lleva a la difusión del espíritu gótico, a la aparición del amor cortés en las canciones de los trovadores y nos ofrece los primeros vislumbres de ambas dimensiones, espiritual y secular, en el nacimiento del humanismo, con las prodigiosas figuras de San Francisco de Asís y de Dante.

Es, sin duda, un itinerario seductor, que hemos de seguir al menos una vez en nuestras vidas. Pero, francamente, es demasiado lineal y, en cierto modo, algo monótono si lo comparamos con el camino cimbreante y panorámico que conduce desde la mezquita de Córdoba a las visiones de los poetas sufíes de Murcia o las elucubraciones de los místicos judíos de Guadalajara y Gerona. A continuación, el camino elegido continúa a través de la épica de El Cid y el Toledo de Alfonso X el Sabio, pasa por las costas mallorquinas y alrededor del Árbol de la Ciencia de Raymundo Lulio y, desde allí, culmina en los palacios granadinos con la sombra de los últimos reyes nazaríes proyectada sobre los jardines de la Alhambra. Esta es la ruta hacia la civilización que el lector es invitado desde ahora a seguir.

Así pues, nuestro periplo comienza no en las ruinas de Cluny, sino en el más modesto aljibe de la fortaleza, o alcazaba, de Mérida, en Extremadura, en el que todavía pueden verse elementos arquitectónicos visigodos (5).

5. Dintel visigodo usado como elemento arquitectónico y decorativo en la Alcazaba de Mérida.

La Alcazaba omeya de Mérida fue construida en el año 835, poco más de un siglo después de la invasión árabe y bereber de la península ibérica. El edificio constituyó un acto de afirmación simbólica del poder islámico sobre una población hispano-goda para la que la ciudad preservaba una significación especial. Bajo el nombre de Emérita Augusta, la ciudad de Mérida había sido la capital de la provincia romana de Lusitania. Como tal, era una de las urbes más importantes del Imperio. Su teatro -donde todavía se representan piezas dramáticas clásicas en festivales de verano-, acueductos, puentes y templos constituyen uno de los conjuntos arqueológicos mejor preservados desde los tiempos de Roma. Los visigodos, conscientes de la necesidad de apaciguar la ira de sus vasallos, mantuvieron Mérida, en especial durante el siglo VI, como uno de sus principales centros políticos y religiosos, un lugar donde la Iglesia Católica organizó muchas de sus reuniones más importantes desde que se convirtió en la religión oficial. Pero, al contrario que los restos romanos, muchos de ellos expuestos hoy en día en el elegante museo emeritense diseñado por Rafael Moneo, los visigodos son escasos. Aun así, los preservados nos muestran, de forma más elocuente que cualquier ensayo erudito, la suerte que el destino deparó al sueño isidoriano.

La habilidad de los árabes para recoger, transportar y preservar agua allí donde escasea es legendaria. Como pueblo del desierto, saben lo que significa la sed. Por ello, el aljibe de Mérida no es en modo alguno extraordinario. Podemos encontrar miles similares en las resecas tierras del Islam. Lo que nos interesa es que, como ocurriera en otros territorios donde se asentaron, los arquitectos e ingenieros árabes tomaron prestadas formas y materiales pre-existentes. En este caso, se trata de la albañilería romana y las pilastras y plintos visigodos, decorados con típicos motivos germánicos. Los restos del proyecto romano-gótico que nuestro enciclopedista había previsto para España fueron así convertidos en piezas auxiliares y elementos ornamentales en un nuevo tipo de construcción concebida para la defensa del Islam. Mientras la catedral semiótica isidoriana pervivió para la posteridad, su designio político fue barrido, aunque no completamente ignorado, por la inesperada irrupción de una fuerza novedosa y formidable en el horizonte ibérico.

¿Cómo ocurrió? y ¿por qué de forma tan repentina?. Todavía discutimos la respuesta a tan relevantes preguntas. El cómo está relativamente claro. Pese a los mejores esfuerzos de San Isidoro, la nobleza visigoda demostró ser inmune a los buenos modos clásicos. Sus disputas no tenían fin. Cada vez que era necesario escoger a un nuevo monarca, el debate sucesorio se dirimía con el uso de la violencia, que a menudo terminaba en el asesinato. Fue lo que ocurrió tras la muerte de Witiza, alrededor de 710, un rey cuyo legado fue objeto de controversia entre los cronistas. Mientras para unos fue una bendición para su pueblo, para otros era un depravado mujeriego. Su sucesión abrió otra ronda de peleas entre los herederos contendientes. Sería la última. Rodrigo, un noble con posible sangre real, se levantó con éxito contra el hijo de Witiza, Achila. En su golpe, Rodrigo contó con el apoyo de la aristocracia, pero no de los obispos, quienes eran ya el estamento más poderoso del reino y le consideraron un usurpador. Su falta de legitimidad evitó que recibiera el apoyo sin fisuras del ejército. Parte del mismo apoyó a Achila y una guerra civil fue el resultado de la división del reino. Fue el momento elegido por Tarik ibn Ziyad, un general bereber bajo las órdenes del gobernador árabe del Norte de África, Musa Ibn Musair, para cruzar con su ejército el Estrecho de Gibraltar desde Ceuta y asestar un golpe mortal al frágil reino hispano-godo. La invasión tuvo lugar el 30 de abril de 711, una fecha para la historia. En julio de ese mismo año, el ejército islámico aplastó a los visigodos en la batalla de Guadalete. Poco después, un ejército árabe al mando de Musa reforzó al contingente bereber y redujo el territorio bajo control visigodo a unas pequeñas bolsas de resistencia en la parte norte de la península, en Asturias y algunas áreas adyacentes.

La secuencia de acontecimientos que llevó a la conquista casi total de la península ibérica por el Islam es conocida. Es en la interpretación de esos hechos donde existen divergencias. Para algunos, representan la principal causa que habría desviado a España de su curso natural europeo, un desvío que explicaría muchos de los posteriores derroteros de su historia y su exclusión de la privilegiada fraternidad de los civilizados dada su alegada propensión al fanatismo, al caudillismo y su exotismo, tan atractivo para los viajeros románticos, para quienes España, dado su abrumador pasado islámico, vino a representar el Oriente de Occidente.

Para otros, en un movimiento pendular, el periodo de dominio islámico sobre la península ibérica representa el súmmum de la civilización, sobre todo al compararlo con la Europa contemporánea, sumida en la barbarie. Para esta corriente de pensamiento, el año 1492, con el fin de la dinastía nazarí, es una fecha para olvidar o condenar, no para conmemorar y mucho menos celebrar.

No entraré en este tipo de disquisiciones. Los historiadores, tanto españoles como extranjeros, han escrito volúmenes sobre el asunto. Se trata de curiosidades historiográficas y, en el mejor de los casos, pueden ofrecernos un prisma a través del cual observar los cambiantes paradigmas que se han usado para intentar capturar la esencia de España, lo que quiera que ello signifique. Desde mi punto de vista personal, por lo poco que pueda valer, la islamización de gran parte de la península tuvo una significación más amplia para la comprensión de la civilización, en particular de la occidental, cuyos ecos resuenan hasta la orilla de nuestros mismos tiempos. A través de sus vicisitudes, la España de las tres culturas resultante de la invasión árabe y bereber resulta en términos de la historia cultural un dardo dirigido no solo hacia la noción de una España homogénea e inmutable, sino también hacia la concepción de una civilización medieval occidental concebida al modo nord-atlántico, de la cual España no formaba parte o, si tal fuera el caso, tan solo como periferia.

Al contrario, como veremos, España, a través de las fases entremezcladas de convivencia y conflicto que se extiende entre 711 y 1492, estaba en realidad en el mismo núcleo de la Europa occidental medieval y no fuera del mismo. Esta afirmación, por contra- intuitiva que parezca, resulta de una sencilla regla de tres. Si aceptamos, como no puede ser de otra forma, la convención geográfica de que España está situada en el occidente de Europa, resulta entonces que la España islámica, al igual que el resto de sus variantes cristiana, judía y entremezclada, era tan parte integral de Occidente como, digamos, los imperios carolingio y otónico, la Francia de los Capetos o la Inglaterra angevina. De ello se sigue que el Islam, la religión y la cultura asociada a la misma, fue durante más de setecientos años una fe europea que en último término fracasó a la hora de enraizarse en nuestro continente…quién sabe si definitivamente. Ahora bien, si lo pensamos, el Cristianismo fue en sus orígenes un culto semítico y medio-oriental que terminaría por dominar el corazón del Imperio romano y sus provincias gracias a una concatenación de sucesos que podría haberse roto en cualquier momento. Desde esos orígenes exóticos, el Cristianismo terminaría convirtiéndose para muchos en la quintaesencia de la civilización europea. Hasta aquí todo parece claro. A estas premisas básicas, hemos de añadir que muchos de los productos culturales del Islam y del Judaísmo, dos religiones que ya habían estado en contacto con la

43

herencia greco-latina y se habían aventurado más allá de sus confines, fueron adoptados, traducidos y, en el proceso, transformados en la España medieval. Sabemos asimismo que, desde allí, ese conocimiento fluyó hacia el resto de Europa y sería fundamental en la evolución del pensamiento y de las artes durante los siglos XII y XIII. Mientras los herederos de Carlomagno se afanaban en copiar una y otra vez en minuciosos y delicados manuscritos lo que quedaba del renacimiento carolingio y el movimiento de renovación medieval todavía habría de manifestarse en el románico y el gótico mediante la infusión de nueva vida en los ajados receptáculos romanos y germánicos -más algunos toques de segunda mano bizantinos o islámicos- España estaba experimentando en vivo y en directo con formas mucho más diversas e innovadoras de la mente y del espíritu. Los resultados fueron asombrosos. Pero, para comprender plenamente su influencia en la historia de Occidente, tenemos que retornar al punto de nuestro relato cuando los ejércitos del Islam atravesaron el Estrecho de Gibraltar y acabaron con el reino visigodo. Sabemos cómo y disponemos de algunas indicaciones sobre el por qué sucedió así. Pero la respuesta a esta segunda pregunta requiere alguna explicación adicional. Lord Clark atribuyó la fuerza del Islam a su simplicidad. Pensaba que era la religión menos compleja entre las grandes creencias. Sin duda, se equivocaba. En términos de complejidad teológica y doctrinal, el Islam no le va a la zaga a ninguna otra religión. Lo mismo puede decirse de la literatura o la ciencia inspiradas por el Islam, ya fueran originales o derivadas, pero siempre transformadas por las mentes inquietas que desde Samarcanda a Isfahán o desde Bagdad a Córdoba abrazaron la fe de Alá. La expansión del Islam no fue debida a su superficialidad, sino a su plasticidad. Los árabes y otros pueblos islamizados en su fase más vital eran maestros en el arte de la adaptación y, en términos de la filosofía de la historia de Toynbee, en saber dar la respuesta adecuada a cada reto que encontraban. Tal fue el secreto de sus tempranos éxitos. En la historia de los imperios, tan solo las expansiones ultramarinas de portugueses y españoles -en este caso desde el Caribe (1492) a México (1520); desde Perú (1530) a Buenos Airees (1536) y a Filipinas y el Pacífico español (1565)- cubrieron una mayor extensión de mar y tierra incluso a más velocidad.

En el caso del Islam, el empuje principal de sus conquistas, desde la temprana era de los Cuatro Califas (632-661) hasta el final de la dinastía Omeya, en 750, reunió bajo un mismo cetro, en apenas una centuria, las tierras fronterizas del subcontinente Indio, la Transoxiana, el Imperio persa y el Oriente Medio, el Cáucaso y partes del Imperio bizantino, el norte de África y gran parte de la península Ibérica. Hacia la mitad del siglo VIII, el Islam abarcaba un enorme espacio que incluía el antiguo corazón del Imperio romano, su base mediterránea y sus flancos estratégicos, desde Hispania hasta Siria. El Islam era por tanto, el heredero de Roma en el Mediterráneo occidental y del Imperio sasánida en el Este, uniendo así en un continuo territorial y político dos imperios antaño enemigos (6).

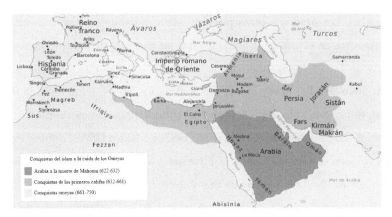

6. Territorios bajo la dinastía Omeya en torno a 750.

Fue a ese mundo en expansión al que fueron incorporados los restos de la Hispania isidoriana. La incorporación, dramática en su origen, tuvo al menos dos duraderas consecuencias para la historia de España antes del inicio de la Edad Moderna. En primer lugar, ensanchó enormemente el horizonte de sus habitantes, al menos de aquéllos con curiosidad por aprender. Su paisaje vital e intelectual podía abarcar, a través de los enclaves cristianos septentrionales, hasta el resto de Europa y, por intermedio de los nuevos señores musulmanes, hasta los más lejanos confines de Oriente. Durante la Edad Media, tan sólo el Midi francés y el sur de Italia, en particular Sicilia bajo el reinado de Federico II Hohenstaufen y su Corte de Palermo, disponían de un similar privilegio, pero a menor escala y durante un período más breve que la interacción multisecular desarrollada en España.

En segundo lugar, el encuentro, pacifico o no, de diversas culturas en el mismo suelo dio lugar a una combinación de estilos de vida y de formas

46

de pensamiento, así como a modalidades de convivencia política, sin paralelo en otras sociedades contemporáneas. En ese hogar compartido terminaron surgiendo varios proyectos complementarios o alternativos para organizar la vida política, social y cultural de la antigua Hispania. En un extremo, estaba la idea, inspirada en el frustrado sueño isidoriano, de recrear una Monarquía hispano-goda, cristiana y enraizada en la tradición clásica, en la que no tuvieran cabida los invasores musulmanes. En resumidas cuentas, este es el proyecto que, con matices, terminaría triunfando al término de la Reconquista. Los isidorianos, por así llamarlos, emplearon todo su vigor en la formación de reinos que, a veces aliados, otras enemigos, terminarían dando lugar al núcleo de la España Cristiana medieval, León, Castilla, Aragón y la Marca Hispánica, Navarra...Para los nobles, monjes y seglares que habitaban en esos reinos, el sur musulmán representaba la total alteridad. Cierto, se trataba de un otro con el que era necesario conversar, comerciar e incluso congeniar, pero siempre de forma temporal, mientras los enemigos existenciales acumulaban fuerzas que permitieran a una de las partes obtener la victoria completa. La paz era concebida, y fue entonces cuando se acuñó por vez primera el término, como una guerra fría, no como un estado permanente. Esta mentalidad era replicada casi simétricamente por la otra parte. Digo casi porque, inicialmente, la comunidad musulmana sí toleró la diversidad en su seno. Los cristianos y judíos, en cuanto pueblos del Libro, podían vivir entre los musulmanes con la condición de que pagaran sus impuestos y renunciaran al proselitismo. En ultimo término, conforme la Reconquista fue apoderándose gradualmente de los territorios islamizados, conocidos como al-Andalus, los dirigentes musulmanes llamaron en su ayuda a sucesivos contingentes norteafricanos, los almohades y almorávides, cuya idea de la tolerancia era mucho más tenue o simplemente inexistente. Entre esas dos concepciones extremas, se encontraban las poblaciones intermedias: los mozárabes o cristianos en tierras musulmanas, los mudéjares o musulmanes en tierra cristiana y los judíos en ambos lados. Había también quienes, en un plano más elevado, intentaban crear, o al menos imaginar, una comunidad compleja donde la diversidad pudiera florecer en condiciones más o menos favorables. Podemos encontrar casi un mismo elenco de posibilidades de convivencia, o ausencia de la misma, en nuestros días, desde las torturadas tierras de Afganistán o Irak hasta nuestras calles en Madrid, París o Londres. *Nihil novum sub sole,* aparentemente.

A pesar de los numerosos intentos por identificar la hipotética esencia de España con una y solo una de las alternativas creadas por la invasión musulmana del reino visigodo, lo cierto es que todas ellas representan un repertorio de posibilidades que han sido y continuarán siendo ensayadas a lo largo de la historia. Después de todo, en la vida de las naciones, como en la biografía de los individuos, siempre existen caminos distintos por los que es posible transitar. Algunos los tomamos, otros no, o los seguimos durante un trayecto y luego los abandonamos. En cualquier caso, esos múltiples senderos, como en el cuento borgiano, forman parte de las posibilidades disponibles para dar respuesta a los retos que se nos presentan. En cierto modo, cuanto más rica y compleja ha sido la experiencia histórica de un país, más opciones están abiertas. Siempre y cuando no se hayan olvidado las lecciones de la historia, claro está. En todo caso, mi modesta recomendación sería seguir la vía media, representada, en distintos grados, por algunas de las mejores mentes ibéricas pertenecientes a las tres religiones. Fue la vía, al menos durante los momentos más fructíferos de su existencia, encarnada en la Córdoba de los Omeya o por la Escuela, o escuelas, de Traductores de Toledo.

En este punto, retornemos a la visión que Lord Clark tenía de la Edad Media. Para él todo estaba claro, no hay desvíos ni alternativas al guión previsto sobre el ascenso de la civilización europea. Una vez desaparecida la amenaza de los vikingos y derrotados los ejércitos árabes en la batalla de Poitiers (732) de forma que el Islam fue relegado a la exótica periferia del continente, todas las energías del hombre europeo fueron dedicadas a recorrer una avenida de perfecto trazado lineal. Su plasmación visual fue el proyecto dirigido desde la Abadía de Cluny en el siglo X, con alcance en casi la totalidad de la Europa cristiana. El estilo cluniacense era muy elaborado. En sus expresiones más extravagantes, como en la Abadía de Moissac o en la Iglesia de Souillac, puede advertirse la influencia tardía de la ornamentación propia de las tribus germánicas. Era como si el arte móvil de los bárbaros, con sus motivos florales y animales, hubiera quedado grabado en piedra, viniendo a simbolizar la creciente fortaleza de una Iglesia que así proclamaba su lugar como sucesora espiritual del Imperio. Después de todo, las influencias germanas en el estilo cluniacense eran meros aditamentos a la estructura basilical heredada de Roma y Bizancio. Tanto la innovación cluniacense como su versión cisterciense, más puritana, serían el paso definitivo en la fusión ideal de los mundos clásico y germano que, según Lord Clark, terminaría por producir la eclosión de Occidente ya en el siglo XIII. Pero esta es una interpretación que puede ser completada por otras. Para ello, hemos de retornar a la Península Ibérica entre los siglos VIII y IX, tras la conquista musulmana. Esos dos siglos son conocidos como "oscuros" en la historia de España debido a la ausencia de fuentes fiables que nos permitan seguir la secuencia de los acontecimientos. Pero aun así, de la evidencia disponible, podemos extraer algunas conclusiones. La caída de la Monarquía visigoda y el caos subsiguiente redujeron el territorio conquistado por los ejércitos bereberes y árabes a una situación similar a la de los estados fallidos en nuestra época. Algunos enclaves pudieron resistir al principio, pero pronto fueron asaltados y saqueados. En 714, el Califa de Damasco llamó a su presencia a Musa, el gobernador del Norte de África, para que rindiera cuenta de sus conquistas ibéricas. Musa obedeció llevando consigo un botín de esclavos y joyas. Fue un error por su parte, pues el Califa Suleiman le acusó de haber sobrepasado sus funciones como mero gobernador provincial, le confinó en prisión y envió a sus secuaces para apresar y asesinar al hijo de Musa, de quien sospechaba que albergaba extravagantes ambiciones de poder. No era un comienzo demasiado prometedor para la presencia del Islam en España, pues el ciclo de venganzas y asesinatos se parecía demasiado al final de la época visigoda. Sin embargo, a diferencia de sus predecesores, los omeyas fueron capaces de retener el control de sus nuevos y alejados territorios enviando gobernador tras gobernador y dejando que disiparan sus fuerzas en vanos intentos de continuar la conquista más allá de los Pirineos. La batalla de Poitiers, en 732, puso fin a las expediciones hacia el norte. Su único resultado tangible fue el establecimiento de una presencia temporal en la ciudad de Narbona, la capital de la antigua provincia visigoda de Septimania y todo lo que quedaba de los infructuosos intentos visigodos por invadir el reino de los francos. Así pues, los musulmanes tuvieron que conformarse con afianzar su dominio sobre la mayor parte de la península ibérica, lo que, a diferencia de los visigodos, consiguieron. Su triunfo fue el resultado de esfuerzos constantes y metódicos. Ya en las primeras décadas de su presencia, era evidente su voluntad de permanecer y asimilar a la población hispano-goda. Así se desprende de las primeras monedas acuñadas con inscripciones en latín, con caligrafía en árabe, con el lema *"Feritossoliinspan"*: monedas acuñadas en España. También se constata en las primeras reformas de impuestos y de propiedad de la tierra, en las que se percibe un intento, no siempre exitoso, de conciliar los intereses de bereberes y árabes, los dos principales componentes, sobre todo el primero, de los ejércitos invasores. El deseo de permanencia se manifestó asimismo en la emergencia, desde una relativa obscuridad, del poético nombre con el que se terminaría conociendo el antiguo Reino concebido por San Isidoro: al-Andalus.

Al-Andalus es un nombre que, con el paso del tiempo, vino a denominar realidades distintas. Fue, en principio, un símbolo de afirmación por parte de los nuevos señores y de ruptura con el pasado. Pero resulta que su más temprana mención conocida aparece en un dinar datado en 716 que lleva una inscripción en árabe, *al-Andalus*, y otra en latín: *Span*. No era, después de todo, tan sencillo eliminar la memoria hispano-romana. La doble denominación fue todo un anuncio de lo que estaba por venir (7).

7. Monedas con inscripciones en árabe y en latín.

Al-Andalus fue, en sus modestos orígenes, una remota provincia del Califato Omeya, cuya capital era Damasco. Como tal, estaba lejos del centro de poder del mundo islámico, pero no era inmune a su influencia. Durante la mayor parte de su dominio, antes de su caída, los omeyas llevaron a cabo un vasto esfuerzo sincrético cuyos primeros frutos artísticos pueden observarse en el palacio de Qusayr Amra, construido en torno a 720 cerca de Ammán, en Jordania. El complejo en piedra caliza, erigido probablemente durante el califato de al-Walid, mezcla elementos romanos, persas y bizantinos como soporte del mensaje de una religión triunfante. Su estructura está formada por una sala de recepciones y un baño con la división tripartita clásica: el *apodyterium*, el *tepidarium* y el *caldarium*. Sobre el techo de la sala ceremonial se conservan frescos con la representación de varios reyes en actitud reverencial, humillados por las armas de los ejércitos musulmanes. Uno de ellos es el último rey visigodo, Rodrigo, mostrado en compañía de otros monarcas cuyos nombres es posible reconocer gracias a inscripciones en árabe y griego: el Emperador de Bizancio, el Negus de Etiopía y el Shah de Persia. La Hispania visigoda quedaba así visualmente subordinada a un lejano gobernante quien, de acuerdo con otras imágenes en el mismo palacio, se entretenía cazando y holgando entre mujeres desnudas. San Isidoro no hubiera estado satisfecho en exceso si hubiera podido contemplar estas escenas, no sólo debido a sus escrúpulos religiosos. El reino que había imaginado como sucesor del Imperio romano había terminado siendo un trofeo más expuesto en la galería de un distante potentado. Pero, si hubiera sobrevivido, podría haber encontrado un mínimo solaz al comprobar que los nuevos señores no eran inmunes a la influencia del mundo clásico. De hecho, el mundo islámico fue una esponja capaz de absorber las más variadas culturas. Al conectar las tradiciones de Roma, Grecia, Egipto, Persia y el Lejano Oriente, contribuyó a la creación de un nuevo y más elevado escenario para que la humanidad pudiera seguir desplegando sus enorme potencialidad, tanto creativa como destructora (8).

8. Frescos en el palacio Qusayr Amra mostrando a seis monarcas humillados en poses y ropajes bizantinos. Partes del palacio fueron restauradas por una misión arqueológica española en la década de los setenta del siglo pasado.

Gran parte de la mezcla entre culturas favorecida por el Islam tuvo lugar en al-Andalus una vez que se dieron las condiciones para que la antigua Hispania se convirtiera en un fértil cruce de caminos donde terminaron convergiendo numerosas fuerzas. Que fuera así resultó de un acontecimiento imprevisto: el colapso de la dinastía Omeya en Damasco. Cuando pensamos que somos privilegiados, o no, al vivir en una era cuando todo parece estar conectado instantáneamente, incluso entre los lugares más alejados del planeta, gracias a las nuevas tecnologías, debiéramos reconsiderar nuestro orgullo. Ya en el siglo VIII, una revuelta política en Oriente Medio podía enviar ondas de choque que resonaban desde las Columnas de Hércules hasta los oasis de la Ruta de la Seda, no en materia de años, sino de meses. Así ocurrió con la caída de los omeyas en 750. El fin de la dinastía fue el resultado de una guerra civil provocada por las ambiciones de otra familia que se consideraba la heredera legítima del Profeta: los abásidas, descendientes de Abbas, el tío de Mahoma. El cambio de liderazgo forzó a los dirigentes provinciales del Califato, desde al-Andalus hasta las fronteras del Indo, a revisar sus lealtades, desequilibrando la balanza que existía entre los señores musulmanes y las respectivas poblaciones locales, resultado de la primera fase de expansión del Islam. Tras el cambio de dinastía, aunque se seguía expresando en árabe, el eje de la civilización islámica se trasladó hacia el mundo iranio y así se manifestó en casi todos los ámbitos: desde la poesía a la medicina, de la teología a la astronomía. Resulta a un tiempo irónico y fascinante que el legado de dos mundos antaño enemistados a muerte- el grecorromano y el persa- fuera revivido gracias a la religión portada por un pueblo cuyo grado de sofisticación los sabios de Atenas, Roma o Persépolis habrían considerado similar al de las bestias del desierto.

A una escala más modesta, pero decisiva para el futuro de la civilización hispánica, la caída de los omeyas conduciría a la transformación de al-Andalus desde ser una mera dependencia en el extremo occidental de la Casa del Islam, a convertirse en una entidad política que alcanzaría gradualmente la independencia y desarrollaría una vibrante identidad cultural, resultado de la confluencia en su seno de las tres grandes religiones del Libro.

Que así fuera no fue resultado del destino providencial o de las fuerzas oscuras de la historia, sino de las vicisitudes humanas y del azar. Sucedió que Abd-el-Rahman, el único superviviente de los omeyas, consiguió escapar de Damasco y encontrar refugio en el extremo occidental del antiguo Imperio. Fue un periplo que duró cinco años y durante el que sobrevivió a varios intentos de asesinato. Finalmente, pudo cruzar el Estrecho de Gibraltar y pedir asilo en la ciudad de Córdoba, cuyo gobernador le acogió e incluso llegó a prometerle la mano de su hija. No sabía el agradecimiento que iba a recibir. Abd-el-Rahman pronto aprovechó las disensiones entre bereberes y árabes y, en el seno de éstos, entre las tribus yemenitas y sirias, para formar un ejército rebelde con el que venció a su incauto futuro suegro, que terminó pagando con su cabeza su ingenuidad. Asentado su poder en Córdoba y alrededores, el recién llegado pudo así disponer de una base territorial desde la que resistir las previsibles acometidas de sus enemigos abásidas e incluso, si así lo hubiera querido, para lanzar un asalto a Bagdad, la capital del nuevo Califato. Sin, embargo, conocedor de su inferioridad, decidió ganar tiempo y esperar a que se fueran olvidando de él, para así ir acumulando fuerzas. Casi no tuvo tiempo para ello. Su presencia en el sur de España era amenazadora tanto para la Europa del norte, como para los aliados musulmanes de la nueva dinastía en la propia península ibérica. Ambos adversarios terminaron forjando una alianza. La iniciativa para golpear la frágil presencia omeya en Córdoba fue de varios gobernadores pro-abásidas del noreste hispano, temerosos de las ambiciones de su vecino meridional. Pronto consiguieron el apoyo del Imperio carolingio, deseoso de acercarse al poder abásida en Bagdad para minar la oposición de Bizancio a una mayor presencia carolingia en la península itálica. Como resultado de las complejas combinaciones diplomáticas, Carlomagno cruzó los Pirineos al frente de un poderoso ejército. Su intención era unirse a los potentados abásidas de Barcelona, Gerona y Zaragoza y, con los refuerzos enviados desde Bagdad, juntos lanzarse contra el pretencioso heredero de los omeyas. El plan fracasó debido a disensiones entre los propios aliados. Carlomagno, frustrado, decidió emprender el camino de regreso, no sin antes dejar que sus mesnadas saquearan Pamplona, un enclave cristiano. Como represalia, las tribus vascas, empleando tácticas de guerrilla, aniquilaron la retaguardia del ejército carolingio, posiblemente en el Paso de Roncesvalles, el 15 de agosto de 778. El episodio, distorsionado para presentar como un heroico hecho de armas ante los musulmanes lo que en realidad había sido una humillante derrota a manos de unas tribus montaraces, fue la fuente de la Canción de Roldán, una de las canciones de gesta que florecieron en las cortes medievales en el siglo XI.

La retirada de Carlomagno permitió la consolidación de un emirato independiente Omeya. Hasta su muerte en 788, Abd-el-Rahman se dedicó a sentar los cimientos de una nueva construcción política destinada a erigirse sobre las ruinas del proyecto isidoriano. El resultado fue un edificio en muchos sentidos más rico y complejo, que habría de elevar la civilización en la antigua Hispania romana a mayores alturas.

Para alcanzar sus metas, cualesquiera que sean, toda civilización necesita una cierta capacidad para perdurar. También requiere la existencia de una minoría que disponga del tiempo y de los recursos para dedicarse al cultivo de la mente y del espíritu. Para Lord Clark, tras los tiempos oscuros que sucedieron a la caída de Roma, ello sólo fue posible en Europa occidental gracias a Carlomagno y a su labor, en gran medida precursora del Renacimiento Medieval, que tendría lugar en torno a 1100 en tierras de los francos. Sin embargo, aunque generoso en sus elogios al Emperador de la barba florida, incluso Lord Clark tuvo que aceptar que la primavera carolingia tuvo un alcance limitado, tanto como la base social sobre la que se sustentó. Sus logros, indudables, consistieron esencialmente en la recuperación de textos clásicos y patrísticos, que eran copiados en un tipo de letra conocida como minúscula carolingia; en la imitación de formas artísticas romanas y bizantinas en la arquitectura y la decoración y, sobre todo, en la fijación de un currículo educativo para las universidades medievales basadas en el Trivium -gramática, lógica y retórica- y el Quadrivium- geometría, aritmética, astronomía y música.

El renacimiento carolingio supuso un salto adelante para la civilización occidental, sobre todo si se tiene en cuenta el nivel en que se encontraba, pero no fue una revolución intelectual o espiritual. Apenas añadió nada que no fuera ya conocido o imaginado antes. De hecho, fue un movimiento conservador. El interés de Carlomagno estribaba en legitimar su poder imperial asociándolo al legado secular clásico, por una parte, y, por otra, conseguir la protección de una Iglesia cada vez más segura de su preeminencia en la sociedad medieval. Para conseguir sus fines, Carlomagno reunió en su corte de Aquisgrán algunas de las mejores mentes europeas de la época. El nombre de Alcuino de York es bien conocido entre ellas. Menos lo es el de Teodulfo de Orleans, un visigodo huido de su Hispania natal tras la invasión musulmana, una suerte de exiliado isidoriano, por así decirlo. Asentado en Aquitania, recibió una educación religiosa y pronto sus conocimientos llamaron la atención de Carlomagno, quien favoreció su ascenso en la jerarquía eclesiástica. La principal aportación de Teodulfo a la cultura de la época fue su autoría, probablemente compartida, del *Libri Carolini*. Como obispo, fue un defensor del empleo de imágenes para fines litúrgicos y como medio para hacer llegar el mensaje de la Iglesia a las masas iletradas, lo que favoreció el despliegue iconológico del románico y el gótico. Ahora lo damos por hecho, pero en aquella época, el uso o abuso de imágenes religiosas envenenaba las relaciones entre las ramas latina y bizantina de la Cristiandad. De hecho, el *Libri Carolini* fue concebido como una refutación de las posiciones extremas adoptadas por la Iglesia bizantina en relación con las imágenes, ora condenando su uso como idolatría e incitando a su destrucción, ora aceptándolas como objeto de adoración, si bien este último término se prestaba a la confusión. En tiempos de Carlomagno, el creciente cisma entre las iglesias latina y oriental se agudizó debido a una errónea traducción del término griego *proskynesis,* inclinación, para definir la actitud del creyente ante la imagen. Cuando en las actas del Concilio de Nicea de 787 el término mencionado fue traducido al latín, la palabra empleada en esta lengua fue *adoratio*. La idea de que una simple imagen pudiera ser adorada como si fuera la misma divinidad resultaba repulsiva a quienes, como los francos, eran descendientes de bárbaros idólatras convertidos al cristianismo. El error en la traducción, en una época en la que tales deslices eran frecuentes, fue una nube más en la cargada atmósfera que conduciría al Gran Cisma de 1054.

Mientras la controversia de las imágenes dividía a la Cristiandad y movilizaba mentes y corazones desde Aquisgrán a Constantinopla, los restos de la Iglesia hispano-goda que habían sobrevivido al envite musulmán pugnaban por sobrevivir en el remoto reino de Asturias, el último reducto de la Monarquía visigoda y cuna de la Reconquista. No parecía que fueran las mejores condiciones para producir una renovación cultural, por limitada que fuera, como la que se estaba produciendo al norte de los Pirineos. La precariedad de aquellas bolsas de resistencia rodeadas de enemigos y lejos de cualquier socorro no era buen augurio para la preservación y transmisión de los legados clásico y bíblico en tierras hispanas, como hubiera deseado San Isidoro. Es cierto que, bajo el liderazgo carismático de Pelayo, los últimos hispano-godos fueron capaces de derrotar a un destacamento islámico en la batalla de Covadonga, en 722, contribuyendo a mejorar la decaída moral de la población autóctona. Pero nada en ese momento permitía presagiar cuál sería el resultado final de una Reconquista que acababa de iniciarse y que se prolongaría durante más de siete siglos. En el siglo VIII, la mayoría de los habitantes del enclave asturiano vivían en un estado de permanente ansiedad. Muchos de ellos pensaban que el fin del mundo estaba cerca y que los ejércitos islámicos que les asediaban eran la encarnación del Anti-Cristo. Algunos llegaron a convertir ese estado psicológico en pesadillas apocalípticas. Un monje conocido como Beato, estaba convencido que el mundo terminaría en el año 800. Para prepararse, decidió pasar el resto de sus noches y días escribiendo un Comentario al Apocalipsis de San Juan en el monasterio de Santo Toribio de Liébana, un condado del reino de Asturias. Unos treinta y cuatro manuscritos del Apocalipsis, los conocidos como Beatos de Liébana, han sobrevivido hasta nuestros días. Al menos veintiséis fueron bellamente iluminados por generaciones de monjes artistas. Uno de los más deslumbrantes, datado en torno a 950, puede contemplarse en la Librería Morgan de Nueva York. Famoso por sus proezas financieras, no siempre ortodoxas, John Pierpont Morgan fue también un ávido coleccionista de gemas bibliográficas. En 1905 contrató como secretaria personal a Belle da Costa Greene, una belleza frecuentadora de la alta sociedad neoyorkina, quien resultó ser una experta en literatura medieval. Probablemente siguiendo su consejo, J.P. Morgan adquirió en junio de 1919 en una subasta de Sotheby´s el Beato ahora exhibido en la mansión palaciega del número 225 de la Avenida Madison (9).

9. Ilustración del Beato de Morgan con la ruptura del sexto sello. Biblioteca Morgan, Nueva York.

De delicada factura, el Beato de Morgan fue probablemente iluminado en el scriptorium del monasterio de San Salvador de Tavera por un monje llamado Maius. Como otros Beatos iluminados, el ejemplar de la Biblioteca Morgan se inspira en un estilo mozárabe típicamente hispano. Los mozárabes eran los cristianos que habían vivido bajo domino musulmán en al-Andalus. Conforme la Reconquista fue avanzando hacia el sur, muchos mozárabes se instalaron entre sus correligionarios, si bien algunos conservaron las costumbres adquiridas en tierras islámicas, entre ellas un estilo artístico que, aplicado al arte de la iluminación, se caracterizaba por disponer los elementos cromáticos y figurativos de una forma peculiar. En el caso de los Beatos, la distribución de las imágenes y de los colores, lejos de ser dictada por el azar, respondía a un plan teológico y escatológico cuyo fin, según el colofón añadido al Beato de

Morgan, era que los creyentes vivieran en el temor del Juicio Final. En otras palabras, cada Beato era concebido como un medio para preparar el alma ante el próximo final del mundo. Cada palabra y cada imagen estaban íntimamente subordinadas al plan soteriológico del autor. La elección de los colores, sobre todo rojos, amarillos y naranjas dispuestos en amplias franjas horizontales, tenía muy probablemente relación con la ligazón establecida por San Isidoro en su obra entre los mismos y el calor del sol, jugando con la similitud fonética en latín entra las palabras "color" y "calor". Sin embargo, la razón para esa particular selección y combinación de colores respondía en última instancia al significado simbólico que a cada uno de ellos atribuía el pensamiento medieval y, sobre todo, a una técnica estilística mozárabe conocida como "*varietas*", consistente en la utilización de patrones cromáticos combinados con diseños predeterminados. En principio, los diseños, interpretados junto con el texto, tenían que conformarse a los mensajes bíblicos y constituían en realidad reglas nemotécnicas para fijarlos en la mente de los creyentes. La imagen era así extraída de su contexto natural y religada a un plano espiritual. La desmaterialización y espiritualización del espacio y el color también eran empleados en otros ejemplos de literatura apocalíptica medieval, pero encontraron su expresión visual más fascinante en el ciclo de los Beatos. Cuando algunos pintores no figurativos del siglo XX intentaron encontrar un lenguaje ajeno al reino de las apariencias, terminaron creando obras extrañamente similares al mundo del Beato. Quizá no fue por casualidad. Sabemos que cuando Mark Rothko comenzó su ciclo de pinturas conocido como *Sectionals*, lienzos donde se despliegan amplias masas cromáticas rectangulares, ya había visitado la Librería

Morgan acompañado por Meyer Shapiro, el gran historiador del arte especializado en el Románico y asiduo visitante de monasterios medievales españoles [17]. No sabemos si Rothko fue influido por su encuentro con el Beato de Morgan. Pero una cosa es cierta: si situamos lado a lado un Beato iluminado por un monje visionario en un monasterio de la Hispania medieval y un cuadro del pintor abstracto neoyorquino no podemos por menos que sorprendernos ante las resonancias del arte a través de los siglos y las continuidades que constituyen la urdimbre apenas visible de nuestra civilización.

Cuando experimentaron una ruptura dramática de sus respectivos mundos, tanto el Beato como Rothko, a pesar de pertenecer a épocas tan distantes, terminaron adoptando similares estrategias para escapar de la realidad que les circundaba y superar los medios de expresión heredados. Para Rothko, la respuesta fue abandonar la representación figurativa y toda referencia a la realidad, remplazando ambas por formas rectangulares delimitadas por el color. La ausencia de armonía y proporción que percibía en su entorno fue compensada por la creación de un orden artificial en el lienzo, evocado mediante el uso de figuras geométricas. Sin embargo, ni siquiera el ideal de perfección abstracta es plenamente conseguido en las obras de Rothko pertenecientes al ciclo de los *Sectionals,* pues en ellas permanecen rastros de la imperfección natural: los colores pugnan por escapar de los bordes que les son impuestos y un trasfondo inquietante y semoviente acecha tras la pureza estática de las formas rectangulares (10).

---

[17] Sobre la relación entre los *Sectionals* de Rothko y la tradición del Beato puede consultarse: Vega Esquerra, Amador, *Sacrificio y creación en la pintura de Rothko* (2010).

10. *Sin título*, Rothko, 1962. Staatsgalerie, Stuttgart.

La confrontación entre el orden y el caos es incluso más dramática en el Beato de Morgan. Inicialmente, cada franja horizontal de color representaba un fragmento de la Creación ordenada de acuerdo a una escala jerárquica conocida como la *scala creaturarum*. Pero, en lugar de quedar confinadas a sus respectivos reinos naturales, las figuras en algunas páginas iluminadas del Beato saltan literalmente de un reino a otro, como si la llegada de los Últimos Días implicara la destrucción de todo sentido de orden y el retorno al caos primordial, antes de la aparición del cosmos creado por la intervención divina (11).

11. Beato de Morgan: lucha entre hombres, ángeles y bestias. Biblioteca Morgan, Nueva York.

El mundo del Beato, al borde de la destrucción y al tiempo esperanzado ante la posibilidad de la salvación, es un ejemplo de la capacidad humana para crear obras de arte duraderas, y cultura en el sentido más noble, incluso en las circunstancias más difíciles. Las generaciones de monjes que alejados de los grandes centros de civilización consagraron sus vidas a perpetuar la tradición apocalíptica iniciada por el Beato de Liébana continuaron su labor diaria a pesar de que cada mañana al levantarse pensaban que iban a enfrentarse a su último día sobre la tierra. Pero ello no les conducía a la desesperación o a la ataraxia. Su capacidad creativa permanecía intacta. A pesar de que su motivación última era reafirmar la fe de los habitantes en aquel enclave aislado y constantemente amenazado por el Islam, el resultado de su devoción artística muestra una asombrosa capacidad para absorber y transformar numerosas tradiciones estilísticas, no sólo aquéllas de linaje hispano-godo

-enteras transcripciones de la obra de San Isidoro aparecen en el Beato-sino también foráneas, incluso las aportadas por sus enemigos existenciales (12).

12. Beato de Gerona. Jinete mozárabe o mudéjar con vestimenta sasánida. Museo de la Catedral de Gerona.

En la visión de Lord Clark, cuando en el siglo VIII las armas islámicas tomaron al asalto y arrasaron los reductos del mundo clásico en el Mediterráneo, la civilización occidental sólo pudo renacer en los extremos del Atlántico norte gracias a los monjes irlandeses y a los escribas carolingios. Su legado, de acuerdo con este guión convencional, hizo posible el Gran Deshielo del siglo XII y el subsiguiente Renacimiento medieval, con la aparición del estilo gótico, vertical y vigoroso, el florecimiento de la literatura provenzal y su culto del amor cortés, y el desarrollo de la filosofía escolástica en la Universidad de París. La figura que mejor representa esa sucesión lineal es la de Pedro Abelardo, un filósofo peripatético y socrático, amante de las disputas dialécticas hasta el extremo de no temer enfrentase a la jerarquía eclesiástica. Por desgracia para su integridad física, también era amante de enredarse con mujeres fuera de su alcance, como Eloísa, cuyos parientes, al conocer que había quedado embarazada por el impetuoso Abelardo decidieron acabar de una vez por todas con su exaltada masculinidad. Convertido en monje, mientras Eloísa era forzada a entrar en un convento, ambos mantuvieron pese a todo una relación epistolar que todavía nos conmueve, pues en ella fue expresado un amor humanamente divino y divinamente humano. Rousseau, inspirado por la trágica historia de los dos amantes, escribió siglos más tarde su novela *Julia o la Nueva Eloísa*, uno de los textos fundacionales del movimiento romántico y probablemente el mayor éxito de ventas del siglo XVIII.

En el modo clarkiano de escribir la historia de la civilización, las sucesivas renovaciones que pusieron fin a la Edad Oscura y produjeron figuras como Pedro Abelardo o Santo Tomás de Aquino irradiaron desde un núcleo nord-atlántico a un Club Mediterráneo periférico, una suerte de eurozona medieval, por así decirlo. Vías como el Camino de Santiago, que conducían desde la Europa carolingia a los extremos remotos de Hispania, eran las avenidas que permitían redistribuir los flujos culturales desde un Norte dinámico y avanzado hacia un Sur estancado y subsidiado (13).

13. Catedral de Santiago de Compostela y el Camino de Santiago, vínculos hispanos con el norte de Europa.

Como es fácil comprobar, los viejos prejuicios tienen hondas raíces. En realidad, lejos de ser un movimiento Norte-Sur unidireccional, el despertar de Occidente fue resultado en buena medida del movimiento contrario: una transfusión masiva de ideas y de bienes culturales desde el Sur al Norte. Sus principales protagonistas no fueron ceñudos monjes irlandeses o emperadores ágrafos, sino una mezcla pintoresca de filósofos, médicos, cosmólogos, alquimistas, poetas, arquitectos, músicos o traductores árabes, judíos y cristianos que durante siglos laboraron en los campos de la sabiduría de la Hispania medieval.

Entre el siglo VIII y el XII, mientras el ciclo de El Beato se desarrollaba en el norte de la península, incorporando, como hemos visto, elementos visuales orientales, un proceso de transculturación todavía más promiscuo y fascinante tenía lugar en el sur musulmán. A la muerte de Abd-el-Rahman, en 788, al-Andalus comenzaba a ofrecer señales de los prodigios que estaban por venir. Bajo sus sucesores, Córdoba se convertiría en la Atenas del mundo medieval y en precursora de los centros académicos que más tarde se identificarían con la tradición universitaria occidental. Seducidos por la munificencia y el atrevimiento intelectual de sus gobernantes, al-Andalus comenzó a atraer y alimentar a las mentes más aventureras del mundo islámico y, a no tardar, incluso de la Cristiandad. Los sabios cristianos que se dirigieron hacia el sur terminarían formando importantes contingentes en las escuelas de traductores ibéricas, con Toledo en el núcleo de una vasta red de talleres multiculturales donde equipos de académicos se afanaron en traducir al latín y a una forma embrionaria de castellano las obras científicas, filosóficas y teológicas de los sabios árabes, persas, judíos y griegos.

Entre los precursores del Gran Despertar Ibérico había personajes extravagantes, cuyo tipo, dejando al margen algunos monjes medievales excéntricos, no volveremos a encontrar en Europa hasta la Era de las Exploraciones y la primera revolución científica, cuando algunas mentes inquietas comenzaron a examinar y cuestionar la naturaleza con una actitud juguetona y al tiempo seriamente analítica.

Tomemos el caso de Abbas ibn Firmas, nacido en la ciudad andalusí de Ronda, quien a inicios del siglo IX ya había creado un planetario, inventado un metrónomo, diseñado una habitación donde se reproducían los fenómenos atmosféricos, descubierto un método para transformar cuarzo en cristal y, fascinado como estaba por el vuelo de las aves, diseñado un aparato volador con el que en el año 870 se mantuvo en el aire, el primer hombre en hacerlo de modo experimental y con testigos presenciales. Uno de ellos, cuya vena satírica no podía reprimir, afirmó que Ibn Firmas "al aterrizar se dañó la espalda, pues ignoró que los pájaros al tomar tierra lo hacen sobre sus plumas caudales, y a él se le olvidó ponerse una"[18] (14).

Al parecer, Abbas ibn Firmas fue incapaz de recuperarse de las heridas y murió poco después, un caso precoz de sacrificio por la ciencia. Su atrevimiento al desafiar la ley de la gravedad fue emulado más tarde, a inicios del siglo XI, por Eilmer de Malmesbury, un monje benedictino inglés. Como su predecesor musulmán, también se le olvidó la lección

---

[18] Cita atribuida al historiador marroquí al- Maqqari en Lynn Townsend White, Jr. (Spring, 1961). "Eilmer of Malmesbury, an Eleventh Century Aviator: A Case Study of Technological Innovation, Its Context and Tradition", *Technology and Culture* 2 (2), p. 97-111 [100f.].

aviar, cayó de mala manera y se rompió ambas piernas. Desde entonces, los aspirantes a pioneros de la aviación, como Roger Bacon, se limitaron a dejar volar su imaginación en lugar de lanzarse ellos mismos al aire. No sabemos si así ocurrió también con Leonardo da Vinci, cuyos diseños de máquinas voladoras pudo haber probado él mismo, atrevido como era, confiriendo así cierta verosimilitud a la siguiente cita, probablemente apócrifa, que se le atribuye: "pues una vez has probado a volar, andarás sobre la tierra con los ojos tornados hacia el cielo, pues allí has estado y allí quieres volver".

14. Estatua de Abbas ibn Firmas en el aeropuerto de Bagdad.

El tipo de ciencia experimental llevado a cabo en al-Andalus por personajes como Abbas ibn Firmas a inicios del siglo IX estuvo acompañado por una auténtica revolución en el modo de vida de sus habitantes y, por ósmosis, en las tierras cristianas más al norte. Fue una revolución que tocó todos los ámbitos, desde la gastronomía a la moda, o desde la literatura a la música. En el caso de la Hispania musulmana, aunque los sucesores de Abd-el Rahman podían gobernar de forma independiente en la práctica, cultural y religiosamente sus dominios eran parte de la Casa del Islam y estaban, por tanto, conectados por multitud de hilos al resto del mundo islámico e incluso más allá, hasta los confines de la India y de China. Mientras el resto de Occidente estaba en gran medida aislado de los grandes centros de civilización y tan sólo podía recurrir a los escasos y fragmentarios restos greco-romanos rescatados por los escribas carolingios, Hispania estaba convirtiéndose en un núcleo de intercambios culturales y de innovaciones sin precedentes en Europa desde los días cosmopolitas del Imperio romano.

Córdoba, Gerona, Toledo, Mallorca, Granada...Los nombres evocadores de estas ciudades, y de muchas otras en la península ibérica, son tan relevantes para la historia de la civilización occidental como Aquisgrán, Chartres, Siena o Florencia. Merecen por ello una visita, y así lo haremos en las próximas páginas. Resumir lo que ocurría en los dominios de la mente y del espíritu en la España medieval entre los siglos X y XIII casi marea. No había otro lugar en Europa y probablemente en el mundo, salvo Bagdad, donde tantos genios creadores convergieron, tantas influencias culturales fueron intercambiadas o tantos bienes comerciados. Hay que retornar a la Atenas de Pericles, a la Roma tardo-imperial o a los oasis de la Ruta de la Seda durante la dinastía T'ang en China, o avanzar hasta las ciudades- estado italianas a inicios del Renacimiento para encontrar algo similar antes de la moderna era de la globalización. El número de productos que fueron por vez primera conocidos o sistemáticamente empleados en Europa gracias al encuentro, convivencia y confrontación entre musulmanes, judíos y cristianos en la península ibérica suma una lista asombrosa.

Azúcar, espinacas, berenjenas, alcachofas, azafrán, melones, albaricoques, arroz, limones… la historia de la España medieval puede ser narrada desde muchos puntos de vista, y exploraremos algunos de ellos, pero ninguno tuvo más impacto sobre la vida cotidiana de la gente que la expansión de su dieta gracias a la importación y el cultivo de nuevos alimentos desde India, China o Persia a través de la multitud de canales comerciales o diplomáticos que atravesaban las tierras del Islam. Comparada con la monótona escasez de la mesa medieval en los reinos cristianos y la no menos monótona exhibición de glotonería en sus reductos palaciegos, la variedad de platos servidos en una mesa andalusí constituía un contraste saludable. Incluso el orden y la presentación de los alimentos como parte de un modo de vida decoroso, un tropo literario favorito del Renacimiento, como sucede en la obra de Domenico Platina *Placeres honestos y buena salud*, de 1474, fueron perfeccionados en Córdoba. Las mejoras en el arte de preparar y servir la mesa, se debieron sobre todo a un personaje fascinante, una suerte de Petronio musulmán, conocido como Zaryab, o también como "Ave negra", por el color de su piel y lo melodioso de su voz. Zaryab había sido un esclavo persa, de probable origen africano, que estudió música y canto en Bagdad, la capital de la dinastía Abásida, en torno a 800. En ese período, la severidad de las costumbres entre la elite árabe estaba cediendo ante la refinada influencia persa en los dominios de la música, la poesía y, en general, en las artes de la escena y de la mesa. Músicos, bailarines, artesanos o cocineros persas competían, no siempre de la forma más elegante, para llamar la atención en la corte califal y entre las familias nobles. Estrella ascendente, Zaryab no tardó en concitar enemistades entre sus competidores en los medios artísticos de Bagdad, de donde finalmente tuvo que huir. Como el último omeya antes que él, encontró refugio en al-Andalus, donde había recibido una invitación del entonces gobernante al-Hakam I para entretener a su corte cordobesa. Cuando finalmente llegó al sur de España, en 822, su protector había fallecido, pero su hijo, Abd-el-Rahman II, no sólo renovó la invitación, sino que le ofreció un sueldo regular en dinares de oro a cambio de sus servicios. Zaryab retornó la generosidad recibida con creces. Gracias a él, las rudimentarias costumbres de sus huéspedes a la hora de disfrutar del ocio fueron transformadas de forma radical. Introdujo en aquel lejano oeste de la Casa del Islam nuevas melodías y motivos líricos importados desde Mesopotamia, así como una forma modificada del oud, un instrumento cercano al laúd, añadiendo dos cuerdas adicionales a las cuatro originales y ampliando así su alcance tonal. Se dice que también creó el primer conservatorio de Europa, dedicado a la enseñanza de técnicas musicales persas, y formó la primera gran orquesta, compuesta por un centenar de tañedores de oud y flautistas. Muchas de sus composiciones, llamadas *Nobeh*, inspiradas en la música persa y en las ragas indias, todavía forman parte del repertorio andaluz y magrebí.

La huella de Zaryab no se limitó a la música. Su influencia se extendió a la gastronomía y a la moda. Cuando fue encargado de las cocinas palaciegas cordobesas pronto se deshizo del crudo legado árabe e hispano-godo e introdujo, por vez primera y probablemente por invención suya, el servicio de comida en tres platos que hoy damos por sentado: entrada o sopa, plato principal y postre con dulces, fruta fresca o frutos secos. Insistió también en la limpieza de ingredientes y utensilios, en el uso de vasos de cristal en lugar de copas de metal y en el empleo de manteles para cubrir la mesa. Aprovechando la variedad de productos introducidos en los campos de al-Andalus, enriqueció el gusto culinario de su país de adopción añadiendo nuevos vegetales, como el espárrago, e inventando delicadas recetas, sobre todo para los postres, muchos de los cuales todavía se sirven como colofón a las comidas españolas. De hecho, la influencia de Zaryab se extendió más allá de España al más amplio mundo hispánico, provocando asombrosas conexiones culinarias. Cuando en la década de los sesenta el poeta y premio Nobel mexicano Octavio Paz era embajador en la India, reparó en las similitudes entre el mole de su país natal y el curry indio. De acuerdo con la tradición, el mole, una salsa de acompañamiento realizada con diversos ingredientes, entre ellos el clavo, el coriandro, almendras, chile, chocolate o canela, fue inventada en los conventos de Puebla, entonces la segunda ciudad más poblada de Nueva España, en el siglo XVIII. Hoy el mole se considera una parte de la identidad nacional mexicana del mismo modo que el curry se identifica con la India. Ahora bien, aparte de las aportaciones respectivas de los mundos pre-colombino y pre-islámico, resulta que tanto el mole como el curry son deudores de la gastronomía musulmana, llevada casi al mismo tiempo a América por los conquistadores españoles y a la India por la dinastía Mogol. En el caso de Hispano-América, las transmisiones culinarias deudoras de la España musulmana no se limitaron a México, sino que se extendieron a la totalidad del continente, desde California hasta la Patagonia, e incluso a Asia vía Filipinas y la presencia ibérica en Japón. Pensemos, por ejemplo, en los orígenes misioneros de un plato típico japonés, la tempura. La empanadilla rellena fue muy probablemente llevada a América por colonos procedentes de Galicia, donde todavía forma parte de la cocina regional. Pero, en última instancia, sus orígenes proceden de Persia, de donde fue exportada a al-Andalus, como atestigua el tratado andaluz, de autor anónimo, titulado *Libro de Cocina en el Magreb y al-Andalus en la era Almohade*, del siglo XIII. El Intercambio Ibérico pasó a formar parte del Primer Intercambio Global. En la propia España, incluso tras el final de la Reconquista y la llegada de la dinastía de los Habsburgo, el legado de la gastronomía islámica fue notable. En su renombrado *Arte de Cozina, Pasteleria, Vizcocheria y Conserveria,* publicado en 1611, Francisco Martínez Montiño, Cocinero Mayor bajo Felipe II y Felipe III, mencionó numerosos ingredientes y recetas de descendencia andalusí, como los conduchos, una especie de turrón, o las propias empanadillas, si bien en este caso rellenas con productos derivados del cerdo. Un siglo más tarde, en el *Nuevo Arte de Cocinar*, publicado en 1747 por Juan de Altamira, un fraile franciscano, prolifera la mención de productos árabes, asiáticos y americanos comunes en los mercados españoles. En cierto modo, las creaciones de la nueva cocina española, la a veces denominada cocina molecular, con su tendencia a jugar con ingredientes, texturas y sabores, es una variante sofisticada de una larga tradición de experimentación en las tierras del Mundo Hispánico debida a mediadores culturales como Zaryab o las humildes monjas de Puebla.

El talento omnívoro de Zaryab también se extendió a otros dominios epicúreos: introdujo en Europa la primera pasta de dientes, extendió la práctica del afeitado entre los hombres, diseñó elaborados estilos de peinado y abrió salas de belleza, contribuyendo a la difusión de nuevos cosméticos y perfumes importados de Oriente Medio. Como *arbiter elegantiarum* de la época impuso gracias a su dominante personalidad y a su influencia en el entorno del emir, nuevos códigos en la vestimenta. Al igual que hiciera con los tres platos en la mesa, inauguró la tradición de cambiar el vestuario de acuerdo con las estaciones, una innovación andalusí sin la cual la moderna industria de la moda no sería posible.

Por si todo lo anterior fuera poco, Zaryab también fue responsable de popularizar el ajedrez en la península. Los españoles de todos los credos se entregaron al juego con supremo gusto. El Rey Alfonso X el Sabio, a quien encontraremos más adelante, encargó el célebre *Libro del ajedrez, dados y tablas*, también conocido como el *Libro de los juegos*, en 1283. En el ejemplar iluminado existente, hoy en la Librería de El Escorial, son mostrados diferentes juegos de mesa como ejemplo de la intersección entre la razón y el azar, la ciencia y la fe, y entre el macrocosmos astronómico y el microcosmos humano. En tan gran esquema, el ajedrez representa la supremacía del intelecto sobre la suerte y de la estrategia sobre la improvisación. Ya a finales del siglo XV, la contribución española sería decisiva para la transición al moderno juego del ajedrez. La prominencia de la Reina sobre el tablero fue muy probablemente una invención española ligada a la figura de Isabel la Católica en el periodo formativo del Estado español. También fue español el primer libro impreso dedicado al ajedrez, publicado en Salamanca en 1497 por Luis Ramírez de Lucena y titulado *Repetición de amores y Arte de ajedrez, con 101 juegos de partido* (15). Como ocurriría mucho más tarde, en la época de la Guerra Fría con los enfrentamientos titánicos entre los maestros estadounidenses y soviéticos, los campeonatos de ajedrez en la Europa de inicios de la Edad Moderna también eran concebidos como torneos donde se dilucidaba la hegemonía simbólica entre las grandes potencias. En 1560, durante la entronización del Papa Pío IV, una partida de ese jaez tuvo lugar entre maestros españoles e italianos. El vencedor fue Ruy López de Segura, considerado el primer campeón moderno de ajedrez y también autor de un manual extraordinariamente influyente sobre el juego, titulado *Libro de la invención liberal y Arte del juego del axedrez*, impreso en Alcalá de Henares en 1561. En su obra, Ruy López prestó especial atención a los primeros movimientos de la partida, su desarrollo y explotación, y lo hizo con tal éxito que hoy uno de los gambitos más conocidos y empleados lleva su nombre.

15. *Repetición de amores y Arte de ajedrez, con 101 juegos de partido*, 1497, por Luis Ramírez de Lucena. Biblioteca de la Universidad de Salamanca.

Zaryab murió poco más tarde de que lo hiciera su protector Abd-el Rahman II, quien falleció en 852. Ya en esa fecha, Córdoba comenzaba a convertirse en la capital cultural de Europa, una posición reforzada cuando Abd el Rahman III proclamó a la ciudad como capital de un Califato independiente de Bagdad el 16 de enero de 929. Unos dos siglos tuvieron que transcurrir desde que las primeras tropas bereberes y árabes invadieran la península para que la España musulmana alcanzara la independencia política. Al-Andalus fue así la segunda comunidad política plenamente soberana en gobernar sobre una gran parte de la península. La primera había sido la Monarquía visigoda. Como símbolo del nuevo estatus, el Califa ordenó en 936 la construcción de una ciudad palatina en las afueras de Córdoba. Su nombre era Madinat al-Zahara. La ciudad, con sus vistas dominantes sobre Córdoba y su valle adyacente, fue además concebida como muestra de la continuidad de la dinastía Omeya, rediviva en el Lejano Oeste del Islam. Tras la muerte del primer califa cordobés en 961, el complejo urbano fue completado bajo el gobierno de su hijo, Al-Hakam II, artífice en buena medida de la edad dorada del Islam en España.

Hoy, Madinat al-Zahara es un complejo arqueológico donde el visitante puede todavía vislumbrar restos de un pasado esplendor. En su momento álgido, la ciudad contenía varios jardines ornamentales, un zoológico con animales exóticos, observatorios astronómicos y una red de laboratorios donde investigaban algunas de las mejores mentes de la época. Entre ellas, destacaba la de Maslama al-Majriti, un matemático, proto-químico y astrónomo que revisó y adaptó a las coordenadas geográficas de al-Andalus las tablas astronómicas de al-Khwarizmi, precursoras a su vez de las tablas alfonsinas empleadas en la época de los descubrimientos. También se le debe un breve *Tratado del Astrolabio*, una traducción al árabe del *Planisferio* de Ptolomeo y, aunque quizá completada por uno de sus discípulos, la composición del *Rutbat al-Hakim*, traducido al español bajo patronazgo del rey Alfonso X con el nombre de

El objetivo del sabio, más conocido en la historia de la ciencia como el *Picatrix*, un compendio de alquimia esotérica y química experimental donde por vez primera hay una referencia al principio de la conservación de la materia observado en el transcurso de un experimento con la oxidación del mercurio.

Apenas mencionada o ignorada en la mayoría de los textos sobre historia medieval, Madina al-Zahara fue la mayor urbe creada en Europa occidental en aquella época y, sin duda, la más lujosa y más civilizada, pero fue arrasada hasta los cimientos por una invasión berebere en 1009, en un momento en el que por al-Andalus comenzaba a propagarse una versión más rigoristas del Islam en comparación con la que había prevalecido en la Córdoba omeya (16).

16. Restos de Madinat al-Zahara, una sombra del pasado esplendor.

Al-Hakam II merece figurar no sólo en la historia islámica, sino en la europea, como uno de los más esclarecidos gobernantes. Bajo su mandato, la gran Mezquita de Córdoba fue ampliada para acomodar una población creciente y en su interior fue creada una Maqsura, un espacio para la autoridad rodeado por un bosque de arcos bicromados y cerrado por una cúpula cuya magnificencia todavía asombra al visitante y puede ser considerada como una joya de la arquitectura universal (17).

17. Cúpula de la Maqsura, Mezquita de Córdoba.

Al-Hakam II tenía dos pasiones, la belleza, tanto carnal como espiritual, y los libros. Su biblioteca, considerada la mayor de la época, necesitaba un catálogo de cuarenta volúmenes. En su mayor esplendor, contaba con unos 400.000 ejemplares. A modo de comparación, la biblioteca monacal mejor dotada más allá de los Pirineos apenas contenía algunos centenares de manuscritos. La diferencia no sólo era cuantitativa, sino enorme en términos de calidad. En ningún otro lugar de la Europa occidental era posible beber, figurativamente, de tantos pozos de conocimiento. Pozos a los que acudieron las mentes más sedientas de la época. Pretender, como a menudo se hace, que la España musulmana era una excrecencia remota, exótica, aislada y apenas relacionada con la Europa de Chartres, La Sorbona o Florencia es olvidar que por más de tres siglos los personajes más brillantes de Occidente dependieron de fuentes de sabiduría, teórica y práctica, que sólo estaban disponibles en Europa en la península Ibérica y, en menor medida, en Sicilia.

A finales del siglo X, al -Andalus y algunas partes de la España cristiana ya habían recibido, absorbido y transformado un flujo de nutrientes culturales sin parangón en el norte de Europa, incluso tras el llamado renacimiento carolingio. Aunque envueltas en escaramuzas fronterizas y razzias devastadoras, las Hispanias cristiana y musulmana, junto con las comunidades judías, mantenían intercambios que abarcaban la casi totalidad de sus vidas diarias. La existencia de esos canales abiertos de comunicación hizo posible la extraordinaria historia de Gerbert d'Aurillac, el futuro Papa Silvestre II, quien en torno a 967, tras haber recibido una educación sumaria en su región natal de Auvergne, se trasladó a la Marca Hispánica, las tierras fronterizas entre el Islam y la Cristiandad que vienen a coincidir con la actual Cataluña. Allí pretendía obtener algunos rudimentos de ciencia islámica inalcanzables en su patria. En aquel rincón de Hispania, Gerbert estudió bajo los auspicios del Obispo de Vic, Atto, y, muy probablemente, también visitó el monasterio de Santa María de Ripoll. Un hecho poco conocido es que, aparte de algunas esporádicas excepciones, la primera recepción sistemática en la Europa medieval de la ciencia y la filosofía clásicas, persas e indias tal y como fueron adoptadas y adaptadas por el mundo islámico tuvo lugar en el scriptorium de Ripoll y en otros centros monásticos catalanes en el siglo X. La traducción de textos árabes al latín fue realizada probablemente por monjes mozárabes que habían vivido en al-Andalus. Mientras permaneció en la Marca Hispánica, Gerbert se familiarizó con dichas traducciones y fue su lectura la que le convenció para viajar a Toledo, Sevilla y, casi con certeza, a Córdoba. Cuando finalmente abandonó España en 969, era consciente del gran avance que los sabios musulmanes tenían sobre los cristianos en materias como las matemáticas, la astronomía o la medicina. Ello le convenció de la necesidad de hacer llegar dichos conocimientos más allá de los Pirineos. Con ese objetivo en mente, mientras enseñaba en la Catedral de Reims escribió una carta a Sunifred Llobet, conocido como Lupitus, archidecano de Barcelona, pidiéndole que le enviara algunas traducciones al latín de textos árabes, especialmente de aquellos relacionados con el uso del astrolabio y otros instrumentos de medida. Una de esas traducciones, el famoso manuscrito Rivipullensi 225, fue encontrada en los Archivos de la Corona de Aragón en el siglo XIX, tras haber sido rescatado del fuego que devastó el monasterio de Ripoll.

La importancia de este manuscrito estriba en que contiene la primera evidencia de la transmisión de la ciencia islámica a la Europa cristiana. Sus doscientos folios de pergamino contienen una compilación de diferentes materias, desde la resolución de problemas astronómicos, geométricos y mecánicos a la construcción de astrolabios, relojes de sol o de agua. En lo que toca al astrolabio, un instrumento que los árabes habían tomado de la Grecia clásica, su difusión en Europa occidental siguió la ruta que, desde sus orígenes en al-Andalus, pasaba por la Marca Hispánica, continuaba por la Abadía de Fleury y culminaba en el monasterio de Reichenau, en la actual Alemania, donde en el siglo XI un monje llamado Hermannus Contractus escribió un manual para su uso basado en los conocimientos contenidos en el manuscrito de Ripoll. El propio Gerbert construyó un astrolabio, junto con esferas celestes y armilares y un ábaco con numerales arábigos con los que enseñaba a sus alumnos en Reims, siguiendo las instrucciones que había aprendido en su estancia en España. Según la leyenda, había obtenido tan oscuros secretos de un mago musulmán, quien le había facilitado firmar un pacto con el diablo. Tal era la mentalidad prevaleciente en la Europa de la época.

De hecho, el uso de los numerales indo-arábigos fue otra innovación que Europa debe a la España de las Tres Culturas. Inventados en la India y perfeccionados por matemáticos persas y árabes, como al-Khwarizmi y al-Kindi, su primera representación atestiguada en Occidente está contenida en el Codex Vigilanus, un manuscrito iluminado datado en 976 en San Martín de Albelda, en la comunidad de La Rioja, y ahora preservado en la Biblioteca de El Escorial (18).

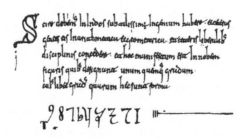

18. El Codex Vigilanus con la primera representación en Occidente de los numerales indo-arábigos, excepto el cero. Biblioteca de El Escorial.

Es fascinante comparar el radical cambio de mentalidad que dio origen al Codex Vigilanus o al Codex Rivipullensi con el estado de ansiedad apocalíptica que prevalecía en el mundo del Beato, apenas un siglo antes. Los escribas que trasladaron al latín las muestras de sabiduría islámica, y en algunos casos se atrevieron a comentarlas y corregirlas, no estaban dominados por oscuras premoniciones de la proximidad del fin del mundo provocado por los ejércitos infieles. Al contrario, algunos de ellos habían llegado a la convicción de que aprendiendo de sus enemigos, el campo Cristiano podría no sólo superar su atraso, sino, recuperada la confianza, llegar a alcanzar el sueño isidoriano de una Hispania unificada bajo tutela de la Iglesia y sustentada en las herencias bíblica y clásica. Tal fue el sentido de la Reconquista. Pero, el triunfo de esa visión del futuro distaba todavía varios siglos en el porvenir. En el largo interludio, la pulsión de la guerra era contenida, a duras penas, por las necesidades de la co-existencia y, en el mejor de los casos, por las virtudes de la convivencia entre los distintos pueblos y creencias que compartían la península. El precario equilibrio fue progresivamente inclinándose del lado Cristiano entre los siglos XI y XIII, pero mientras se mantuvo permitió el florecimiento de algunas de las figuras más deslumbrantes en la historia de la civilización.

Lord Clark, como hemos visto, consagró dos capítulos de su serie al siglo XII, presentando a su audiencia y, posteriormente, a sus lectores, las glorias del Románico y del Gótico, desde Cluny a Chartres, para detenerse posteriormente en la aparición de la tradición trovadoresca, con su culto al amor cortés, y en los primeros atisbos del humanismo. En esos capítulos, el historiador británico glosó en tono entusiasta figuras como el Abad de San

Denis, Suger, a quien consideraba el primer hombre de la Edad Media en cuya personalidad podían atisbarse rasgos modernos. De igual forma, Lord Clark no dudaba en elogiar la armoniosa composición de la Catedral de Chartres como el primer ejemplo del despertar de la civilización europea y como representación de una energía intelectual que comenzaba a librarse de sus ataduras al contacto con el legado redescubierto de Grecia y Roma y gracias a la convicción apenas emergente de que la belleza y la razón son dos vías legítimas para aproximarse a Dios. Irónicamente, la mayoría de los rasgos novedosos que Lord Clark atribuía en exclusiva a la civilización occidental en su núcleo nord-atlántico fueron originados en, o influidos por, la España de las Tres Culturas. Durante los siglos XII y subsiguientes, era ciertamente difícil encontrar al norte de los Pirineos la energía intelectual, el conocimiento de los clásicos, la convicción de que Dios puede ser aprehendido por la belleza y la razón o la capacidad tan moderna de adaptación al cambio como en las figuras de Ibn Gabirol, Averroes, Ibn Hazm, Maimónides, El Cid, Dominicus Gundisalinus, Alfonso X el Sabio, Raymundo Lullio o el Arcipreste de Hita, por mencionar algunos nombres representativos de distintos ámbitos de la experiencia humana. En el terreno puramente artístico, donde Lord Clark se sentía más cómodo, en ningún otro lugar de Europa occidental era posible encontrar tal variedad y riqueza de manifestaciones de la fe, la razón y la belleza como en la España medieval. Basta mencionar las sinagogas de Toledo; la torre mudéjar de la Catedral de San Salvador en Teruel; la Iglesia románica de San Isidoro en León; las catedrales góticas de Burgos, Palma o Toledo; la torre almohade de la Giralda en Sevilla o los palacios y jardines nazaríes de Granada (19).

19. Torre mudéjar, Iglesia de San Salvador, Teruel, con elementos románicos, moriscos y góticos.

La diversidad de condiciones y creaciones humanas en la España medieval en modo alguna quedó confinada a sus límites geográficos, sino que desbordó hacia el resto de Europa occidental a través de todo un sistema de vasos comunicantes por el que también se producía el movimiento inverso. Muchas veces es por ello difícil precisar dónde comenzaron determinados fenómenos culturales. Tomemos el ejemplo de la literatura y, en particular, de la invención del poema lírico en las lenguas romances, una novedad que solía atribuirse a los trovadores en tierras francas. La figura del trovador es sin duda muy atractiva, así como su devoción al culto de la mujer ideal e inaccesible. Conocemos muchos de los nombres de los trovadores: Marcabrun, Cercamon, Bernard de Ventadour o el primer exponente del género, Guillaume IX, Duque de

Aquitania. Algunos de ellos eran nobles, pero otros órdenes sociales también estaban representados entre sus filas. Aunque la mayoría eran hombres, también había algunas mujeres, denominadas *trobairitz,* como la Condesa de Dia, cuyos poemas traslucen el amor que sentía por un compañero de trovas, Ramboud d`Orange. No sabemos si su marido estaba al corriente del asunto, pero a la condesa no parecía demasiado importarle que se enterara a través de sus versos, algunos de ellos ciertamente explícitos: "Querría tener una tarde/ a mi caballero, desnudo entre mis brazos/ y que gozara/ si tan sólo sirviera mi cuerpo como su almohada"[19]. Como el propio Lord Clark solía decir, el matrimonio sin amor conduce al amor fuera del matrimonio....y a perdurables efusiones líricas.

Durante mucho tiempo se dio por sentado en medios académicos que la poesía de aquellos vagabundos románticos, escrita en la lengua d'oc, fue la primera manifestación en Occidente del amor cortés como ideal. Consiguientemente, la lengua d'oc fue considerada como la primera lengua romance capaz de producir, ya en el siglo XII, una tradición literaria propia. Entonces, ocurrió lo inesperado. Se sabía que una forma poética original, denominada moaxaja, del árabe *muwassaha,* había proliferado desde el siglo IX en la España musulmana. La moaxaja era considerada como una variante local dentro del universo de la literatura en árabe. En las regiones orientales bajo control de la dinastía Abásida, existía una tradición poética dedicada a expresar una forma de amor recoleto y casto. Su más acabada formulación se encuentra en el *Kitab al-Zahara,* el *Libro de la flor,* una compilación de prosa y verso escrita por Ibn Dawd

---

[19] Citado en Slocum, Kay, *Medieval Civilisation*, p 307.

donde puede encontrarse la evocación de una suerte de sentimiento cercano al provenzal *mal d'amour*. En al-Andalus, esta tradición fue encarnada por Ibn Hazm, el autor de *El collar de la paloma*, un tratado sobre el arte del amor compuesto en 1022. Por esas fechas, el Califato de Córdoba estaba inmerso en un ciclo de guerras civiles que culminaría con su caída y su sustitución por los reinos de taifas. Hijo de un funcionario leal a los Omeyas, Ibn Hazm sufrió persecuciones durante su vida y en más de una ocasión dio con sus huesos en las cárceles de sus enemigos. En sus escasos momentos de tranquilidad, encontró tiempo para componer ensayos sobre derecho, historia, ciencia y teología, pero debe su fama póstuma a su única incursión en la prosa literaria, intercalada con versos. En esencia, *El collar de la paloma* sigue los preceptos del *adab*, el código de conducta de los árabes, una suerte de refinada etiqueta que pretendía velar las arcaicas costumbres tribales heredadas de la vida en el desierto. En materia de sentimientos, el *adab* exaltaba las virtudes del amor platónico en una forma similar a la versificada por los trovadores. Ibn Hazm fue fiel a esta tradición, excepto en la inserción de algunos pasajes picantes en su obra. Probablemente, no deseaba llamar en exceso la atención de los censores literarios. Bastantes complicaciones ya tenía con sus rivales políticos. En contraste con la prudencia ejercida por Ibn Hazm, los autores de las moaxajas no tuvieron mayores escrúpulos a la hora de apartarse de la ortodoxia, tanto en el fondo como en la forma de sus composiciones. Ello quizá se debiera a que se trataba de un grupo misceláneo en cuanto a sus orígenes étnicos y religiosos. Semejante diversidad no podía dejar de tener su reflejo en el ámbito literario. Cuando la mayoría de los filólogos daban por sentada la primogenitura provenzal de la lírica en las lenguas romances, en 1948 fueron halladas una serie de moaxajas con los versos finales escritos en una lengua romance. Su datación demostró que los poemas antecedían a la poesía trovadoresca. Las jarchas, como pasaron a ser llamadas, eran composiciones que expresaban las diversas manifestaciones del amor a través de una voz femenina: "Amanu, ya habibi/ Al-wahs me no farás/ Bon, beya ma boquella/ awsak tu no iras" [20]. Versos como los citados, escritos en árabe o hebreo con palabras intercaladas en romance, muestran, mejor que cualquier ensayo erudito, la riqueza y complejidad de la convivencia en la España medieval. Para observar esa realidad, nada mejor que visitar la ciudad de Toledo.

Toledo, la antigua capital política y espiritual del Reino visigodo, había sido el epicentro de varias insurrecciones contra el emirato y más tarde contra el Califato de Córdoba. Tras la caída de éste, Toledo se convirtió en capital de una de las taifas más prósperas y, por tanto, en una de las piezas más codiciadas por los reyes de Castilla y León. Tras varios intentos, el rey Alfonso VI, autoproclamado Emperador de todas las Españas, conquistó la ciudad en 1085, propinando un duro, aunque todavía no definitivo, golpe a la presencia musulmana en la Península.

Alfonso VI fue un bravo guerrero y un astuto diplomático. Gracias a sucesivos matrimonios consiguió asegurarse la alianza de la nobleza franca y, de paso de la poderosa orden de Cluny y del Papado, de forma que consiguió una doble legitimidad, política y religiosa, para proseguir su lucha contra las taifas. Al mismo tiempo, gracias a una serie de relaciones políticas y extramaritales, una de ellas, al parecer, con Zaida, la nuera del rey al-Mutamid de Sevilla, pudo mantener buenas líneas de comunicación

---

[20] Frenk, Margit, *Las jarchas mozárabes*, p.120.

con algunos soberanos musulmanes quienes, por entonces, estaban más ocupados en pelearse entre ellos y en hacer frente a sucesivas oleadas de invasores desde el norte de África que en luchar contra sus enemigos cristianos. Fue en medio de ese cambiante estado de cosas cuando emergió la figura de El Cid, primero como el caballero Rodrigo Díaz de Vivar, noble caudillo al servicio de Alfonso VI, y más tarde como protagonista de un ciclo literario que serviría como uno de los mitos fundacionales de una identidad nacional gradualmente desprovista de su naturaleza híbrida. Como personaje de carne y hueso, El Cid, una palabra árabe dialectal que significa Señor, encarnó a la perfección las complejidades de la época que le tocó vivir. Tras demostrar ser un fiel vasallo de su monarca, terminó cayendo en desgracia y tuvo que partir hacia el exilio junto con sus mesnadas. Encontró refugio en la taifa de Zaragoza, cuyo rey, al-Muqtadir, le dio el mando de sus fuerzas. Convertido en mercenario, El Cid demostró su extraordinaria valía con las armas, asestando devastadoras derrotas a los enemigos cristianos y musulmanes de su nuevo señor. Sin embargo, no tardó en sufrir escrúpulos de conciencia al observar como Alfonso VI y sus aliados eran vencidos por un ejército almorávide en la batalla de Sagrajas, en 1086. Los almorávides eran miembros de una dinastía berebere procedente del actual Marruecos y habían sido llamados para defender las taifas peninsulares después de la caída de Toledo. Tras la batalla de Sagrajas, en la que ambos bandos sufrieron numerosas pérdidas, El Cid fue reclamado por Alfonso VI. Para entonces es muy probable que en la mente del caudillo ya estuviera la idea de crearse su propio señorío aprovechando la debilidad de los dos bandos. En 1094, El Cid sitió y tomó Valencia, ciudad que dominó durante cinco años antes de perecer en una batalla con un nuevo ejército almorávide acampado ante sus murallas. Según la leyenda, más tarde incorporada en el poema épico, el cadáver de El Cid, revestido con armadura, montado erecto sobre el caballo Babieca y blandiendo la espada Tizona, cargó al frente de una mesnada cristiana contra sus enemigos, a los que venció. Fue una gesta de tales proporciones que siglos más tarde capturó la imaginación del ambicioso productor Samuel Bronston, quien en 1961 financió el rodaje de una película dirigida por Anthony Mann con Charlton Heston en el papel del héroe castellano y Sofía Loren como Ximena, su devota esposa(20).

20. El gran filólogo Menéndez Pidal, en el centro, saludando al director Anthony Mann en presencia de Charlton Heston. Fuente: El País, 26 de noviembre de 2005.

Como obra literaria, el Cantar de El Cid pertenece al género de los poemas épicos medievales comunes en Europa, especialmente en tierras francas, desde inicios del siglo XI. Su fecha de composición y autoría son desconocidos, pero el estilo y el contenido atestiguan la naturaleza compuesta y compleja de la España fronteriza entre los mundos cristiano y musulmán. Sobre terreno tan inseguro, la simpleza moral característica de

91

los héroes francos como Roldán estaba fuera de lugar. Mientras en la *Canción de Roldán* los paganos siempre son malos y los cristianos buenos, en el Cantar de El Cid no faltan villanos cristianos, como los malvados nobles de Carrión, y musulmanes de limpio corazón, como los habitantes de Castejón, o como Abengalbon, el leal amigo moro que cuidó a la mujer e hijas de El Cid mientras el héroe vagaba en búsqueda de botín. La ambivalencia de los personajes, reflejo de la España de la época, fue ocultada o ignorada por futuras generaciones de académicos, más interesados en causas nacionales que en la fiel exégesis del texto. Incluso Menéndez Pidal, el gran sabio que dedicó su luna de miel a seguir los pasos de El Cid y situarlo en su contexto histórico, llegó a la conclusión que el poema contenía la naciente conciencia de la nación castellana forjada sobre la unión de etnia y religión. En verdad, la realidad era mucho más complicada. Es cierto que Alfonso VI, a quien El Cid debía lealtad, albergaba intenciones de reinar sobre la totalidad del territorio hispánico, de ahí su título como *Adefonsus imperator totius Hispaniae*, Emperador de toda Hispania. Pero también es cierto que más tarde, él mismo o sus cronistas introdujeron variantes sobre el tema con la intención de acomodar la diversidad de los pueblos y tierras que pretendía acoger bajo su trono. Así, fue llamado Emperador de las Hispanias, *Adefonsus, Hispaniarum imperator*; o, más rebuscadamente: *regnante rex domno Adefonso in Toleto et imperante christianorum quam et paganorum omnia Hispanie regna*, lo que significa: "el rey Don Alfonso, reinando en Toledo y gobernando sobre los cristianos y paganos en todos los reinos de España". La referencia a los cristianos y los paganos como súbditos del mismo rey es recogida también en los textos árabes contemporáneos, donde Alfonso VI es denominado *al-Imbratur dhi-l-Millatayn*: Emperador de las dos religiones. En cualquier caso, sea cual fuere el titulo preferido, lo cierto es que tras la conquista de Toledo el rey cristiano mantuvo una política de tolerancia sobre musulmanes, judíos y mozárabes, siendo estos últimos los cristianos que habían permanecido en tierras dominadas por el Islam y celebraban la misa de acuerdo a un rito distinto al romano.

En lo que se refiere a los judíos, una comunidad vibrante al tiempo de la conquista de Toledo, habían sido una minoría tanto bajo el Imperio romano como durante la monarquía visigoda. Durante esta última, un creciente antisemitismo culminó con la prohibición de la religión mosaica. Con la llegada del Islam, la suerte de los judíos mejoró. Como miembros del grupo más débil, no representaban una amenaza directa para los amos de al-Andalus, al contrario, pronto se convirtieron en mediadores indispensables en distintas esferas de actividad, desde el comercio a la administración pública. Hubo incluso ejemplos de fulgurantes carreras ascendentes, como lo demuestran las vidas de Hasdai ibn Saprut, médico personal de Abd-el- Rahman III; o de Samuel ha-Nagid, conocido como el Príncipe. Este último era el hijo de un mercader y llegó a ser uno de los judíos más poderosos de la Europa medieval gracias a su excelencia en el uso de la pluma y a su dominio de las escrituras, tanto en hebreo como en árabe. Su fama llegó a oídos del rey de la Taifa de Granada, quien le nombró su visir, o primer ministro, y comandante de sus ejércitos. Llamado el nuevo David, Samuel ha-Nagid consiguió sucesivas victorias sobre los enemigos de Granada. Pero fueron las proezas de su pluma las que le ganaron merecida fama entre los infieles, y así lo reflejó en uno de esos poemas que podrían inspirar las carreras de más de un escritor ambicioso con aspiraciones mundanas: "la sabiduría del hombre está en su pluma / su inteligencia en su escritura/ su pluma puede elevar al hombre al rango/ que el cetro concede a un rey"[21]. Desafortunadamente, cuando falleció y fue sustituido como visir por su hijo Joseph, los musulmanes de Granada se tornaron más desconfiados si cabe acerca del creciente poder de una minoría a la que toleraban mientras se mantuviera en su sitio. El odio acumulado estalló finalmente en la infame masacre de Granada, en 1066, en la que Joseph fue asesinado y parte de la comunidad judía local exterminada. La tolerancia era una vasija delicada y frágil, como puede verse, y lo fue aún más en las siguientes décadas, cuando la España musulmana cayó bajo la influencia de la versión rigorista del Islam preconizada por los almorávides y la cristiana abrazó el espíritu de Cruzada predicado por el Papa Urbano II.

Por suerte, Alfonso VI era lo suficientemente sabio, o astuto, para evitar caer en la trampa de los fundamentalistas de ambas confesiones. La población de Toledo, además, estaba sobre todo interesada en seguir con su modo de vida, mezclado y poroso, previo a la conquista. Cuando en ausencia del monarca un grupo de cristianos intentó convertir en iglesia una mezquita, al retornar Alfonso VI los alborotadores fueron ejecutados por atentar contra la política de convivencia. Tales eran los tiempos.

Así protegidas, las comunidades del saber musulmanas y judías pudieron seguir con sus actividades académicas. Ya durante el período de los últimos reyes de la Taifa toledana, al- Mamun y al-Qadir, Toledo se había convertido en un atractivo destino para sabios en una variedad de disciplinas. Entre los más prominentes, al-Zarqali, conocido en latín como

---

[21] Leviant, Curt, *Masterpieces of Hebrew Literature*, pag.175

Azarquiel, e Ibrahim ibn Said al-Sahli alcanzaron una excelente reputación como astrónomos y creadores de tablas, astrolabios y globos celestes; al-Bajunis hizo avanzar la medicina y la lógica y, sobre todo, Ibn al-Wafid fue una de las grandes luminarias en agronomía, farmacología y botánica. Sobre las dos últimas materias escribió, entre otros tratados, el inmensamente exitoso *Kitab al-adwiya al-mufrada*, traducido al latín como *De Medicamentis Simplicibus*. En cuanto a su influencia en la agronomía, los manuales de al-Wafid, producto tanto del estudio como de la experiencia práctica, fueron la principal fuente del primer libro escrito en español y, de hecho, en cualquier lengua romance sobre el tema, la titulada como *Obra de Agricultura*, escrita en 1513 por Gabriel Alonso de Herrera. El manual de Herrera, con sus descripciones y análisis empíricos de las condiciones meteorológicas y edafológicas del sudoeste peninsular, demostró ser particularmente útil para guiar la adaptación de cultivos del Viejo Mundo en los áridos territorios del norte de Nueva España, hoy en la frontera entre México y Estados Unidos. De tal modo, las técnicas de cultivo e irrigación árabes fueran adoptadas primero por los colonos españoles y más tarde por los amerindios en el Nuevo Mundo, otro ejemplo del modo en que el Gran Intercambio Ibérico transmutó y se expandió durante el primer Gran Intercambio Global (21).

21. *Libro de Agricultura* de Gabriel Alonso de Herrera, 1563.

La política de tolerancia preconizada por Alfonso VI en Toledo alcanzó resultados asombrosos. Lejos de decaer, la búsqueda del saber y la belleza que había caracterizado a la ciudad y a otros reinos de taifas durante el periodo islámico alcanzó nuevas alturas bajo los nuevos señores cristianos, culminando en la llamada Escuela o, para ser más precisos, escuelas de Traductores de Toledo. Existe cierta proclividad a tratar a los guerreros y monjes cristianos de la Reconquista como iletrados en comparación con sus contrapartes en tierras del Islam. Es cierto que al inicio de la Reconquista los cristianos estaban menos avanzados en el cultivo de la ciencia, la filosofía y las artes, pero algunos de ellos llegaron a dominar o al menos a apreciar e incorporar en sus vidas y obras los logros de al-Andalus. El uso y disfrute de recipientes y relicarios de marfil realizados en Madinat al-Zahara o de ropajes de seda tejidos en los talleres, o tiraz, de Sevilla o Cuenca, o la adopción del papel fabricado en la factoría de Játiva para sustituir al Viejo pergamino como soporte de los textos sagrados por vez primera en Europa occidental, son ejemplos prácticos y suntuarios de cómo la artesanía y las innovaciones islámicas se fueron abriendo camino en los reinos cristianos, ya fuera como botín o como mercancía, antes incluso de la culminación de la Reconquista (22).

22. Misal mozárabe del monasterio de Santo Domingo de Silos, siglo XI. El primer libro escrito en papel en la Europa cristiana.

Por importantes que fueran estos ejemplos de intercambio material, las más relevantes contribuciones de la España medieval multicultural para el avance de la civilización occidental se realizaron en el terreno intelectual. El redescubrimiento de Aristóteles en la España musulmana del siglo XII y sus ecos más allá de los Pirineos constituyen muy probablemente la más importante revolución intelectual acaecida en Occidente entre la caída de Roma y el inicio del Renacimiento. Es cierto que algunas obras del filósofo griego habían sobrevivido al colapso del mundo clásico y podían ser encontradas en monasterios dispersos por Europa. Esas obras eran meticulosamente copiadas por monjes en sus recónditos escritorios pero permanecían inertes desde el punto de vista de su influencia en el pensamiento y en la acción. El giro sucedió cuando el Occidente cristiano tuvo acceso a las obras del sabio helénico traducidas y comentadas por dos de las más excelsas mentes, una musulmana y otra judía, de la España medieval: Averroes y Maimónides.

Averroes, o Ibn Rushd, nació en Córdoba en 1126. Por entonces, el antiguo Califato se había convertido en la presa favorita de sucesivas oleadas de invasores musulmanes procedentes del norte de África, los almorávides y los almohades, quienes habían atravesado el Estrecho de Gibraltar para socorrer y, en última instancia, sojuzgar bajo normas morales más estrictas a sus correligionarios que estaban sucumbiendo ante los avances de los reinos cristianos. Aunque en esas circunstancias la vida en Córdoba no parecía ser la más adecuada para llevar una vida dedicada al cultivo del arte y del intelecto, Ibn Rushd tuvo una esmerada educación bajo la tutela de grandes maestros, a quienes pronto alcanzó en el dominio de la ley, la filosofía, la medicina y la astronomía. Su pasión por el conocimiento, sin embargo, no le impidió involucrarse activamente en la política y la diplomacia hasta que cayó en desgracia y fue condenado al exilio de por vida por los dirigentes almohades de la ciudad, quienes condenaron a las llamas muchos de sus libros. Expulsado de su tierra, falleció en Marruecos en 1198. No es posible en estas páginas hacer justicia a la enorme contribución de Averroes a nuestra herencia común, contenida en más de veinte mil páginas. Me contentaré con glosar su contribución al siempre inacabado intento por armonizar la fe y la razón gracias a sus comentarios a las obras de Aristóteles, una tarea a la que se dedicó con entusiasmo y que le valió el sobrenombre de Comentador.

Según su propia confesión, el interés de Averroes por el filósofo griego le fue inspirado por uno de sus maestros, Ibn Tufail, autor de una novela filosófica que prefigura el Robinson Crusoe de Daniel Defoe, y se convirtió en una obsesión tras leer la obra de al- Ghazali's *Tahāfut al-Falāsifa*, traducida como *La Incoherencia de los Filósofos*. En sus escritos, el místico sufí refutaba a quienes pretendían incorporar las ideas filosóficas aristotélicas al corpus doctrinal musulmán, como ya lo intentara Avicena. Determinado a refutar al refutador, Ibn Rushd escribió su obra más influyente, *La Incoherencia de La Incoherencia*, con el propósito de volver a situar al Estagirita en el pedestal del que había sido derribado. El ciclo de incorporación, destrucción, reconstrucción y refutación del legado aristotélico mantuvo ocupadas a algunas de las mejores mentes del mundo islámico durante varios siglos. En ese proceso, mientras la ortodoxia terminó rechazando esa herencia en buena medida, Ibn Rushd intentó mantener un cierto equilibrio mediante la teoría de la doble verdad. En ella, la religión y la filosofía no son concebidas como enemigos irremisibles, sino como fuentes complementarias de conocimiento, cada una de ellas de acuerdo con su propia lógica adecuada a distintos tipos de personalidades. Mientras la religión es más propia de la masa acrítica, la filosofía es la vía hacia la verdad para una minoría de electos. ¿Significa ello que la filosofía es superior a la religión?, probablemente Averroes así lo pensaba, pero no consideraba que la religión careciera de valor, lejos de ello, sólo que en ella la verdad se revela a través de alegorías fáciles de captar por el común de los mortales, mientras que la mente filosófica se ejercita mediante el uso de la razón, mucho más exigente. Así pues, ¿es el uso exclusivo de la razón un medio suficiente para alcanzar la verdad? Para Averroes la respuesta era afirmativa: también la misma existencia de Dios puede ser probada por la razón, sin intermedio de la fe. Con esta afirmación, el pensamiento de Averroes se convirtió en un *non sequitur* para el Islam, aunque encontró acogida, de forma distorsionada, en medios cristianos. Sus *Comentarios* fueron leídos por Santo Tomás y objeto de exégesis, a menudo crítica, en las universidades medievales. Más tarde, a finales del siglo XIII, los académicos que siguieron la interpretación realizada por el sabio musulmán del pensamiento de Aristóteles, en especial en lo tocante a la negación de la inmortalidad del alma y la finitud del mundo, fueron conocidos como averroístas y condenados por la Iglesia, al igual que el pensamiento de Santo Tomás, a quien se acusaba de acercarse demasiado a las fuentes islámicas, un claro ejemplo de cómo a veces se tira al niño con el agua sucia del baño. Pero no todo estaba perdido para la persistencia del legado de Averroes a medida que la Edad Media llegaba a término. La vindicación del pensamiento aristotélico pasó a formar parte de las corrientes humanistas gracias a las traducciones realizadas en las escuelas de Toledo y en la Sicilia de Federico II. Además, uno de los más grandes autores del canon occidental, Dante, se jugó su reputación al incluirle, cierto que por la puerta de atrás, en el reducido grupo de luminarias paganas que en la Divina Comedia son salvadas de la condenación eterna y situadas en el limbo. Finalmente, la canonización de Averroes como miembro del selecto grupo de grandes filósofos de la humanidad tuvo lugar al ser representado por Rafael en la *Escuela de Atenas* como el único personaje no griego incluido en el retrato colectivo, junto con Zoroastro, el propio pintor y una mujer, quizá su amante: la Fornarina (23).

23. Averroes junto a Pitágoras, un musulmán hispánico incluido en el canon occidental en *La Escuela de Atenas*, de Rafael. Museo Vaticano.

Averroes no era el único pensador que experimentaba con los límites de la religión en la España medieval. Un ejercicio similar lo encontramos en su contemporáneo judío, Moses Maimónides, quien también nació en Córdoba, en 1135, y sufrió los rigores de la persecución religiosa. Todavía joven, tuvo que huir de la ciudad junto con su familia y se vio forzado a vagar por el sur de Andalucía y el norte de África hasta instalarse en Egipto. Durante sus años nómadas, la pasión por el conocimiento nunca le abandonó. Estando en Fez estudió en la famosa universidad local y compuso sus comentarios a la Mishneh. También intentó prosperar en los negocios, pero cuando su hermano pereció en un naufragio en el océano Indico con toda la fortuna familiar, no tuvo más remedio que consagrarse a la práctica de la medicina para sobrevivir. Pronto alcanzó tal reputación que se convirtió en el médico personal del Gran Visir. La devoción a sus pacientes se extendía no sólo a los más pudientes, sino a los más desposeídos. De talento práctico, comenzó también a ganarse un suplemento al sueldo con la venta de remedios y ungüentos para aliviar dos de las pesadillas del eterno masculino, la impotencia y la calvicie. Por lo que sabemos, ni en su práctica profesional ni en su obra teórica fue un gran innovador, sino que siguió las instrucciones de los grandes maestros griegos y árabes, de cuyas obras si fue un meticuloso compilador para beneficio de futuras generaciones de estudiosos. Si acaso, añadió al legado recibido una aproximación holística a las artes de sanar, proponiendo mantener un equilibrio entre el cuerpo, la mente y el medio ambiente y predicando las virtudes de una dieta sana y el ejercicio al aire libre, algo poco frecuente en los tiempos medievales.

Más allá de sus logros como médico y de su autoría de la Mishneh Torah, su gran, aunque controvertida codificación de la Ley judaica, Maimónides ha pasado a la historia del pensamiento como el conciliador entre fe y razón en el mundo judío. Fue incluso más allá que Averroes en el intento de hacer encajar el racionalismo aristotélico en los confines de una fe monoteísta. En principio, nada podría ser más ajeno a la concepción judía de un Dios involucrado en la creación que la descripción mecanicista del Ser Supremo aristotélico como primer motor inmóvil. Su concepción intelectualizada de la divinidad, contraria a los rasgos antropomórficos atribuidos a Yahveh, era, con todo, compensada por la aceptación a regañadientes de un cierto populismo moralizante y soteriológico. En su obra magna, *La Guía de Perplejos*, escrita en 1190, Maimónides pareció abrazar un gnosticismo elitista al considerar la salvación como posible sólo para una minoría capaz de seguir entre tinieblas el camino racional hacia Dios. Para el resto, el mismo camino, admitía, podría ser iluminado por la fe y la profecía, pero persiste la duda de si esta vía más sencilla conducía al verdadero conocimiento de la divinidad o era tan sólo un mero sucedáneo destinado a tranquilizar al común, de modo que no cuestionara un orden social y político en cuyo pináculo estaría una minoría intelectualmente superior.

El racionalismo abanderado por Averroes y Maimónides en los mundos islámico y judío y la vindicación de Aristóteles fue fundamental para el florecimiento de los estudios filosóficos en el Occidente Cristiano. Pero fue una opción que no sería seguida por algunas de las más finas mentes en cada una de las tres religiones monoteístas en la Península Ibérica. Para ellas, la salida a la perplejidad de Maimónides o al laberinto exegético de Averroes en sus comentarios, no se encontraba ni en los frutos del árbol de la sabiduría ni en la literalidad de las Escrituras, sino en los pliegues internos del alma, donde era posible tomar refugio y allí encontrarse con una realidad trascendente. Fue el camino hacia el saber escogido por los grandes poetas místicos en cada una de las tres tradiciones. Fue la vía interior elegida por maestros sufíes como Ibn Arabí, los cabalistas de Gerona o Guadalajara o seguida por Ramón Llull en su asombroso *Arbre de Ciencia*.

Confieso que descubrí la vida y obras de Ibn Arabi muy lejos de su lugar natal en Murcia. En aquel tiempo, estaba destinado como diplomático en Kazajstán. Mientras estudiaba la historia y cultura del país me encontré con la figura de Khoja Ahmed Yasawi, uno de los héroes nacionales. Vivió en la ciudad de Turkistán a principios del siglo XII y llegó a ser el fundador de la tariqah, u orden sufí, de los Yasaviyya, profundamente influida por las tradiciones chamánicas preislámicas de Asia central. El mausoleo donde Yasawi está enterrado fue construido por

Tamerlán y es ahora uno de los lugares santos de peregrinaje para los musulmanes (24).

24. Mausoleo de Khoja Ahmed Yasawi en Turkistán, Kazajstán.

Fue mientras visitaba el mausoleo cuando la guía local, al conocer mi procedencia de España, mencionó con entusiasmo el nombre de Ibn Arabí como el otro gran poeta sufí casi contemporáneo de Ahmed Yasawi. Confieso con gratitud que mi amor por Ibn Arabí fue despertado por una educada dama kazaja que era capaz de recitar la poesía de ambos maestros con delicada cadencia en tres idiomas. Caí en la cuenta entonces, con fascinación, que gracias a su pertenencia a una misma hermandad espiritual, dos hombres que habitaban los confines opuestos del continente euroasiático en una era muy distante de las comunicaciones instantáneas habían escrito obras de tan íntima resonancia, inspiradas por una común aspiración por el conocimiento adquirido no exclusiva o predominantemente por la razón, sino mediante una exploración intuitiva de los reinos visibles, invisibles e intermedios de la realidad. En la visión de Ibn Arabí, ese estadio intermedio estaba habitado por seres resultantes de todo tipo de combinaciones y permutaciones ordenadas en una escala a través de la cual el peregrino ha de ascender y cuyo último peldaño es el *maqâm lâ maqâm*, el lugar o no-lugar donde el hombre alcanza un estado, o no-estado, de perfección. Un estado en el que cada individuo es capaz de contener todas las posibles formas de existencia sin identificarse con ninguna: un estado de permanente transitoriedad imbuido de amor infinito, como lo expresa uno de los más excelsos poemas del maestro:

"Qué maravilla un
jardín
en medio de tanto
fuego!
Capaz de acoger
cualquiera
de entre las diversas
formas
mi corazón se ha
tornado:
Es prado para gacelas
y convento para el
monje;
para los ídolos,
templo,
Kaaba de quien le da
vueltas;

es las Tablas de la Tora

y es el Libro del

Corán.

La religión del amor

sigo adonde se

encaminen

sus monturas, que el

amor

es mi práctica y mi

fe"[22].

El rechazo de Ibn Arabi a la fría concepción racionalista de la divinidad típica de Averroes también fue compartido en el mundo judío por quienes dieron la espalda al aristotelismo de Maimónides. En este caso, el equivalente del sufismo fue la Kabbalah. En su versión poética, la Kabbalah tiene su antecedente en los escritos de Ibn Gabirol, nacido en Málaga en 1021, quien fue uno de los primeros exponentes del neo-platonismo en su libro *La Fuente de la Vida*, traducido al latín desde el árabe como *Fons Vitae* y estudiado por algunos de los más influyentes filósofos y teólogos cristianos medievales, desde Alberto Magno hasta Santo Tomás de Aquino.

Los ideales platónicos expresados por Ibn Gabirol encontraron una versión más elaborada y en consonancia con la tradición mística judía en los escritos de Abulafia, un natural de Zaragoza, y, sobre todo, con la aparición del *Zohar*, o *Libro del Esplendor*, el texto fundacional de la

[22] Citado en www.ibnarabisociety.org.

corriente cabalística. La autoría del Zohar ha sido objeto de debate entre los académicos durante siglos. Fue publicado y probablemente escrito, o al menos compilado, por Shem Tov de León, nacido en Guadalajara en torno a 1250. Shem Tov era un prominente miembro de los judíos españoles que tras haber sido formados en las estrictas enseñanzas de Maimónides se sintieron atraídos por otros medios más atrevidos en la búsqueda de la naturaleza última de Dios. Para los cabalistas, Yahweh era concebido como una realidad infinita manifestada a través de atributos cuyo desciframiento era solo posible a través de una combinación de palabras y números contenidos en la Torah.

En su acepción más literal, la Kabbalah se convirtió en una especie de alquimia numerológica cuya finalidad era encontrar las fórmulas de encantamiento capaces de transmutar una combinación de signos en, por ejemplo, un hombre, como en la leyenda del Golem, la criatura semi-humana creada por Judah Loew, el rabino de Praga que inspiraría siglos más tarde el célebre poema de Jorge Luis Borges:

"Y, hecho de consonantes y vocales,
habrá un terrible Nombre, que la esencia
cifre de Dios y que la Omnipotencia
guarde en letras y sílabas cabales."[23].

El atractivo esotérico y místico del sufismo y de la Kabbalah entre los musulmanes y los judíos del siglo XIII en España no encontró eco en la misma escala entre los cristianos contemporáneos. El misticismo cristiano

---

[23] Borges, Jorge Luis, *Selected Poems* (editado por Alexander Coleman), p.193.

florecería tres siglos más tarde, con figuras tan extraordinarias como Fray Luis de León, Santa Teresa de Jesús o San Juan de la Cruz. Hubo, sin embargo, una excepción: Ramón Llull. Nació en torno a 1232 en Mallorca, en la Corona de Aragón. En su autobiografía, *Vita Coetánea*, escrita cuando ya estaba muy entrado en años, Llull narró con candidez su proceso de conversión desde una vida disoluta a una de penitencia y ascética meditación antes de lanzarse a la conversión de infieles. Para este último fin pasó varios años estudiando la lengua árabe y la teología islámica. Sus dos primeras obras, *La Lógica de Algazel* y el *Libro de la Contemplación Divina* muestran claramente la influencia del pensamiento islámico y oriental. En la *Lógica* coexisten símbolos místicos y algebraicos dispuestos en forma de árboles, círculos y triángulos similares a los de una mandala y combinados de tal forma que representan los cuatro instrumentos del conocimiento: el sensual, el sensual-intelectual, el intelectual y el intelectual-sensual. Cada uno de esos instrumentos es capaz de aprehender una dimensión distinta, pero íntimamente relacionada, de la realidad. El conocimiento así obtenido es transformado, por medio de un *ars combinatoria* que prefigura la lógica computacional, en una gramática abstracta capaz de subsumir las lenguas habladas por los seguidores de las tres religiones monoteístas. De este modo, el abismo semiótico que separaba a los cristianos, judíos y musulmanes, podía ser colmado y los infieles ser convertidos a la verdadera fe. Teología y lógica eran así puestas al servicio de un programa proselitista cuyo último fin era dar término a la misma diversidad religiosa que había hecho posible tan formidable aventura intelectual y espiritual.

Averroes, Maimónides, Ibn Arabi, Moses de León o Ramón Llull son algunos nombres que representan la prodigiosa variedad en los modos de pensar, creer y vivir de la España medieval en tiempos en los que la ya frágil urdimbre de la convivencia se estaba deshaciendo sin remisión. Los extremistas cristianos y musulmanes intentaban trasladar sus interpretaciones rigoristas de la fe en programas políticos excluyentes. La balanza no tardaría en inclinarse de uno de los lados. En retrospectiva, los historiadores usan expresiones de coloración dramática, como "desvanecimiento" o "pérdida", para definir el fin del espíritu de las Tres Culturas en la España medieval, como si los modos de vida judíos y musulmanes y sus respectivos frutos en la ciencia, la filosofía o las artes hubieran desaparecido sin dejar traza a partir de 1492. Sin embargo, en la historia cultural de la humanidad y en la evolución de las civilizaciones, como en la ley de Lavoisier, nada es creado ex nihil o completamente destruido, sino que casi todo se trasforma….o traduce.

Para ser precisos, la Escuela de Traductores de Toledo, el lugar simbólico donde gran parte de esas trasformaciones tuvieron lugar, es un término equivocado, aunque es tal su uso que lo mantendremos. En realidad, no hubo una única escuela con semejante nombre, sino varias con distintas denominaciones a lo largo del tiempo. Además, como hemos visto, desde al menos el siglo IX hubo en la Península Ibérica varios centros monásticos o académicos donde se realizaron traducciones desde y hacia distintas lenguas y exégesis de textos clásicos, bíblicos, hebreos, árabes y de otras lenguas orientales. La razón por la que hablamos de una Escuela de Toledo es porque fue en esa ciudad donde muchas de esas actividades convergieron y recibieron un nuevo impulso tras su toma por Alfonso VI. Su política de tolerancia hacia las comunidades locales judías y musulmanas favoreció la continuidad de la vida académica y terminó atrayendo a nuevas generaciones de sabios, incluso de reinos cristianos más allá de los Pirineos. Entre quienes llegaron en búsqueda de los preciados *armariis Araborum*, o arcones árabes repletos de tesoros, dos figuras merecen nuestra atención. La primera es el Obispo Raimundo de Toledo, un monje dominico originario de Gascoña, quien a mediados del siglo XII transformó la Catedral en una institución académica de elevado rango con los mejores traductores de la época. La segunda fue Gerardo de Cremona, quien aprendió árabe en Toledo y trasladó desde esa lengua al latín las obras originalmente escritas en griego por Ptolomeo, Euclides, Arquímedes o Aristóteles, así como muchos de los mejores textos científicos de al-Farabi, al-Kind o al-Khwarizmi. Aparte de ellos, numerosos hispanos cristianos participaron en la empresa desde sus orígenes. Dos de los más prominentes fueron Juan de Sevilla y Domingo Gundisalvo, el primer director de la Escuela catedralicia y prolífico traductor desde el canon árabe. Gundisalvo también fue un autor original en cierto modo, pues a él se debe la influyente *De Divisione Philosophia*, una obra de dimensiones enciclopédicas inspirada en el legado de San Isidoro.

Durante la fase final de su existencia, muchas traducciones de la Escuela de Toledo fueron realizadas del árabe al latín, la lengua franca entre las elites eclesiásticas e intelectuales de Occidente. Pero la situación cambió radicalmente con la llegada al trono de Castilla y León de uno de los monarcas más fascinantes de la historia y epitome de los triunfos, contradicciones y fracasos de la España medieval, el rey Alfonso X.

Alfonso X supervisó y participó personalmente en la más ambiciosa y pluralista empresa cultural llevada a cabo en Occidente desde la Antigüedad Tardía hasta el Renacimiento. Comparado con Carlomagno, estamos ante una figura mucho más completa y compleja, teniendo en cuenta que la realidad sobre la que gobernaba era extraordinariamente más diversa y enrevesada que la conocida por el emperador franco. Desde el punto de vista del avance de la civilización, su legado fue más rico, y, en algunos aspectos cruciales, más duradero. La compilación de leyes alfonsinas, las conocidas como *Siete Partidas*, se convertiría en el corpus legal occidental aplicable a la mayor extensión de territorios desde inicios de la edad Moderna hasta las primeras décadas del siglo XIX pues muchas de sus provisiones fueron efectivas en el Imperio español, incluyendo parte de lo que hoy son los Estados Unidos. Las Siete Partidas fueron, de hecho, la más importante codificación legal llevada a cabo desde el Código Justiniano del siglo VI hasta el Código Napoleónico en el siglo XIX (25). El español en su variante castellana, la lengua vernácula favorecida por Alfonso X por encima del latín como receptáculo de su vasto designio humanista y científico, estaba destinada a convertirse en la más extendida lengua romance hasta nuestros días. Una de sus empresas científicas, conocida como las tablas alfonsinas, se convertiría en el tratado astronómico más empleado hasta Copérnico, quien lo usó en sus propias observaciones, y la publicación en 1627 por Johannes Kepler de las tablas rudolfinas. Gracias a su practicidad, las tablas alfonsinas fueron el manual de cálculo empleado por la mayoría de los navegantes, incluyendo Cristóbal Colón en su primer viaje, al inicio de la Era de las Exploraciones.

25. Alto relieve de Alfonso X en el Congreso de Representantes estadounidense. Entre los otros grandes legisladores allí mostrados, la otra figura hispánica es Maimónides.

A diferencia de Carlomagno, quien apenas sabía escribir y dependía de sus consejeros, Alfonso X era un poeta consumado, tanto en la veta sacra como en la profana. Su poesía, escrita en galaico-portugués y en castellano con expresiones provenzales, estaba concebida para ser acompañada por música. Su curiosidad casi universal le llevó a avanzar los más variados ámbitos del conocimiento, desde el derecho hasta la astronomía, desde el ajedrez hasta la mineralogía o desde la música hasta la historiografía. Entre sus más próximos colaboradores había numerosos árabes y judíos. Su empeño tenía un alcance universal pues su principal propósito era nada menos que elevar el nivel intelectual y vital de una sociedad multicultural minada por el disenso. Vivió en una época en la que la delicada balanza de poder se estaba inclinando decisivamente hacia uno de los lados. Hubiera sido natural, en la lógica de los tiempos, que hubiera empleado esa ventaja para imponer un proyecto político y cultural basado en la uniformidad. Aunque devoto Cristiano y no inmune a episodios de antisemitismo, evitó caer en esa fácil tentación. Prefirió ser, como su predecesor Alfonso VI, un rey para las distintas confesiones. Políticamente, sus objetivos fueron reprimir a la levantisca nobleza de su reino y conseguir la dignidad de Sacro Emperador Romano, una empresa quijotesca que le enemistó con muchos de sus potenciales aliados y agotó las arcas de su reino. Al final de su vida, sufriente de una variedad particularmente devastadora de cáncer, tuvo que enfrentarse a una guerra civil provocada por uno de sus vástagos y tuvo que aceptar su derrota en la empresa imperial, el gran sueño de su vida. A veces, se dice que buscó compensar con sus triunfos en la cultura sus fracasos como gobernante: puesto que había perdido la tierra, intento buscar consuelo en los cielos. No estoy tan seguro de ello. Su faceta política no fue un absoluto fiasco, lejos de ello. Durante su reinado, el reino de Castilla y León consolidó sus fronteras y comenzó a acumular la energía, la diversidad de recursos materiales y espirituales y la ambición que le llevarían a convertirse en el hegemón de una España unificada.

Se suele considerar que bajo los reyes Católicos la España moderna emergió como un monolito a expensas de su previa diversidad. Es una verdad a medias, puesto que el supuesto monolito estaba en realidad compuesto por una gran variedad de materiales allegados a la fábrica desde lugares dispares y a su vez transformados a lo largo de los ocho siglos de convivencia y confrontación. Uno de los puntos culminantes de ese proceso, quizá el más alto, tuvo lugar bajo el impulso directo de Alfonso X, conocido como el Sabio por buenas razones. La figura que más se le asemeja en el pasado hispánico es San Isidoro de Sevilla. En el gran enciclopedista también encontramos el propósito de usar la cultura como instrumento para obtener fines políticos. En el caso del hispalense, el esfuerzo terminó en fracaso debido a que los monarcas visigodos no estuvieron a la altura y a la posterior invasión musulmana. Por el contrario, Alfonso X, aunque no vivió para ser testigo de cómo muchas de sus obras terminaron prosperando, tuvo más éxito en su legado. Podemos observar el fruto de sus desvelos alcanzando su fruición en una multiplicidad de dominios, muchos de ellos esenciales a la hora de transformar a España en la primera gran potencia de la era Moderna: un cuerpo legal común, una lengua predominante y el maridaje entre el conocimiento práctico y el poder que haría posible el descubrimiento y la incorporación de nuevos mundos. Esos frutos fueron el resultado de siglos de hibridación cultural, pero lograron madurar gracias a la empresa real encaminada a recuperar la tradición latina y adaptarla a las complejas condiciones de la España medieval, tan lejanas del sueño isidoriano (26).

26. Músicos musulmanes y cristianos tocan acompasadamente en el manuscrito de las *Cantigas de Santa María*. Biblioteca del Monasterio de El Escorial.

En los tiempos que corren, cuando los mundos musulmán y occidental son percibidos como irreconciliables por los proponentes del choque de civilizaciones, no viene mal que recordemos que ambas religiones, y también el Judaísmo, comparten orígenes comunes y que las tres pudieron coexistir en la España medieval, una cohabitación que implicaba conflicto, pero también intercambios de todo tipo en los órdenes de la carne, el intelecto y el espíritu. Contrariamente al conocido poema de Kipling, en la Hispania medieval el Oriente y el Occidente no sólo se encontraron, sino que tuvieron que aprender a convivir. Es un aprendizaje muchas veces frustrado desde aquellos lejanos días, pero todavía relevante para nosotros.

En el primer capítulo de su obra, Lord Clark, nuestro a veces extraviado guía, afirmaba que "sin la victoria de Carlos Martel sobre los moros en Poitiers en 732, la civilización occidental bien hubiera podido no existir". Me atrevo a darle la vuelta a la frase: sin el Islam en España y el período de convivencia y conflicto entre las tres religiones del Libro, la civilización occidental como hoy la conocemos, incluyendo su extraordinaria expansión, no habría existido (27).

27. Artesonado mudéjar en el interior de la Iglesia de San Pedro, en la pequeña villa de Andahuaylillas, en los Andes, uno de los muchos lugares donde el Primer Intercambio Ibérico se transmutó en el Primer Intercambio Global.

CAPÍTULO 3
EXTROVERSIONES

El capítulo IV de la obra de Lord Clark está dedicado al ideal del hombre como medida de todas las cosas, tal y como fue expresado en las ciudades-estado italianas en el siglo XIV. La transición desde el mundo gótico al Renacimiento lleva al autor y a sus lectores desde el palacio ducal de Urbino y la biblioteca de San Marco en Florencia hasta los retratos realistas de Van Eyck y la Venecia de Giorgione (28).

28. Biblioteca de San Marco, Florencia, 1444. Un paraíso para los *studia humanitatis*.

La presentación del Renacimiento así realizada se corresponde con la imagen prevaleciente de esa época como el paraíso humanista por excelencia, un mundo de proporciones armónicas donde los sabios podían pasar su tiempo en la recuperación y exégesis de los textos latinos y griegos, sin ser molestados por el caos y la furia que caracterizaban a las ciudades-estado italianas de aquella época. Era un mundo donde artistas como Donatello o Masaccio hacían visible la recuperada dignidad del hombre siguiendo los preceptos clásicos de belleza y gravitas, expresados, así se pensaba, de una forma más realista que en las viejas Atenas y Roma gracias al arte de la perspectiva (29).

29. *San Jorge*, de Donatello, en torno a 1415. Orsanmichele, Florencia.

Los *studia humanitatis*, el estudio de la gramática, la retórica, la poesía, la historia y la filosofía siguiendo los modelos clásicos, era la vía de acceso privilegiada para ser considerado un hombre completo en las más civilizadas cortes de Italia y, por imitación, en aquellas regiones de Europa más expuestas a su influencia. La composición de ensayos y poesía en latín y la traducción de textos griegos y su puntillosa exégesis a partir de los originales y no, como en el pasado, a través de las traducciones árabes o hebreas, constituyó el pasatiempo favorito de generaciones de académicos en Florencia, Padua, Mantua y en muchos otros lugares donde triunfaba el humanismo. Escuelas neo-platónicas, neo-estoicas, neo- escépticas y "neo lo que fuese" aparecieron por doquier allí donde había plazas porticadas donde sus adeptos podían pasear a la sombra o paisajes pastoriles donde su vista pudiera descansar tras horas de intenso escrutinio de los manuscritos clásicos a la débil luz de las velas.

Por desgracia, la idílica Arcadia así descrita, o imaginada, apenas estaba al alcance de unas pocas ciudades y de apenas un puñado de personas que disponían de los medios, o de la protección de un mecenas o de un poderoso gobernante, para poder dedicarse a una vida de ocioso perfeccionamiento. El mundo del humanismo italiano en el primer Renacimiento tenía una base social demasiado estrecha como para poder sobrevivir demasiado tiempo. Es así que el capítulo IV de la obra de Lord Clark da paso al capítulo V, trasladándonos desde Florencia, la ciudad burguesa donde florecían la libertad y el cultivo de la inteligencia, a Roma, la sede del poder sacro y la pompa extravagante. Pues fue en Roma donde, siguiendo a Clark, el mundo hecho a la medida armónica del hombre dio paso a un orden desmesurado de gigantes y héroes, el mundo del papa Julio II, Leonardo da Vinci, Rafael, y, sobre todos ellos, de Miguel Ángel (30).

30. *David* por Miguel Ángel, 1504. Galleria dell´Accademia, Florencia.

Como podemos comprobar, la diferencia entre el San Jorge de Donatello y el David de Miguel Ángel no solo es de proporciones, sino de actitud y carácter. Mientras San Jorge es un dechado de armonía y delicadeza, David es mostrado por Miguel Ángel como un joven desafiante, dispuesto a tomar por asalto el mundo de sus mayores con sus gigantescas manos. La ambición agazapada detrás de la pose altiva del David terminaría transformando la promesa incumplida del Renacimiento temprano en la confusión y el caos que atravesó parte de los siglos XVI y XVII. Fue en esa época cuando se produjo, con similares consecuencias dramáticas, la segunda gran irrupción del Norte de Europa en la corriente principal de la historia occidental, resultando en un trastoque violento del mundo heredado. Fue así como terminó el ciclo de la civilización occidental iniciado en el siglo XIV con la emergencia del humanismo y amaneció un nuevo período dominado por la voluntad de reforma de las estructuras establecidas y por la búsqueda de nuevos cauces de comunicación que permitieran expresar una verdad interior al margen de los poderes espirituales y terrenales. Sus representantes en distintos ámbitos de la cultura fueron personajes como Erasmo y Hans Holbein; Durero, Grunewald y Lucas Cranach; Montaigne y Shakespeare y, sobre todo, Lutero, la quintaesencia del hombre nord-atlántico.

Todos los personajes septentrionales mencionados, y otros que se quedan en el tintero, sin duda contribuyeron a la expansión de la civilización occidental y así ha de ser reconocido. Ahora bien, hasta Lord Clark se vio obligado a reconocer ciertos rasgos preocupantes en sus biografías y en sus obras. En el caso, por ejemplo, de Durero, al tiempo que aclamaba su curiosidad, maestría técnica y fértil imaginación, era consciente de un lado sombrío en su carácter y en su obra. En el retrato de Oswald Krell, uno de los más acabados en la tradición germánica, es difícil eludir la mezcla de envidia y resentimiento que trasluce su mirada (31). Sentimientos similares, junto con un celo flamígero y la convicción absoluta de ser elegido por la Providencia, inspiraron a Lutero en su virulenta cruzada contra los males, reales e imaginados, de la Iglesia Católica. Es suficiente observar su retrato por Lucas Cranach el Viejo para advertirlo (32). Incluso el mismo Durero, un pintor que no era sacerdote ni profeta, estaba tan convencido de su misión y de la naturaleza redentora de su genio que no dudó en posar como Cristo en uno de sus más conocidos autorretratos (33).

31. *Retrato de Oswald Krell*, por Durero, 1499. Alte Pinakhotek, Múnich.

32. *Lutero como un monje*, por Lucas Cranach el Viejo, 1520. Metropolitan Museum of Art, Nueva York.

33. *Autorretrato* por Durero, 1550. Alte Pinakothek, Múnich.

Como era de esperar, los capítulos de la obra de Lord Clark que se ocupan de los siglos XV, XVI y XVII ignoran casi por completo a España, aunque se trataba del país que tanto desde una perspectiva europea como mundial era la potencia, y la versión de la civilización occidental, que, junto con Portugal, inauguró una nueva era en la historia de la humanidad.

Fue la plataforma ibérica desde donde el Gran Intercambio entre las Tres Culturas se expandió y transformó en el Primer Gran Intercambio Global. Mientras los cambios que estaban teniendo lugar en las ciudades italianas o en el norte protestante estaban circunscritos inicialmente a un ámbito geográfico reducido, la Gran Extroversión Ibérica, animada por un espíritu muy moderno de explorar y sobrepasar los límites del mundo conocido, tuvo una vocación universal desde sus mismos orígenes. Así lo demuestran la irrupción de los grandes navegantes portugueses en el Índico; el descubrimiento, desde un punto de vista eurocéntrico, de América por tres carabelas españolas y del océano Pacífico por Balboa; y, sobre todo, la primera circunnavegación del globo por Magallanes y Elcano, seguida por la creación y mantenimiento de las primeras redes marítimas globales gracias a las flotas del atlántico y a los galeones de Manila.

Pero, incluso si aceptamos la elección de Lord Clark de restringir su obra a Europa y olvidarse del resto del mundo, excepto, como veremos, alguna breve incursión en Estados Unidos, o, si aun de forma más limitada, circunscribimos nuestro periplo a las ciudades-estado italianas del Renacimiento, es difícil concebir que pudiera soslayar el hecho indiscutible de que España fue durante dos siglos la potencia más influyente en la fragmentada política italiana, incluyendo Roma.

De hecho, desde un punto de vista meramente artístico, es casi imposible pasear por la Ciudad Eterna sin encontrar ejemplos de la ineludible presencia española. Si el visitante, por ejemplo, camina hasta la Colina del Janículo, en el Trestevere, donde se dice que San Pedro fue crucificado, allí encontrará la Iglesia de San Pietro in Montorio. La Iglesia se alza sobre un terreno que desde 1480 estaba bajo el patronazgo de los reyes de España. En 1502, una comisión española permitió la construcción de una de las primeras joyas del alto Renacimiento: el Tempietto de San Pietro in Montorio, obra de Bramante. La Residencia del embajador de España y la Academia Española de Roma ocupan un espacio adyacente (34).

34. El Tempietto de San Pietro in Montorio, por Bramante, 1502. Un signo temprano de la influencia española en el paisaje político y cultural romano.

Si el moderno visitante prefiere no alejarse del centro turístico de Roma, con toda probabilidad no podrá evitar pasar por la célebre *Piazza di Spagna* y apenas podrá resistir la tentación, incluso en medio de la canícula más insoportable, de ascender por las Escaleras Españolas, así llamadas por su proximidad a la Embajada española ante la Santa Sede, adornada con estatuas de Bernini (35). No lejos, en la Plaza Navona, cerca de la Iglesia conocida como *San Giacomo degli Spagnol*i, está una de las sedes del Instituto Cervantes y la célebre Librería Española. Y, por supuesto, una visita obligada es la Iglesia del Gesú, concebida en 1551 por Ignacio de

Loyola, el fundador de la más española y, al tiempo, la más cosmopolita de las órdenes religiosas católicas.

35. Fachada de la Embajada española ante la Santa Sede, Plaza de España, Roma.

La intervención hispánica en Italia y en el Mediterráneo oriental representó un dramático cambio de papeles respecto del antiguo domino imperial romano sobre la península ibérica. Sus primeras manifestaciones se produjeron incluso antes de la Unión dinástica entre el Reino de Castilla y la Corona de Aragón con el matrimonio entre Isabel I y Fernando II en 1469. El origen puede datarse en la Vísperas Sicilianas de 1282, cuando una revuelta popular contra la dinastía francesa de los Capetos culminó con la entronización de Pedro III de Aragón como rey de Sicilia.

El desembarco siciliano de Pedro III, quien, por cierto, es uno de los principales personajes en la obra de Shakespeare *Much Ado about Nothing*, anunció la era de la gran expansión aragonesa en el Mediterráneo desde el siglo XIII en adelante. La aventura aragonesa culminó con la toma de Cerdeña, de los ducados de Atenas y Neopatria por tropas de choque catalanas, los célebres almogávares, y, sobre todo, con la conquista en 1442 del estratégico reino de Nápoles, que había permanecido en manos francesas, por Alfonso V de Aragón. A pesar de los numerosos intentos galos por recuperar los territorios italianos perdidos, le tocó a Fernando el Católico consolidar la presencia hispánica en Italia. Lo hizo gracias a su maestría diplomática y, en particular, a las dotes militares de Gonzalo Fernández de Córdoba, el Gran Capitán, al frente de los formidables tercios.

El talento del Rey Católico para la política exterior fue el principal fundamento de la preponderancia española en Europa que acompañó a la gran expansión ultramarina de la Monarquía Hispánica. Se suele olvidar, pero es un hecho incontestable en la historia de las formas políticas, que dicha Monarquía fue la primera comunidad política occidental capaz de crear y mantener unido un Imperio de proporciones globales. Portugal puede ser citado como precedente, pero a pesar de su temprana extroversión, el reino luso no controló tantos territorios, incluyendo en Europa, como lo hizo España. El sistema español estaba asentado sobre una compleja y, a juzgar por su duración y resistencia, eficiente estructura de gobierno diseñada para gestionar un enorme conglomerado de territorios y poblaciones de la más variada naturaleza y nivel de desarrollo. Los reinos de Castilla y Aragón, Nápoles, Sicilia, Cerdeña, Milán, el Ducado de Borgoña (que incluía Flandes, los Países Bajos y el Franco Condado), así como las tierras recién descubiertas del Nuevo Mundo formaban parte de una entidad supranacional ya a principios del siglo XVI. Con el ascenso a la dignidad imperial de Carlos V en 1519 y hasta 1556, fecha de su abdicación, pasaron a formar parte de la misma comunidad política, junto con los territorios enumerados, las tierras del

Sacro Imperio Romano-Germánico en Europa central y oriental. Entre 1580 y 1640, con la incorporación de Portugal a la Monarquía Hispánica, fueron añadidos los territorios ultramarinos lusos en América, África y Asia. Durante el siglo XVIII, bajo la nueva dinastía borbónica, a pesar de perder gran parte de sus territorios europeos en la Paz de Utrecht de 1713, el imperio español alcanzó el zenit de su expansión ultramarina, especialmente en América, donde controló territorios desde la actual Columbia Británica, con la base de Nutka, hasta la Patagonia, mientras retenía sus posesiones asiáticas. En total, desde finales del siglo XV hasta la segunda década del XIX, durante más de tres siglos, desde España se gobernó el mayor imperio jamás creado por una potencia occidental hasta que el Imperio británico alcanzó su apogeo durante el reinado de la Reina Victoria, si bien en este caso su período álgido apenas duró medio siglo (36).

36. Hispania a la cabeza del orbe. *Europa Regina*, en la edición de 1570 de la *Cosmographia* de Sebastian Munster.

El primer arquitecto de tan extraordinario edificio político fue, como se ha dicho, Fernando el Católico. No en vano, fue una de las figuras que inspiraron *El Príncipe* de Maquiavelo. Al Monarca Católico se debe, durante los inicios del sistema europeo de estados, el diseño de una compleja red diplomática y militar dirigida a contener el poder de Francia, guardar el equilibrio entre las ciudades-estado italianas, mantener Inglaterra a distancia y enfrentar los asaltos del Imperio Otomano. Una combinación nada sencilla, ciertamente. Consiguió gran parte de sus objetivos, y de paso legó una sólida herencia a sus sucesores, gracias a su manejo magistral de dos instrumentos novedosos de la política estatal: la creación de una red de embajadas residentes mayor que la de sus competidores y la formación de un ejército que revolucionaría la conducción de la guerra en los campos europeos y de ultramar, dando a España una ventaja que sus enemigos sólo podían aspirar a emular. En el caso de la diplomacia moderna, una invención italiana, Fernando el Católico diseñó un despliegue que dominó el juego político en los principales escenarios europeos[24]. Como el historiador estadounidense Garret Mattingly reconoció en su clásico estudio sobre la diplomacia del Renacimiento, "España mantuvo durante más de un siglo el más impresionante servicio diplomático en Europa"[25]. Siguiendo a Mattingly, incluso durante el llamado período de declive a partir del siglo XVII, un mito donde los haya puesto que España continuó dirigiendo el mayor imperio ultramarino hasta finales del siglo XVIII, ningún otro país contaba con "un grupo de embajadores residentes (…) que fueran mayores virtuosos de la diplomacia o se movieran con mayor agilidad y eficacia como el que sirvió a España durante la segunda mitad del reinado de

---

[24] En su historia de la diplomacia, Henry Kissinger atribuyó los orígenes de la diplomacia moderna occidental al Cardenal Richelieu ignorando, en un modo típicamente nord-atlántico, las iniciales contribuciones italianas y españolas al ejercicio de las relaciones internacionales entre estados. Kissinger, Henry, *Diplomacy*. New York: Simon & Schuster, 1994.
[25] Mattingly, Garret, *Renaissance Diplomacy*, pag.129.

Felipe III"[26]. Entre dichos embajadores destacaron Juan Antonio de Vera y Zúñiga- el autor de un manual clásico para la formación del perfecto Embajador, publicado en 1620 y todavía lectura provechosa para los aspirantes a diplomático-; Baltasar de Zúñiga, Embajador en la corte de los Habsburgo al inicio de la Guerra de los Treinta Años; el Conde de Gondomar, quien gracias a su habilidad y amistad con el monarca inglés Jaime I consiguió el ajusticiamiento del pirata Walter Raleigh- y, sobre todo, el gigante de las letras Diego de Saavedra Fajardo, autor de un libro para estadistas, *Idea de un príncipe político cristiano, representada en cien empresas* (1640), muy aconsejable para nuestros tiempos turbulentos (37).

37. *Fernando II de Aragón*, el primer estadista moderno, por Michael Sittow. Kunsthistorisches Museum, Viena.

Las victorias militares y diplomáticas que acompañaron al reinado de los Reyes Católicos coincidieron en el frente doméstico con un florecimiento de los estudios renacentistas. Los *studia humanitatis* y la influencia de las letras italianas en la prosa y en el verso encontraron un

[26] Ibid., pag. 220.

cauce ideal para penetrar en la cultura hispánica gracias al intercambio frecuente de profesores y estudiantes entre ambas penínsulas mediterráneas, favorecido por los múltiples vínculos que unían a varios territorios italianos con la Corona de Aragón, así como gracias al establecimiento del Colegio Español de Bolonia, todavía en funcionamiento, fundado en 1364 por el Cardenal y guerrero Gil Álvarez Carrillo de Albornoz para el beneficio de estudiantes castellanos, portugueses y aragoneses. Príncipes del humanismo hispano, como Juan Sepúlveda y Elio Antonio de Nebrija se contaron entre sus pupilos. Nebrija fue, como es sabido, el autor de la primera gramática de la lengua española que es, al mismo tiempo, la primera gramática escrita sobre cualquier lengua romance. Su publicación en 1492 coincidió con la caída de Granada y el "descubrimiento" de América. En su prólogo, dedicado a Isabel la Católica, Nebrija previó la extraordinaria expansión del español al afirmar que "mi gramática servirá para impartir (a los habitantes del Nuevo Mundo) la lengua de Castilla de igual forma que enseñamos latín a nuestros jóvenes".

Aparte de los estudios en Bolonia y en otras ciudades italianas, otro canal de intercambio fue el patronazgo del humanismo por nobles y literatos españoles como Nuño de Guzmán o Iñigo López de Mendoza, el famoso Marqués de Santillana, gran escritor por méritos propios y devoto seguidor de Dante, Petrarca y Boccaccio, en cuya bien provista biblioteca había un número considerable de traducciones al italiano y al español de textos latinos (38).

38. *Retrato del Marqués de Santillana*, por Jorge Inglés, 1455. Museo del Prado, Madrid.

El retrato del Marqués de Santillana mostrado arriba, pintado al modo flamenco por un retratista inglés, es un ejemplo de cómo en España, incluso antes del matrimonio de los Reyes Católicos, existían vías de comunicación artísticas con diversas tradiciones pictóricas gracias a las conexiones de Castilla y Aragón con dos de los centros europeos más dinámicos: Flandes y las ciudades italianas. El tercero era la propia España. Una vez que la Reconquista culminó con la caída de Granada, la nueva Unión Dinástica integraba tradiciones castellanas y aragonesas que habían absorbido el legado de las comunidades musulmanas y judías. Aunque la expulsión de los judíos no conversos en 1492 y la de los moriscos en 1609 puso un largo interludio a la Era de Convivencia, muchas de sus contribuciones filosóficas, científicas y artísticas ya habían pasado a formar parte del caudal hispánico y serían trasplantadas y adaptadas a nuevos mundos.

La extraordinaria encrucijada de culturas que era la España de los Reyes Católicos atrajo la inquisitiva mirada de Jeronimus Munzer, un germano procedente de Nuremberg que actuó como enviado por el Embajador Maximiliano I ante Isabel y Fernando poco después de la conquista del reino nazarí. La conversación entre Munzer e Iñigo de Mendoza, el alcalde de la Alhambra, que tuvo lugar en octubre de 1494 fue todo un símbolo de los nuevos tiempos: ambos conversaron en latín mientras las calles de Granada estaban siendo engalanadas con los símbolos de la nueva monarquía y a apenas unos cientos de kilómetros más al sur, dos años antes, tres minúsculas carabelas habían partido para regresar con las noticias de un portentoso descubrimiento. Un nuevo mundo estaba naciendo en más de un sentido.

Uno de los tópicos más absurdos acerca de la expansión española a inicios de la Edad Moderna es que fue protagonizada por un país atrasado en el contexto de la Europa occidental, que a su vez era un mero apéndice de la masa continental euroasiática. Mientras buscaba documentación para este libro tuve ocasión de encontrar en una librería de Harvard una traducción al inglés de un ensayo escrito en la década de los setenta por un historiador italiano, Antonello Gerbi, acerca del estudio de la naturaleza en el Nuevo Mundo. En sus páginas encontré la siguiente frase, ejemplar de un cierto modo de interpretar la realidad de la forma que mejor cuadre a los propios prejuicios, en la que el autor se maravillaba ante "la paradoja histórica de que fuera uno de los países más atrasados de Europa el que se pusiera al frente de la expansión de la civilización occidental"[27]. No voy a andarme con rodeos: es difícil caer en un mayor sinsentido. La pregunta tan frecuentemente planteada sobre cómo fue posible que "la pobre y periférica Iberia" estuviera en la vanguardia de la era de la hegemonía

---

[27] Gerbi, Antonello, *Nature in the New World*, p.121.

europea y, en el caso de España, creara el mayor imperio europeo iniciado antes de la Revolución Industrial no tiene respuesta porque sencillamente es errónea en su formulación. Cuando se comparan con el resto de Europa a inicios de la Edad Moderna, los reinos ibéricos ni eran particularmente pobres ni eran, en modo alguno, periféricos. Como hemos visto en los anteriores capítulos y exploraremos en los siguientes, si había un lugar en Europa donde sus habitantes habían tenido la posibilidad de acceder a fuentes de conocimiento y a técnicas inalcanzables para la mayoría de los europeos, salvo quizá en las pequeñas ciudades-estado de Génova y Venecia, y habían sido expuestos a las más diversas influencias materiales e intelectuales, se trataba de la península ibérica y sus archipiélagos adyacentes. España en 1492 rebosaba de vitalidad y, sobre todo, de confianza, los dos ingredientes esenciales que Lord Clark consideraba, junto con un poco de suerte, cabría añadir, para dar el salto a un nuevo nivel de civilización

Además de la formidable energía y los tesoros de saber acumulados por los ibéricos durante el ciclo de conquista islámica, convivencia y reconquista cristiana, algunos de los reinos ibéricos ya habían conocido atisbos de extroversión desde al menos el siglo XIII, aventurándose fuera de sus confines y trabando complicadas redes diplomáticas. A este respecto, mi historia, que no cuento, favorita es la de la embajada de Ruy González de Clavijo a la corte de Tamerlán en Samarcanda, a inicios del siglo XIV.

Al tiempo de la extraordinaria aventura de Clavijo, Castilla estaba gobernada por el rey Enrique III (1379- 1406). Tras asegurar su trono frente a la nobleza levantisca y una vez restablecidos la ley y el orden en sus fronteras, Enrique III inició una activa política exterior cuyo principal objetivo era proteger a la Cristiandad de los avances de los turcos otomanos. A ese fin, envió varias misiones diplomáticas a los gobernantes de Persia, Tunicia y al propio sultán otomano. En 1401, dos enviados castellanos, Payo Gómez de Sotomayor y Hernán Sánchez de Palazuelos, fueron encomendados con la difícil misión de entrar en contacto con Bayaceto y tratar de convencerle para que detuviera su avance hacia el oeste. Ambos consiguieron reunirse con el turco un año más tarde, pero en circunstancias insospechadas. El 20 de julio de 1402, cuando planeaba la conquista de Constantinopla, el sultán otomano fue decisivamente derrotado en la batalla de Angara por el ejército de quien se consideraba heredero de Gengis Khan, Tamerlán, también conocido como Timur el Cojo. Surgido de las míticas tierras de Transoxiana, durante las décadas previas Tamerlán había levantado un Imperio que se extendía desde Moghulistán (la región que incluye en nuestros días las repúblicas de Kazajstán, Kirguistán y la provincia china de Xinjiang) hasta Anatolia, en la moderna Turquía. Tras su victoria sobre Bayaceto, el conquistador de Asia Central estaba a punto de hacer bascular el equilibrio geopolítico en el entero Mediterráneo oriental.

Por una casualidad, los dos castellanos fueron así testigos de la histórica batalla de Angara, pues habían llegado a la llanura hoy cerca de la capital turca dos días antes de que comenzara. Vencido Bayaceto, los enviados fueron capturados y llevados a la presencia de Tamerlán, quien les interrogó personalmente acerca de la naturaleza de su misión. Satisfecha su curiosidad, finalmente el caudillo les dejó partir de regreso a su tierra con una carta y varios presentes para el rey de Castilla como muestra de amistad. Entre los regalos se encontraban varias damas cristianas de noble linaje rescatadas del harem de Bayaceto. La suerte de alguna de las esclavas liberadas fue registrada en varias crónicas y anales poéticos contemporáneos, pues su belleza y elegancia no pasaron desapercibidas en la corte de Enrique III. Acompañando de vuelta a los enviados castellanos, Tamerlán también les cedió un mensajero personal de nombre Mohamed Alcagi, quien más tarde se convertiría en un valioso activo como guía y traductor en la embajada de Clavijo.

Tras recibir las nuevas sobre la ascendente estrella de Tamerlán, Enrique III reaccionó rápidamente. Deseoso de saber más del guerrero que había salvado Constantinopla y con ella la suerte de la Cristiandad de la amenaza turca, aunque huelga decir que tal no había sido el propósito del uzbeco al enfrentarse contra los otomanos, el rey español inició con premura los preparativos para enviar otra embajada.

Esta vez, el destino era la capital del nuevo señor de Oriente, Samarcanda. La embajada fue concebida tanto para obtener información sobre la nueva realidad sobre el terreno, como para intentar establecer una alianza duradera entre ambos monarcas. Para conseguir ambos objetivos, Enrique III eligió a uno de sus más estrechos consejeros: Ruy González de Clavijo, un noble madrileño.

Poco sabemos de la vida de Clavijo antes de que ingresara en el selecto grupo de los grandes escritores de viajes. Apenas que estaba casado, amaba las letras y tenía un carácter confiable. También, que su elevada posición en la corte era señal de la importancia que el rey concedía al éxito de la misión.

Como parte de la comitiva, Clavijo fue acompañado por un oficial de la guardia real, Gómez de Salazar, por un sacerdote experto en lenguas orientales, Alfonso Páez de Santamaría, por el enviado de Tamerlán, Mohammed Alcagi, y por varios soldados y sirvientes cuyo nombre nos es desconocido. Eran catorce en total. La embajada fue bien provista con vituallas y portaba valiosos regalos para responder a la generosidad del potentado centroasiático. Entre los presentes figuraban de forma prominente varios halcones bien entrenados en las artes de la cetrería. Así preparada, la expedición levó anclas desde el puerto de Santa María el 21 de mayo de 1403. Siguiendo el conocido itinerario por el Mediterráneo que iba desde Cartagena por Messina, Rodas, Chios, Pera y Constantinopla, finalmente la embajada desembarcó en el puerto de Trebisonda, en el Mar Negro. Desde allí, continuó por tierra a través de Tabriz, Sultaniyah, Teherán, Kesh y, finalmente, llegó a Samarcanda el 8 de septiembre de 1404, donde permaneció hasta el 21 de noviembre del mismo año. El retorno a España llevó otros dos años, pues Clavijo se presentó en Alcalá de Henares para rendir cuentas de su viaje el 24 de marzo de 1406.

Casi nada más se supo de Ruy González de Clavijo y su aventura hasta la publicación de la primera edición de sus memorias en Madrid en 1582. El libro pronto se convirtió en un clásico en su género, pues ofrecía la más detallada descripción escrita por un europeo acerca de Asia central en tiempos de Tamerlán, así como detalles de la propia vida del gran caudillo. A pesar de que varios viajeros habían penetrado en tan desolada región con anterioridad, tanto por motivos religiosos como comerciales, lo cierto es que el interior de Eurasia era una tierra casi incógnita. Aparte de la histórica figura de Gengis Khan y del legendario y ubicuo Preste Juan, tan sólo prevalecía en Occidente sobre aquellas vastedades la imagen borrosa de feroces hordas nómadas dispuestas a caer como una plaga de langostas sobre sus vecinos más civilizados. Retando tal visión, Clavijo escribió un testimonio acendradamente objetivo sobre los paisajes y las gentes que encontró a lo largo del fragmento de la Ruta de la Seda que pudo recorrer. Hojeando las páginas escritas por el viajero castellano, el lector contemporáneo puede encontrar en ellas un relato etnográfico del modo de vida nómada, desde las tiendas portátiles hasta las costumbres gastronómicas; desde los usos del caballo en la vida diaria hasta las complejidades de la jerarquía social. Con todo, lo más relevante del libro se encuentra en la vívida descripción de la corte de Tamerlán en Samarcanda y en el análisis que contiene sobre la formación y estructura del Imperio timúrida.

De acuerdo con lo narrado por Clavijo, su embajada fue recibida en uno de los jardines que rodeaban Samarcanda. Los especialistas modernos han identificado el lugar del encuentro. Según Norah Titley y Frances Wood, se trata del Jardín de las Delicias del Corazón, o Dilkhusa. Tal y como fue loado por los poetas y representado en numerosas miniaturas, el trazado del jardín de Dilkhusa respondía al modelo geométrico persa más que a la planta irregular de los jardines extremo-orientales. En su centro había un pabellón rodeado por canales de agua y huertos de regadío. Tamerlán, quien contaba entonces con sesenta y nueve años y estaba casi ciego, recibió a los enviados de Enrique III sentado en unos almadraques y reclinado sobre almohadas. Vestía una ligera capa de seda y portaba un alto tocado incrustado con piedras preciosas. Clavijo y sus acompañantes hicieron tres genuflexiones ante el señor de Samarcanda, quien les interrogó acerca de su viaje y les encomendó que transmitieran sus mejores deseos a "su hijo", el rey de Castilla.

Tras leer cuidadosamente la carta que le enviaba Enrique III, Tamerlán invitó a la comitiva a un banquete oficial. La ocasión fue compartida por las numerosas mujeres del soberano, cortesanos y dignatarios extranjeros, entre quienes Clavijo identificó a varios "cristianos al modo chinesco, de una tierra cercana a Catay", probablemente una de las últimas referencias a los moribundos restos de la Iglesia nestoriana en Asia central.

Así, entre celebraciones, transcurrieron varias semanas sin que los españoles recibieran una respuesta formal a la carta de su rey. Cuando se agotaba su paciencia, fueron repentinamente advertidos por un alto funcionario timúrida de que su señor no podría recibirles. La razón era que había caído gravemente enfermo. Era mejor para ellos partir cuanto antes, puesto que en cualquier momento podría estallar un conflicto sucesorio. Tamerlán, de hecho, sobrevivió apenas tres meses más, durante los cuales, al límite de sus fuerzas, intentó cumplir su mayor ambición: la conquista de China. Falleció al frente de sus tropas en Otrar, una villa situada en el actual Kazajstán, en enero de 1405.

Un año más tarde fallecía Enrique III y las posibilidades de una alianza entre el rey castellano y el señor de Asia central pasaron con ellos a mejor vida. El Imperio timúrida se derrumbó entre luchas internas para revivir más tarde en la forma del Imperio moghul en la India. Entre tanto, una España unificada terminaría mirando hacia el oeste, hacia un Nuevo Mundo. El Mundo Hispánico y Asia central siguieron así sendas divergentes. ¿Fue por tanto la extraordinaria empresa de Clavijo un fracaso? Desde un punto de vista estrictamente diplomático, la respuesta sería un sí condicional. Después de todo, la embajada retornó a Castilla y el rey obtuvo noticias de primera mano acerca del hombre cuyo destino pudo haber cambiado el mundo. Pero el principal mérito del viaje de Clavijo no fue tan sólo político. Su periplo quedó recogido en una fascinante descripción de la diversidad humana desprovista en su mayor parte de prejuicios o etnocentrismos. Lo que más llama la atención de las memorias del embajador castellano es que están casi despojadas de subjetividad a la hora de presentar paisajes y tipos humanos. En el prólogo a su obra, Clavijo confesó que la escribió como un medio para evitar que su viaje cayera en el olvido y fuera conocido por las generaciones futuras. De paso, también consiguió alcanzar una gloria póstuma, la suerte de inmortalidad reservada para los grandes escritores (39).

39. Una moderna representación de la embajada de Clavijo a Tamerlán en el Observatorio de Ulug Beg, en Samarcanda. En la legendaria ciudad de la Ruta de la Seda hay una calle dedicada al viajero español cerca del mausoleo de Tamerlán.

La embajada de Clavijo es una muestra del espíritu previsor y abierto de un monarca castellano casi un siglo antes de la aventura colombina. Los monarcas aragoneses no iban a la zaga e incluso los hubo más adelantados a la hora de hacer avanzar sus intereses dinásticos en el Mediterráneo. Mientras, los portugueses comenzaban a aventurarse a lo largo de las costas occidentales de África. Más pronto que tarde, la Gran Extroversión Ibérica era inevitable. Cuando otros monarcas europeos, incrédulos, miraban hacia otro lado, fueron los Reyes Católicos quienes terminaron financiando el sueño del genovés para llegar a las míticas tierras de Cipango a través del Atlántico, evitando así los obstáculos opuestos por los musulmanes, venecianos y portugueses en el camino hacia las riquezas orientales. El resto, como sabemos, es Historia con mayúscula.

No nos detendremos aquí en los conocidos viajes de exploración y descubrimiento de portugueses y españoles. Siguiendo a Lord Clark, lo que nos ha de interesar fueron sus efectos en la apertura de la mente occidental hacia nuevos horizontes materiales e intelectuales. El camino que nos disponemos a seguir nos llevará desde el efecto de esas empresas en la emergencia de una nueva representación del mundo y culminará en la evocación de la figura del conquistador como el hombre renacentista quintaesenciado, el contrapunto dinámico al humanista sedentario.

Que el entero globo terráqueo constituye el hábitat humano natural nunca había sido dado por hecho antes de la Era Moderna. Durante la mayor parte la historia previa, la idea prevaleciente era que, aparte de algunas regiones privilegiadas donde la civilización podía prosperar, el resto de la Tierra era *terra incognita* o *nullius*, habitada, si tal era el caso, por seres que los verdaderos humanos tendrían dificultad en reconocer como miembros de la misma especie. Criaturas que eran representadas bajo apariencias monstruosas, separadas por un abismo moral y fisonómico de la verdadera humanidad.

Para hacer honor a la verdad, fueron los estoicos en la Antigüedad Tardía greco-romana quienes por vez primera atisbaron una común humanidad bajo la hojarasca de la diversidad de tipos humanos. Su intuición fue recogida y adaptada por el Cristianismo. En el medievo, la concepción teórica de una ecumene universal fue preservada, aunque se la concebía dividida entre creyentes y paganos, separados por una fosa tan sólo franqueable por la conversión religiosa. La confluencia de las visiones clásica y cristiana del mundo puede vislumbrarse en los llamados mapas T-0, u *Orbis Terrarum*, tal y como fueron presentados por nuestro viejo conocido el Beato de Liébana (40).

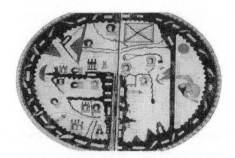

40. Mapamundi en el Beato de Osma, 1086. Intenta representar la expansión de la Iglesia por los Doce Apóstoles a través de un mundo de estirpe aristotélica e isidoriana. Obsérvese la curiosa criatura a la derecha del mapa.

En el prólogo al segundo libro de sus Comentarios al Apocalipsis, el monje visionario describió fantasiosamente un mundo adecuado a los preceptos de la Biblia, Ptolomeo y San Isidoro de Sevilla. En sus etimologías, este último había descrito nuestro planeta como "la masa habitada de tierra sólida, denominada redonda debido a la redondez de la circunferencia, porque es como una rueda. A causa de ello, el océano que fluye a su alrededor es contenido por un límite circular y está dividida en tres partes, la primera se llama Asia, la segunda Europa y la tercera África"[28].

La división tripartita del mundo habitable isidoriano, derivaba de la concepción aristotélica de las tres zonas climáticas, dos de ellas inhabitables y sólo una apta para nuestra especie, dada su temperancia. Las dos regiones fuera de nuestro alcance debido a sus condiciones extremas eran las antípodas, situadas tras la infranqueable barrera representada por el océano ecuatorial. *"Deserta terra vicina soli ab ardore incognita nobis"*: los desiertos están cerca del sol y nos son desconocidos a causa del calor...así que mejor nos olvidamos de ellos, cabría añadir. Tal era la mentalidad prevaleciente, que impedía a la mayoría de potenciales aventureros medievales lanzarse más allá de los estrechos confines de sus limitadas existencias.

Sin embargo, esas barreras fueron cayendo a medida que los límites del mundo conocido fueron expandidos por los exploradores y geógrafos árabes, algunas de cuyas obras fueron traducidas al latín en la Iberia medieval, y gracias a algunos mercaderes y misioneros europeos que terminaron atravesando regiones antes consideradas imposibles para el

---

[28] Brehaut, Ernest, Ibid, p.244.

hombre. Visualmente, el giro hacia una concepción moderna del mundo habitable tuvo lugar con la traducción del griego al latín de la Geografía ptolemaica por Jacopo Angeli de Scarperia, en 1406 (41).

41. La visión ptolemaica del mundo antes de Colón, representada por Donnus Nicolaus Germanus en la edición impresa por Lienhart Holle de la Cosmografía de Claudius Ptolemaeus, Ulm, 1482.

Desde entonces, la peculiar perspectiva empleada por Ptolomeo, junto con los nuevos métodos para representar el espacio en una superficie de dos dimensiones, concebidos por León Battista Alberti y otros fueron empleados por los cosmógrafos de Lisboa, Génova, Venecia o Sevilla empeñados en trazar cartas, portulanos y mapas que sirvieran como guía práctica a los navegantes y comerciantes a medida que se adentraban en territorios y océanos desconocidos. La recuperación de la sabiduría clásica, una aventura iniciada en el mundo musulmán antes del Renacimiento, hizo posible la expansión de Europa. Se ha dicho que la moderna visualización de la ecumene usando la proyección ptolemaica fue un choque para la mente renacentista tan sólo comparable al efecto producido siglos más tarde por las primeras fotografías de la Tierra tomadas desde el espacio ultraterrestre. Es una comparación adecuada, como podemos comprobar (42).

42. Primera fotografía en color de la Tierra desde el espacio, tomada en 1967.

El perfeccionamiento de la proyección de Ptolomeo por Mercator, Ortelius y otros cartógrafos y la elaboración de los primeros atlas del mundo, incluyendo los "nuevos mundos" recién descubiertos inspiraron en los contemporáneos no sólo placer visual, sino un estado de ánimo proclive a considerar que esas vastedades recién reveladas estaban esperando a ser poseídas, física e intelectualmente. No ha de extrañar que entre los nuevos tipos emergentes de ser humano, descollaran ejemplares como Juan de la Cosa, prototipo de hombre atlántico por excelencia, océano que llegó a cruzar siete veces en el transcurso de su vida. En él se mezclaron la figura del explorador, conquistador y hombre de ciencia. Su mapamundi fue la primera representación empírica del mundo como era conocido en 1500, justo cuando se completaba el primer ciclo de las grandes navegaciones ibéricas (43).

43. El Mapamundi de Juan de la Cosa, 1500. El Nuevo Mundo desvelado. Museo Naval de Madrid.

En la mente europea de la época, y aun en la nuestra, la representación y toma de conocimiento de la precisa localización de un lugar en el espacio nos lleva a considerar su conquista y apropiación. Nos guste o no, es el modo en que funciona toda pulsión imperial. Cuando los españoles y portugueses solicitaron al Papa Alejandro VI que dividiera el mundo entre ellos por el Tratado de Tordesillas de 1494, lo hicieron rebosantes de la confianza provocada por su recién adquirido conocimiento de un mundo en expansión gracias a sus navegantes y exploradores. Conquistadores, colonos, misioneros y administradores pronto siguieron su estela y sus pasos. La geografía, la cosmografía, la diplomacia y la guerra fueron los instrumentos puestos al servicio de un proyecto expansivo que, por vez primera en la historia, fue auténticamente global.

La extraordinaria extroversión ibérica, esencial como fue para la expansión de la civilización occidental, no habría tenido consecuencias tan enormes en la historia de la humanidad si no hubiera sido acompañada por un no menos formidable proceso de incorporación. Los principales agentes en la fase inicial de ese proceso fueron los conquistadores. En muchas narraciones inspiradas por la visión del mundo nord-atlántica apenas algún otro tipo histórico ha sido objeto de mayor odio y desprecio que el conquistador español. Sería fácil señalar que esa forma de presentar el personaje del conquistador responde al deseo de crear un chivo expiatorio sobre el que desviar la posible mirada crítica sobre otras aventuras imperiales. Iré más allá de esa posible réplica y, de paso, eludiré lo cultural o políticamente correcto en nuestros días, aunque no por ello dejaré de estar, justamente, abierto a todo tipo de crítica racional a mi posición. En mi visión personal, personajes como Hernán Cortés o Francisco Pizarro fueron en sus éxitos iguales al menos, e incluso superiores, a figuras como Alejandro Magno o Julio César. Me explico. En el caso de Alejandro Magno, cuando cruzó en 334 a.C. el Helesponto- un estrecho de unas pocas millas de anchura- lo hizo al frente de una fuerza naval de 160 navíos de combate y un ejército de 35.000 hombres con los que confrontar un enemigo bien conocido por los griegos. Cuando murió en 323 a.C., once años más tarde, había conquistado el Imperio persa y extendido sus dominios hasta el Indo. Pero apenas una semana tras su fallecimiento, y tras haber nombrado como su heredero "al más fuerte" entre sus generales, su imponente edificio se vino abajo, fragmentado en docenas de reinos helenísticos. Aunque su herencia cultural perduró, su legado político fue un rotundo fracaso.

En cuanto a Julio César, su conquista de la Galia, su cruce del Rin y su invasión de Britania son bien conocidos. También que consiguió todo ello gracias a contar con toda la maquinaria militar de Roma, bien engrasada para luchar contra los bárbaros del norte. Pero esas mismas victorias condujeron a su asesinato físico y político y a la caída de la República, sucedida por un régimen diferente, el Imperio romano.

Comparemos ahora esas dos grandes figuras de la Antigüedad con los conquistadores españoles. Cortés, Pizarro, Jiménez de Quesada o Hernando de Soto no eran emperadores ni dictadores capaces de actuar como soberanos sobre enteros ejércitos, sino apenas capitanes y soldados de mesnada que arriesgaban sus propias fortunas para avanzar su suerte al servicio de un monarca lejano. En este sentido, han sido a veces comparados con empresarios renacentistas. Al contrario que lo ocurrido con los legados políticos de Alejandro y César, el resultado de sus aventuras supuso un beneficio mucho más duradero en términos de poder y legitimidad para el tenedor último de sus acciones, la Monarquía Hispánica, poseedora de los territorios ultramarinos conquistados por los siguientes trescientos años, mientras que el efímero imperio alejandrino apenas sobrevivió una década y la Dictadura Perpetua de César cayó con su tiranicidio.

A diferencia de los griegos y romanos con los persas o los bárbaros, cuando los conquistadores iniciaron sus empresas, apenas sabían nada sobre las tierras y gentes que iban a encontrar, más allá de su extrema otredad. Pese a ello, estaban mucho más familiarizados con la diversidad humana que la mayoría de sus contemporáneos europeos. Muchos de ellos habían experimentado en primera persona o conocían relatos sobre el ejercicio de las armas y de la diplomacia en la guerra contra el Islam o contra otros europeos en los campos de batalla y en los corredores de poder en las ciudades-estado de Italia. Era una ventaja que los conquistadores supieron explotar al adentrarse en el exótico laberinto de los imperios azteca e inca y darse cuenta de las rivalidades internas y del resentimiento que contra ambos sentían los numerosos pueblos sometidos a su tiranía. No olvidemos que la mayor parte de las conquistas más sonadas fueron llevadas a cabo por unos pocos cientos de españoles. Cuando inició su empresa mexicana, Cortés apenas contaba con quinientos soldados, once navíos y una docena de caballos. Pizarro comenzó su aventura andina con menos de doscientos hombres y sesenta caballos. Aparte de su enorme coraje y voluntad de poder, ambos eran consumados psicólogos de masas y supieron manipular y alistar a los pueblos sometidos por incas y aztecas. No ha de extrañar que cuando los aliados amerindios presentaban sus razones para solicitar privilegios en el subsiguiente régimen hispano, a menudo utilizaran como argumento su participación como iguales a los españoles en la épica de las conquista. Así ocurre en el famoso *Codex de Tlaxcala*, compuesto por el mestizo Diego Muñoz Camargo en torno a 1581 como respuesta a un cuestionario imperial. En una de las escenas del Codex, podemos ver a guerreros de Tlaxcala cargando con igual ímpetu que los españoles contra los comunes enemigos aztecas (44).

44. El Codex de Tlaxcala, circa 1581. Una visión de la conquista desde el punto de vista de los aliados amerindios de los españoles.

Aunque es la exuberancia vital de epopeyas como las de Cortés o Pizarro la que ha capturado la imaginación de generaciones de historiadores muchas veces inclinados a examinarlas en blanco o negro, la figura del conquistador presenta una variedad cromática mucho más compleja. Es paradigmática a este respecto la trayectoria de un conquistador tardío y menos conocido, a quién se debe el siguiente lema aplicable a varias generaciones de sus congéneres: "*con la espada y el compás, más y más y más y más*". La frase se encuentra impresa en el frontispicio de un libro titulado *Milicia Indiana y Descripción de las Indias*, escrito por Bernardo de Vargas Machuca, un oficial que pasó gran parte de su carrera militar lidiando con revueltas indígenas en las fronteras del Nuevo Mundo tras haber guerreado en Italia, contra los turcos en el Mediterráneo y contra los piratas en el Caribe. El libro fue publicado en Madrid en 1599 y puede ser considerado como el primer manual de lucha contra-insurgente en territorio hostil, incluyendo técnicas de supervivencia aprendidas del enemigo local y campañas para ganarse las mentes y los corazones de las poblaciones donde éste operaba. Aunque Vargas

Machuca se consideraba a sí mismo como un emulador de Cortés y Pizarro, al tiempo en que se sentó a escribir el ciclo heroico de la conquista ya se había cerrado hacía décadas y la mayor parte del imponente edificio imperial que duraría casi intacto hasta el siglo XIX estaba completado. Sin embargo, en su mente y en la de otros soldados, las hazañas de los conquistadores continuaban siendo ejemplos a seguir e imitar en el supuesto de alzamientos locales o ante la amenaza presentada por los imperios europeos rivales. Afortunadamente para la Corona española, ambos retos, cuando se materializaban, fueron por lo general suprimidos o reducidos a proporciones manejables gracias a la vigilancia de hombres como el tardío émulo de los grandes héroes de la conquista. Pero Vargas Machuca no era sólo un hombre de espada. Como muchos otros aspirantes a la gloria, consideraba que una fama duradera podía también ser alcanzada gracias a la pluma. Cuando pudo regresar a España tras una activa carrera en las Indias consiguió entrar en el círculo del Juan de Tassis, el Conde de Villamediana, un renombrado poeta, espadachín y, se decía, extraordinario amante, hasta el extremo de que se convertiría en el modelo para el Don Juan Tenorio. Pero, tras una breve incursión en el reino de las musas, Vargas fue llamado de nuevo al servicio imperial, en esta ocasión como alcalde de la ciudad de Portobello y, más tarde, como gobernador de la Isla Margarita, donde demostraría su capacidad como eficaz administrador civil y militar, fortaleciendo las defensas de la costa, estudiando las corrientes hidrográficas que favorecían el movimiento de las flotas y diseñando métodos para obtener más beneficios de la industria de las perlas. Terminados sus mandatos, retornó a Madrid, donde murió en 1622 mientras preparaba un nuevo viaje a América, esta vez como gobernador de la provincia de Antioquía, en la actual Colombia (45).

45. Frontispicio de la *Milicia Indiana y la Descripción de las Indias*, por Bernardo de Vargas Machuca, 1599.

Incluso más que la primera generación de conquistadores, fueron hombres como el mestizo Diego Muñoz Camargo, traductor, cronista y mediador entre dos culturas, o como Vargas Machuca, el español viejo, veterano de mil campañas, administrador imperial y hombre de letras, quienes realmente hicieron el Mundo Hispánico. Como veremos en el próximo capítulo, sus extraordinarias vidas y hazañas -humanas, demasiado humanas- contribuyeron a la formación de una nueva concepción de la humanidad que resonaría a través de los tiempos.

CAPITULO 4
NUEVOS MUNDOS, UN MUNDO.

El descubrimiento, conquista, invención o encuentro de América, como el lector prefiera, y la consiguiente creación de una nueva e híbrida realidad hispano-americana tuvieron dos consecuencias transcendentales no sólo para la ampliación de la mente y el espíritu en un sentido clarkiano, sino también para la emergencia de una concepción modernamente occidental del hombre y del mundo. Me refiero a la aparición de un derecho internacional de alcance global gracias a la obra de los autores pertenecientes a la Escuela de Salamanca, en especial Francisco de Vitoria y Francisco Suárez, y a la formulación de los derechos humanos universales por el fraile dominico Bartolomé de Las Casas. A este último debemos la siguiente profesión de fe en la razón y en la unidad de la especie humana: "todos las gentes del mundo son humanas y sólo hay una definición aplicable a todos y cada uno de los seres humanos y es que son racionales....de este modo, todas las razas son una" [29]. Es una afirmación sorprendentemente audaz para su tiempo, sobre todo si tenemos en cuenta que fue proferida al inicio de la era de los imperialismos europeos. No deja de resultar fascinante que la misma nación, junto con Portugal, que estaba abriendo el mundo para asegurar la supremacía de Occidente estuviera al mismo tiempo sentando los fundamentos de la crítica anti-imperialista. Quienquiera que sostenga que

---

[29] De las Casas, Bartolomé, *A Short Account of the Destruction of the Indies* (editado por Nigel Griffin), pag.14.

aquella España era el bastión anti-moderno por excelencia se equivoca completamente[30]. Al contrario, en un sentido esencial fue la primera nación moderna, puesto que fue en España donde la autocrítica, es decir, la más auténtica seña de la modernidad, formó parte del debate oficial desde el mismo inicio de la empresa imperial y encontró acomodo en un cuerpo legal y en políticas activas sin precedentes en la historia comparada de los imperios hasta ese momento y, de hecho, sin imitaciones por parte de otras potencias imperiales hasta mucho después. Pero, incluso es un hecho tanto o más asombroso, y a menudo obviado en muchos estudios sobre aquellos tiempos y circunstancias, el que ningún otro estado europeo lanzado a la empresa colonial - ni la liberal Inglaterra, ni la ilustrada Francia, ni los tolerantes Países Bajos- produjeran al inicio de sus respectivas extroversiones hombres como aquellos españoles que se atrevieron a dudar de la legitimidad de la Conquista y a enfrentarse a los más poderosos monarcas sobre la Tierra utilizando el argumento de que, dejando al margen razones teológicas o de política de poder, hay una ley aplicable a todos los hombres porque todos compartimos una misma humanidad asentada sobre el uso de la razón. Fue un momento auténticamente copernicano, revolucionario, en el desarrollo de la conciencia de la humanidad y como tal merece ser reconocido. Sospecho que si en lugar de estar hablando de sacerdotes católicos y españoles los nombres antes mencionados hubieran pertenecido a ingleses anglicanos, o a holandeses calvinistas, o a alemanes luteranos, su fama y merecido lugar en la historia del pensamiento y de la civilización en su más alta acepción serían indisputables. Como eran quienes eran no ha de sorprender que su

---

[30] Ver, por ejemplo Toulmin Stephen, *Cosmopolis. The Hidden Agenda of Modernity*. Chicago: The University of Chicago Press, 1990. Más sobre Toulmin en el Capítulo 10.

contribución apenas sí sea reconocida y que todavía existan algunas mentes recalcitrantes que nieguen su aportación seminal en la creación del derecho internacional, en el nacimiento de una moderna concepción de los derechos humanos y, en resumidas cuentas, en la propia emergencia de la Modernidad[31].

Pero, como veremos, no es demasiado complicado mostrar cuán equivocados están. Para ello, hemos de visitar la Universidad de Salamanca en torno a 1520 y encontrarnos allí con un maduro profesor, el padre Francisco de Vitoria (46).

En nuestros días, la ciudad de Salamanca, y en particular su famosa Plaza Mayor, vibra con las voces y la energía de miles de jóvenes estudiantes extranjeros que a ella acuden para aprender o perfeccionar el español y para pasárselo bien, acorde con su edad. En la segunda mitad del siglo XVI era un lugar más tranquilo, esencialmente dedicado al estudio y la meditación. Con todo, no faltaban jóvenes ruidosos y amantes de meterse en líos como los personajes que pueblan las novelas picarescas en las escenas situadas en las villas universitarias como la propia Salamanca, Valladolid o Alcalá de Henares. Pero, para la elite intelectual española, los claustros salmantinos no eran lugar adecuado para el ocio o las travesuras. Proporcionaban, más bien, el ambiente adecuado para reflexionar sobre las noticias portentosas traídas por exploradores,

---

[31] En su clásica obra *A History of Political Theory*, probablemente el libro de texto más leído en la historia de la filosofía política, George Sabine ni siquiera menciona la Universidad de Salamanca y mucho menos los nombres de Vitoria o Las Casas. Hugo Grocio, por el contrario, amerita una entera sección como uno de los modernizadores, junto con Altusius, del iusnaturalismo y como el fundador del moderno derecho internacional. Ver Sabine, George, *A History of Political Theory*. London: Thomson Learning, 1980.

conquistadores, misioneros y funcionarios desde los lugares más lejanos, a medida que el poder español se expandía sin aparente límite (47).

46. Francisco de Vitoria. El jurista y académico estadounidense James Brown Scott, admirador de la Escuela Española de Derecho Internacional, posó para este retrato del sabio. El cuadro fue comisionado para adornar la sede recién construida del Departamento de Justicia en Washington D.C. en 1937.

47. La cuna de la modernidad. La sala de conferencias de la Universidad de Salamanca, donde el Viejo Mundo reflexionaba sobre los portentos del Nuevo.

La Universidad de Salamanca fue fundada en 1134 como Catedral y más tarde como Estudios Generales. Fue la primera institución educativa en Europa que recibió el título de Universidad, otorgado por Alfonso X el Sabio en 1254 y reconocido por el Papa Alejandro IV en 1255. Su lema, conocido de memoria por muchos españoles, es *quod natura non dat, Salmantica non praestat*, lo que la naturaleza no da, no lo presta Salamanca. Aunque ya había adquirido un merecido prestigio en la Edad Media, fue con la edad dorada de las exploraciones cuando alcanzó su pináculo al convertirse en sede de la Escuela homónima. Durante los siglos XVI e inicios del XVII, la Escuela de Salamanca fue identificada con una variedad de disciplinas- neoescolasticismo, derecho natural, ius gentium y economía moral, entre otras. Su principal característica fue el intento por reconciliar las enseñanzas de Santo Tomás de Aquino con las novedades introducidas por el humanismo renacentista, el descubrimiento del Nuevo Mundo y las divisiones religiosas en Europa. En suma, puede decirse que la Escuela de

Salamanca pretendió tender un puente entre los pensamientos medieval y moderno, convirtiéndose en una de las cunas de la Modernidad. A diferencia de los reformistas protestantes, sus miembros no pretendían romper con el molde de la Iglesia, aunque sí llevarlo a sus límites. Un ejercicio intelectual mucho más delicado que el seguido por quienes preconizaban la destrucción de la jerarquía eclesiástica.

Fue en este medio donde un padre dominico, educado en París, llegó para dedicarse a la enseñanza en 1524. Francisco de Vitoria nació en la ciudad de Vitoria en 1483 y muy joven tomó los hábitos dominicos, una orden conocida por la inclinación de sus miembros al cultivo del saber. Tras demostrar su talento, Vitoria fue enviado al colegio de la orden en París, San Jacobo. Fue en este colegio donde los jacobinos, de ahí el nombre, se reunían durante la Revolución francesa, siglos más tarde. El más famoso dominico había sido Santo Tomás, el hombre que en 1274, un año antes de su muerte, había levantado, sin llegar a terminar, el supremo edificio del saber cristiano medieval, la *Summa Theologica*. Concebida como un itinerario hacia la verdad última atravesando múltiples veredas, la *Summa* llegó a ser un compendio de fuentes cuidadosamente seleccionadas – patrísticas, judías, musulmanas- y filtradas por el tamiz de una exégesis casi literal del realismo aristotélico. Uno de sus principios, que llegó a ser asociado con el tomismo, era que determinados aspectos de la realidad, incluso de la divina, como la existencia de Dios, pueden ser aprehendidos por la razón, mientras que otros tan sólo lo pueden ser por la fe, como la doctrina de la Trinidad. Este intento por armonizar la filosofía y la teología no fue, por lo visto, suficiente para que Bertrand Russell incluyera mucho más tarde a Santo Tomás en su lista de grandes pensadores. Russell concluía que el recurso a la razón era un subterfugio, puesto que cada vez que Santo Tomás no era capaz de encontrar una respuesta racional a una pregunta, siempre podía permitirse apelar a la revelación divina. A diferencia de Sócrates, quien cuando seguía un camino no sabía a priori dónde le conduciría, el Doctor Angélico conocía su destino de antemano y no le importaba por tanto tomar un desvío provisional siempre y cuando al final pudiera regresar a la verdad de las Sagradas Escrituras[32]. Bien, aunque Russell no la tuviera en demasiada estima, sus contemporáneos sí incluyeron la obra de Santo Tomás, salvo durante algunas caídas en desgracia, entre los pilares del saber académico en las instituciones de enseñanza católicas. Tanto fue así que el tomismo terminó convirtiéndose en parte incuestionable de todo currículo sancionado por las autoridades universitarias, como era el caso en la Sorbona. Allí, en torno a 1500, las enseñanzas de Santo Tomás habían degenerado en meros sujetos de debate en disputas interminables. Así adquirió el escolasticismo su mala fama. Erasmo, quien se encontraba en París a finales del siglo XV, estaba tan apesadumbrado por tal estado de cosas que sin morderse la lengua concluía: "¿hay cerebros más imbéciles que los de estos teologastros?. Nada conozco más bárbaro que sus discursos, más rustico que sus entendederas, más espinoso que sus enseñanzas, más violento que sus discusiones"[33]. Su amigo, el humanista español Juan Luis Vives, quién estuvo en París en 1531, alcanzó una similar conclusión desesperanzada: "se disputa antes del almuerzo, antes de la cena, en público y en privado, en todo lugar y todo tiempo"[34]. No parece, por tanto, que Vitoria

---

[32] Russell, Bertrand, *History of Western Philosophy*, pags. 453-454.
[33] Brown Scott, *The Classics of International Law*, accesible en www.constitution.org.
[34] *Ibid.*

encontrara en la capital del Sena un ambiente proclive a saciar su sed de conocimiento. Por el contrario, sí encontró algunas almas afines con quienes conversar sobre la base de una simpatía compartida por las nuevas corrientes humanistas de pensamiento inspiradas por Erasmo y por Vives. De hecho, cuando era atacado por todas partes, Vives escribió a su amigo holandés contándole que en España existía una persona, Vitoria, que le reverenciaba y que estaba dispuesto a enfrentarse a quién fuera para defender su nombre. Parece, por tanto, que cuando Vitoria regresó a España a inicios de la década de 1520 ya estaba ganado para la causa del humanismo y la moderación. Con esa disposición, fue nombrado primero regente del Colegio dominico de San Gregorio en Valladolid, el lugar donde tendría lugar más tarde el célebre debate entre Las Casas y Sepúlveda, y, posteriormente, en 1526, obtuvo la Cátedra primada de Teología de la Universidad de Salamanca, donde permanecería hasta su fallecimiento en 1546. Su elección para la cátedra supuso un hito en la historia de la docta universidad. Dotado con un intelecto poderoso y las mejores cualidades de liderazgo administrativo consiguió evitar que Salamanca siguiera la senda de declive escolástico de la Sorbona. En lugar de confinarse al estudio de huecas fórmulas recibidas, Vitoria prefería aplicar su mente analítica a la resolución de problemas concretos. Como diría uno de sus discípulos, Vitoria hizo descender la Teología de los cielos al igual que Sócrates había anclado la filosofía a la tierra. Este es el método que siguió cuando se le propuso, por nada menos que el emperador Carlos V, la espinosa cuestión de la legitimidad de la conquista de América. No era la primera vez que el emperador acudía a la sabiduría del salmantino. En una notable ocasión le había preguntado su opinión acerca de las razones ofrecidas por Enrique VIII de Inglaterra para solicitar la nulidad de su matrimonio con Catalina de Aragón, lo que daría origen al cisma anglicano. Y en otra no menos llamativa, Vitoria había tenido que defender la opinión del padre Las Casas cuando éste planteó la duda ante el mismo emperador acerca de la validez de los bautismos de indios sin previa formación religiosa.

Vitoria estaba bien informado acerca de la situación en las Indias puesto que muchos de sus alumnos y hermanos de la congregación tenían, o estaban destinados a tener, una experiencia americana como misioneros. No ha de sorprender que en torno a 1539 dedicara dos de sus lecciones, conocidas como las *Relectiones theologicae*, al Nuevo Mundo. Es importante recordar que las *Relectiones* no fueron impresas en vida de Vitoria, sino que fueron redactadas por sus discípulos y publicadas póstumamente. La primera edición apareció en Lyon en 1557, seguida por una segunda en Salamanca, corregida y aumentada, en 1565, y una tercera en Ingolstadt en 1580. Hubo muchas más durante el siglo XVII, en Amberes, Venecia, Colonia, Salamanca y Madrid. En la edición de 1565, las *Relectiones* fueron tituladas *De Indis recenter inventis relectio prior* y *De Indis, sive de jure belli Hispanorum in barbaros, relectio posterior*. Ambas están destinadas a dilucidar la cuestión de los títulos esgrimidos por los españoles para dominar las Indias y tomadas en conjunto constituyen uno de los textos más fascinantes producidos en la encrucijada entre la teología, la filosofía, la jurisprudencia, la politología y la moral al tiempo que tenía lugar uno de esos raros momentos realmente decisivos en la historia de la humanidad, el descubrimiento, conquista y transformación de América por el Viejo

Mundo y la creación de un Nuevo Mundo donde vinieron a confluir las sendas que conducirían a la globalización tal y como la conocemos.

El interés del padre Vitoria en el derecho aplicable a las relaciones entre las naciones derivaba no sólo del signo de los tiempos que le tocó vivir, sino que estaba enraizado en una tradición hispánica que databa, al menos, desde tiempos de San Isidoro y sus *Etimologías*. Siguiendo a los clásicos romanos, como Ulpiano, el enciclopedista solitario dejó para la posteridad su definición del ius gentium, definido el capítulo V de su magna obra como "la medida, construcción y fortificación de asentamientos, guerras, cautivos, servidumbres, fronteras, tratados, paces, treguas, la obligación de no violar las embajadas, la prohibición de matrimoniar con extranjeros. Y es llamado ius gentium porque casi todas las naciones lo observan"[35]. Esta definición nos puede sonar a una mera enumeración de temas más que responder a un criterio científico, pero si la leemos atentamente vemos que contiene una acepción muy moderna de una de las fuentes de legitimidad del derecho internacional, que no es otra que su observancia por casi todas las naciones y no un supuesto orden divino o natural. Esta visión pragmática del derecho se encuentra en muchos otros autores de la tradición hispánica, desde Alfonso X, pasando por Alfonso Tostado, el Obispo de Ávila, Gonzalo de Villadiego, auditor para los asuntos de España en el Tribunal de la Rota en Roma, o Francisco Arias Valderas, autor del *Libellus de belli iustitia injustitiave,* un precursor de la Escuela de Salamanca y del mismo Vitoria.

Cuando Vitoria pronunció sus *Relectiones,* ya se había dado en España un vivo debate acerca de la naturaleza de los indios, de si era

---

[35] Brehaut, Ernest, Ibid, pag. 168.

legítimo o no librar una guerra justa contra ellos y acerca de si estaba permitido esclavizarlos. El debate se inició al poco de tenerse noticia en la metrópoli sobre los descubrimientos colombinos. Ya hemos examinado el estado de la mentalidad en España y en Europa al inicio de la era de las grandes exploraciones. Nos detendremos ahora en las consecuencias de los descubrimientos de nuevas gentes y tierras sobre esa misma mentalidad y sobre el surgimiento de una visión global de la humanidad.

La noción de que la humanidad es una y de que sus miembros forman parte de una comunidad política por encima de sus identidades nacionales, dinásticas o imperiales fue avanzada en Europa al inicio de la Edad Moderna no en la anglicana Oxford o en la calvinista Ginebra, sino en España por miembros de la Iglesia y de la Universidad al tener que confrontar simultáneamente el encuentro con un Nuevo Mundo y la fragmentación del Viejo debido a los cismas religiosos provocados por el movimiento protestante. Como miembros de una Iglesia católica, es decir, universal, y sujetos de un Imperio que también se pretendía universal, aquellos españoles tuvieron que adaptar sus ideas recibidas y sus prejuicios teológicos, filosóficos y políticos a las impactantes noticias procedentes de los lugares más remotos del mundo portadas por sus aventureros compatriotas y por sus vecinos portugueses, unas nuevas fascinantes y perturbadoras que resonaban en las pacíficas celdas monacales y en las aulas universitarias de las tierras ibéricas.

Cuando se plantea la pregunta acerca del origen de las diferencias entre el modelo español, o católico, si se quiere, de colonización y el inglés o protestante, la mayoría de las veces, el debate consiguiente pierde de vista lo esencial. Ambos fueron distintos porque aunque se proponían, y sobre ello no caben dudas, la explotación de los recursos humanos y materiales de las tierras apropiadas, España lo hizo al tiempo que ponía en marcha un gigantesco esfuerzo por incorporar los nuevos dominios a un orden social y político basado en la asunción de que los nativos eran seres humanos racionales a los que había que incluir en el orden espiritual y secular defendido por la Monarquía Hispánica. Por el contrario, el modelo inglés se fundaba en el precepto protestante de que existe una radical separación entre los elegidos por Dios y el resto, incluyendo a los indios. A diferencia de lo sostenido por la narrativa nord-atlántica, el proyecto hispánico era en realidad el que respondía a criterios modernos, puesto que se predicaba sobre la base de la radical igualdad de la naturaleza humana, mientras que el protestante se basaba sobre la concepción teocéntrica encarnada en el establecimiento de una jerarquía de individuos clasificada según su mayor o menor proximidad a la Gracia divina, siendo los indígenas excluidos, en un sentido muy clarkiano, de los predios de la civilización.

Por supuesto, había españoles y católicos que pensaban que los indios eran seres irracionales e ingleses y protestantes que defendían su racionalidad, pero sus opiniones no eran lo suficientemente fuertes como para modificar el discurso oficial y las políticas prevalecientes en las respectivas empresas imperiales.

Había también otra diferencia de naturaleza más general en el modo en que las Américas hispana y anglosajona fueron concebidas. Para la compuesta Monarquía Hispánica, que se encontraba en la intersección entre las visiones universales de la Iglesia y del Imperio, la expansión europea estaba justificada en la medida en que los pueblos de los nuevos mundos eran incorporados a una comunidad política de alcance, al menos en teoría, global. Por el contrario, para las potencias protestantes, su expansionismo estaba anclado en la irreductibilidad del naciente Estado-nación como principal, si no único, locus de la soberanía política. No ha de extrañar que, desde el inicio, España pusiera en marcha políticas de asimilación - basadas, es cierto, en la desigualdad típica de la época-mientras que las potencias protestantes hacían lo contrario: sus políticas coloniales estaban orientadas hacia la exclusión del elemento indígena, considerado inasimilable y reducido por tanto tan sólo a la explotación, a la expulsión o al exterminio. Para muchos, esta distinción les parecerá irrelevante desde el punto de vista de las víctimas del imperialismo europeo, pero lo cierto es que sí tuvo efectos decisivos. En Estados Unidos, los nativos americanos, bien puros o mezclados, representaban apenas un 1,7% de la población según el censo de 2010 y tan sólo un 0,7% de media en las originales Trece Colonias. En Australia, los aborígenes eran un 2,5% según el censo de 2006 y en Canadá las primeras naciones, como son allí denominadas, apenas llegan al 4%. En contraste, en países como Ecuador, Perú, México o Paraguay, los pueblos indígenas y los mestizos alcanzan la mayoría absoluta. La diferencia, como vemos, no es banal. Por mucho que uno lo intente, apenas verá un amerindio en las calles de Manhattan, Boston o Filadelfia y pensar que un indio algonquino pueda alcanzar la Casa Blanca ni siquiera se le ocurre al más imaginativo periodista del New York Times o del Wall Street Journal. Bien, no olvidemos que el primer amerindio que ocupó la presidencia de una república americana fue el indio zapoteco Benito Juárez en México, ya en 1858.

El curso seguido por España fue, sin duda, mucho más exigente y costoso que el seguido por otras potencias imperiales y requirió desde el principio un grado de reflexión y autocrítica sin parangón hasta entonces. Cuando en 1634 los colonos ingleses y holandeses provocaron las denominadas Guerras Pequot contra los indígenas que habitaban el actual estado de Connecticut, el líder de la milicia de Hartford, John Mason, ordenó a sus tropas rodear un enclave en las orillas del río Mystic donde habían encontrado refugio cientos de mujeres, niños y ancianos nativos y prenderle fuego de forma que todos perecieron. Mason más tarde relató orgulloso que su Dios protestante había reído a carcajadas ante la vista de los cuerpos carbonizados en el río. Como recompensa, fue nombrado gobernador adjunto de la colonia. Cuando la guerra terminó tan sólo sobrevivieron doscientos indios pequot, que fueron vendidos a tribus rivales o a los plantadores del Caribe inglés. Las tierras de los pequot fueron repartidas entre los colonos y hasta el mismo nombre de la tribu fue proscrito. Pues bien, no hubo ningún padre Las Casas protestante que defendiera a los indios pequot, ni ningún debate propiciado por la Corona inglesa para elucidar las responsabilidades de la masacre. Tampoco hubo ningún atisbo de indignación en Londres o en los centros protestantes donde se cultivaba con denuedo la demonización de Cortés o Pizarro y otros conquistadores cuando en 1646 el líder rebelde de la confederación amerindia Powhatan, Opchanacanough, fue capturado y disparado por la espalda mientras estaba bajo custodia por las autoridades coloniales inglesas. El mismo silencio había prevalecido en 1623 cuando cientos de indios fueron envenenados con una poción compuesta por el Doctor John Pott, más tarde nombrado gobernador de Virginia, durante un banquete para celebrar unas negociaciones pacíficas con los ingleses. En lugar de denunciar tales hechos, las autoridades coloniales impusieron condiciones leoninas a los Powhatan, confinando a los supervivientes a las reservas de Mattaponi y Pamunkey, todavía existentes y funcionando, por increíble que parezca, en nuestros días.

En contraste con la acendrada tendencia inglesa o, como veremos, holandesa a ignorar o silenciar los episodios ignominiosos de su experiencia colonial y a dar por sentada la legitimidad de su expansión, la empresa imperial española se caracterizó por una constante duda que condujo a una reevaluación crucial de la naturaleza humana en el emergente orden mundial. Los españoles cometieron crueldades, pero también es cierto que tanto la Monarquía como la Iglesia realizaron esfuerzos sin precedentes para corregir y evitar los males, sin duda más allá de lo normal en aquellos tiempos. Así lo demuestra la cadena de acontecimientos que lleva del sermón de Navidad del padre Montesinos en la isla de La Española, a través de la figura controvertida del padre Las Casas y culmina con el Debate de Valladolid y las Leyes de Indias. A lo largo del camino, la obra de Vitoria y otros autores de la Escuela de Salamanca propició la aparición del concepto de *totus orbis qui aliquo modo est una republica*: el entero mundo concebido como una república, como una única comunidad moral y política inspirada en los principios y la escatología cristianas y asentada en la razón y en la ley natural.

Los orígenes de la *Duda Indiana*, como se conocen los problemas de conciencia derivados de la conquista de América, son usualmente atribuidos a la imponente figura de Bartolomé de Las Casas. Es una idea errónea. Es cierto que sus feroces sermones y su voz profética, que poco se atenía a la certeza empírica, contribuyeron de forma esencial a que sus compatriotas repararan en el lado oscuro de la conquista. También lo es que sus exageraciones ofrecieron en bandeja a los enemigos de España la ocasión de alimentar *ad nauseam* la Leyenda Negra. Pero lo realmente relevante es que Las Casas distó de ser el primer español en levantar su voz en defensa de los amerindios y, ciertamente, tampoco fue el último. Lo que hizo fue elevar el tono del debate dándole una resonancia universal. Las primeras señales de alarma fueron encendidas por la propia reina Isabel la Católica, y el primer destinatario de su ira no fue otro que Cristóbal Colón. Cuando el Almirante retornó a España con las noticias del descubrimiento, es sabido que apenas pudo mostrar resultados tangibles de las riquezas tan ansiadas por sus promotores. Se le ocurrió entonces que los propios indios podían ser objeto de lucro si se les vendía como esclavos siguiendo, después de todo, una práctica bien establecida en el Viejo Mundo y, en particular, en el Mediterráneo. Uno de los primeros beneficiarios del celo empresarial de Colón fue precisamente el padre de Las Casas. Pedro de Las Casas era un comerciante que viajó con Colón en su segunda travesía del Atlántico, en 1493. Retornó de Santo Domingo a España en 1498 con un regalo para su hijo: un joven esclavo llamado Juanico. De hecho, el propio Almirante había comenzado a enviar a la metrópoli un buen número de esclavos como parte de un lucrativo negocio transatlántico. Pero el gran navegante cometió un grave error. La reina no había sido consultada al respecto y sus escrúpulos religiosos la movieron a ordenar de inmediato la liberación y retorno de los esclavos a su tierra nativa. Quienes desobedecieran sus órdenes corrían el riesgo de ser castigados con la pena capital. Recordemos, como contrapunto, que la reina Isabel I de Inglaterra lejos de castigar el negocio del tráfico de esclavos de su protegido John Hawkins le forzó a aceptarla como socia y partícipe en sus beneficios.

No hay duda de que Colón tuvo menos suerte que Hawkins. Nunca se recuperó de su paso en falso. En una ocasión incluso fue forzado a retornar a España en grilletes tras ser acusado por los colonos de ejercer sus prerrogativas con modales tiránicos. Aunque fue liberado y compensado por los Reyes Católicos y pudo retornar a América, fue desprovisto de sus privilegios. Como nuevo gobernador de las nuevas tierras, los reyes nombraron a Nicolás de Ovando, quien partió a Santo Domingo en 1502 con el encargo de suprimir las revueltas indígenas y comenzar la explotación económica de las islas. Pedro de Las Casas y su hijo Bartolomé le acompañaron en el viaje, junto con numerosos colonos procedentes de casi todos los estamentos sociales.

Como gustaba de recordar en edad más provecta, para el joven y ambicioso hijo del mercader la llegada a América fue como el descubrimiento del paraíso. Pero no lo era. Los siete años de gobernación de Ovando fueron, a pesar de la moderación de las instrucciones reales, una sucesión de confrontaciones brutales entre los recién llegados y los nativos.

Tras los primeros encuentros amistosos, las sospechas y las escaramuzas comenzaron a proliferar conforme los españoles demostraban a las claras su voluntad de permanencia y dominio. La Navidad, una fortificación mandada construir por Colón durante su primer viaje, fue destruida por los nativos y la mayoría de sus habitantes desaparecieron. La venganza se produjo de inmediato y pronto un círculo vicioso de violencia envolvió la isla. A pesar de ello, numerosos españoles continuaron llegando en búsqueda de fortuna en la minería, la ganadería, la agricultura o, como era el caso de Las Casas, con el comercio. Era un flujo incesante que arrastraba en su seno una miríada de destinos. En su turbulencia, el joven Las Casas terminaría encontrando el sentido de su vida. No le fue fácil convertirse de un explotador más en un apóstol de los explotados. Por el camino fue adoptando la pose del profeta bíblico trasplantado desde las ardientes arenas del Sinaí a las exuberantes selvas tropicales. Como tantos otros profetas y visionarios, su llamada adoptó la forma de una conversión desde una vida entregada al logro de la fortuna a otra dedicada a las exigencias del espíritu. No estuvo sólo en el empeño. En septiembre de 1510, tres dominicos desembarcaron en la isla y comenzaron a verter sermones acusadores contra los pecados de sus compatriotas. Su vehemencia llevó a Las Casas a tomar las órdenes sagradas. Los dominicos, junto con los franciscanos, estaban en la vanguardia de los movimientos reformistas desde el interior de la Iglesia que habían comenzado antes de que Lutero siquiera imaginara clavar sus tesis en la puerta de la catedral de Wittenburg. Ambas órdenes consideraban que la reforma católica debía alcanzar también las tierras del Nuevo Mundo, de forma que América se convirtiera en una Nueva Jerusalén. Para conseguirlo, primero era necesario convencer a los colonos allí asentados, antes de que muchos de ellos echaran a perder sus almas, manchadas por su trato a los indígenas. Fue así que en la víspera de la Navidad de 1511, uno de esos frailes, Antonio de Montesinos, se refirió a los indios con simples, pero inmortales palabras: "¿no son acaso hombres?, ¿acaso no tienen almas racionales?"[36] (48).

48. Estatua de Antonio de Montesinos en Santo Domingo proclamando los derechos humanos universales en América mucho antes que Jefferson.

El efecto de las palabras del padre Montesinos, aunque no inmediato, tuvo un largo alcance. Al principio, provocó la cólera de los asistentes al sermón. El propio Las Casas, durante un tiempo, siguió una doble vida: por una parte, criticando duramente la explotación de los indios; pero, por otra, aprovechándose del sistema de las encomiendas. Fue más tarde, mientras participaba en una expedición de castigo en la isla de Cuba, cuando decidió abandonar toda ambigüedad y lanzarse sin ambages a la defensa de los indios. Había encontrado su destino y ningún obstáculo se habría de interponer en la defensa de su pueblo elegido. Si los colonos españoles en el Caribe no le escuchaban, llevaría su crítica hasta la misma metrópoli y hasta los mismos oídos del rey. Con esta idea en su cabeza, regresó a España en septiembre de 1515, en una de las múltiples

---

[36] Citado en Clayton, Lawrence A., *Bartolomé de las Casas and the Conquest of the Americas*, pag.42.

travesías del Atlántico que realizaría durante el resto de su vida. Tras llegar a Sevilla, movilizó a sus contactos y consiguió una audiencia con el rey Fernando, viudo desde el fallecimiento de la reina Isabel en 1504. El Rey Católico también estaba próximo al fin de sus días, pues habría de fallecer en 1516, pero tomó interés en las palabras del fraile. El terreno estaba abonado, pues el propio monarca había convocado en 1512 una junta de juristas y teólogos para debatir la espinosa cuestión de los Justos Títulos de la conquista. La Junta de 1512 dio origen a las Leyes de Burgos, el primer cuerpo legal adoptado por la Monarquía para regular el comportamiento de los españoles con respecto de los indios. Aunque más tarde fueron criticadas por su ineficacia, las Leyes de Burgos pasaron a constituir el referente legal y moral por el que la propia empresa imperial se prestaba a ser juzgada. Como tal, y situadas en el contexto en el que fueron promulgadas, aquellas leyes y sus sucesivas enmiendas impresionan por su humanidad. Nunca antes, y tampoco por parte de otras potencias imperiales contemporáneas, habían unos vencedores limitado el alcance de sus actos por su propia voluntad, de forma que, por ejemplo, se comprometían a liberar a los vencidos tras dos años de servicio remunerado, o prohibían el trabajo como adultos de los indios menores de catorce años, una medida que siglos más tarde habría sorprendido al mismo Dickens. ¿Se habían comportado así los romanos cuando conquistaron Iberia?, ¿hicieron lo propio los ejércitos musulmanes al derribar el reino visigodo?, ¿adoptaron leyes semejantes los ingleses o los holandeses al crear sus respectivas colonias? Dejo que el lector encuentre las respuestas por sí mismo.

Así pues, Las Casas, aunque gustaba presentarse en su vanidad como un solitario predicador en el desierto, encontró en España un ambiente ya predispuesto a acoger sus demandas sin condenarle al equivalente a la Torre de Londres. Cabe preguntarse qué le habría ocurrido a un sacerdote anglicano o a un consejero del Privy Council si se le hubiera ocurrido criticar la empresa colonial de Isabel I de Inglaterra. Recordemos simplemente la suerte que le cupo a Tomás Moro por oponerse al divorcio de Enrique VIII.

Las Casas tuvo más suerte. El regente tras la muerte del rey Fernando, el Cardenal Cisneros, no le condenó, sino que le nombró miembro de la comisión que en 1516 se creó para examinar el cumplimiento de las Leyes de Burgos. El resultado de la investigación fue un extraordinario documento, sin parangón, de nuevo, en la temprana historia colonial comparada: el denominado *Remedio para las Indias*, en gran parte redactado por el propio padre dominico y en el que se comenzaba afirmando que los indios eran seres humanos libres y que la evangelización había de realizarse mediante medios pacíficos. Sin embargo, aunque más tarde se arrepintió de ello, Las Casas cometió la contradicción de proponer que para evitar depender del trabajo forzado de los amerindios, era legítimo emplear mano de obra esclava de África.

Lejos de rechazar las medidas radicales propuestas por el dominico, el Cardenal Cisneros le nombró Protector de los Indios y le envío de regreso a América para poner en marcha su proyecto de reforma. No ha de sorprender que los colonos allí establecidos no le recibieran precisamente con los brazos abiertos. Tras soportar recriminaciones y amenazas, ante las que no se amedrentaba, Las Casas regresó a la península para conseguir apoyo del nuevo rey y futuro emperador, Carlos V. Tal era su poder de convicción y el peso de sus contactos, que en 1519 el recién coronado emperador convocó una nueva junta sobre la situación en las Indias. Como en anteriores ocasiones, Las Casas ganó la partida y las simpatías del nuevo monarca. Su retorno a América, sin embargo, coincidió con el inicio del ciclo principal de la conquista, que culminaría con el derrumbe de los imperios azteca e inca a manos de Cortés y Pizarro. La increíble gesta de los conquistadores significaba que el Imperio estaba ahora en posesión de riquezas inimaginables apenas unos años antes y, por tanto, que era más apetitoso que nunca ante la codicia de sus numerosos enemigos. El incentivo para ponerle un rostro más humano a la empresa imperial era, cuanto menos, limitado. Pero ello no detuvo a Las Casas ni a sus aliados en la corte. Es muestra de la integridad del emperador que en la década de 1540, empeñado como estaba en una miríada de campañas a lo largo y ancho de sus enormes territorios, tuvo la paciencia y el coraje moral de escuchar las invectivas de quienes más criticaban, desde su propio entorno, el fundamento de su poder. Y los más insistentes entre ellos no eran cabezas calientes como Las Casas, sino sobrias mentes como las del padre Vitoria, quien acababa de dictar sus lecciones sobre los títulos, justos o injustos, de la conquista de las Indias y sobre la legitimidad, o ausencia de ella, tanto del Imperio como de la Iglesia a la hora de pretender dictar la suerte de sus habitantes.

En esencia, lo que el padre Vitoria venía a decir, como quien no quiere la cosa, es que los siete títulos usualmente mencionados como justos por los abogados del emperador y del Papa eran en realidad ilegítimos. Tan sorprendente conclusión se seguía, en la precisa lógica jurídica de

Vitoria, a través de una cadena de aserciones no menos extraordinaria, según la cual ambos carecían de soberanía secular y espiritual sobre la totalidad del mundo, y mucho menos sobre el Nuevo Mundo, ya que éste estaba habitado por seres racionales que eran verdaderos propietarios en derecho público y privado de sus tierras y posesiones personales. Ni el emperador podía pretender ser soberano sobre toda la Tierra, ni el Papa poseía el poder temporal para encomendar a cualquier príncipe secular el derecho de conquistar y administrar territorios foráneos, incluso bajo la excusa de la evangelización.

Para entender la enormidad de las afirmaciones de Vitoria hemos de recordar que fueron varias bulas papales otorgadas por Alejandro VI en 1493 las que constituían el principal título esgrimido por los monarcas españoles para extender su dominio sobre las Indias. Pero, además, el maestro salmantino no se detenía ahí. También negaba que los españoles, o cualquier otra nación, tuvieran algún título sobre América o cualquier otra tierra habitada sobre la base del derecho de descubrimiento, la negativa de los indígenas a aceptar el Evangelio o la sumisión voluntaria de sus soberanos a una potencia extranjera sin el consentimiento de sus súbditos. Toda una salva mortal de argumentos jurídicos dirigida contra la empresa imperial.

¿Cuáles eran entonces, si los había, los justos títulos que podían ser invocados por los españoles para justificar su ocupación del Nuevo Mundo? En este punto, es necesario realizar una precisión. Vitoria, poseedor de una mente jurídica de primer orden, era el primero en reconocer que si sus argumentos tanto a favor como en contra de la conquista española merecían ser reconocidos, debían ser no sólo aplicables a un caso concreto, sino que sus premisas y conclusiones habrían de tener un alcance universal. Por ello, cada título examinado debía ser analizado minuciosamente no sólo a la luz de la empresa imperial española, sino desde la perspectiva de empresas similares acometidas, digamos, por los franceses, o los musulmanes o los mismos amerindios, pues todos ellos formaban parte de una "sociedad natural". Así que cuando mantenía que en el Nuevo Mundo, "los españoles tenían derecho a viajar por sus tierras y pernoctar allí, siempre y cuando no hicieran daño a los nativos", inmediatamente añadía que "es considerado inhumano por todas las naciones tratar vilmente a los visitantes, salvo por causa justificada" [37]. Una y otra vez, Vitoria emplea la misma técnica de referir un caso particular a un principio general aplicable a todas las naciones o todos los pueblos. Para él, la determinación de lo justo e injusto en la relación entre las naciones no era un asunto de componendas temporales o de transitorias relaciones de poder entre un número limitado de soberanos. Tenía que estar fundada en un orden legal universal y estable basado en el derecho natural o, al menos, "en el consenso de la mayor parte del entero mundo, en relación con el bien común de la totalidad". En su lección sobre *De Potestate Civili*, es decir, sobre el poder civil del Estado, hizo su argumentación todavía más explícita en lo que constituye una de las más potentes exposiciones de la unicidad del mundo y la efectividad universal del derecho internacional al afirmar que "el derecho internacional tiene no sólo la fuerza de un pacto o acuerdo entre hombres, sino la fuerza de la ley, puesto que el mundo en su totalidad, siendo, en cierto modo, un único Estado, tiene el poder de crear leyes que sean justas y ajustadas para todas

---

[37] Citado en Brown Scott, James, *The Catholic Conception of International Law*, pags. 21-27.

175

las personas, como lo son las normas del derechos internacional (...) En los asuntos más graves (...) no está permitido para un país considerarse exento del derecho internacional, puesto que éste ha sido establecido por la autoridad del entero orbe". Adviértase que en la frase anterior no hay una simple referencia a la religión o al imperio como fuentes de derecho, sino al orbe constituido en un Estado, en el sentido de república o comunidad de todos los hombres[38].

Para Vitoria, entre los derechos y obligaciones reconocidos en ese orden universal, se contaban los derechos a viajar, establecerse y comerciar en tierras extrañas -tres de los pilares de nuestra contemporánea concepción de la globalización, por cierto- y eran precisamente esos derechos, junto con el de predicar el Evangelio, proteger a los conversos y el derecho a deponer un gobernante tiránico, los que podían ser invocados por los españoles como justos títulos para librar una guerra en el Nuevo Mundo, pero sólo siempre y cuando los nativos les impidieran su ejercicio. Entre esos títulos, el derecho a deponer a un gobernante que cometiera crímenes contra su propio pueblo nos suena particularmente familiar y, de hecho, puede ser considerado como una prefiguración de las denominadas intervenciones humanitarias, a veces invocadas por la comunidad internacional, como fue el caso durante las guerras yugoslavas de fines del siglo pasado.

Las conferencias de Vitoria y las admoniciones de Las Casas fueron las expresiones más llamativas de la crítica realizada por los españoles contra la propia empresa imperial librada en las Indias. En ese contexto, el Emperador convocó una nueva junta en Valladolid, en 1542, para

---

[38] Citado en Brown Scott, James, *Ibíd.*, p.59.

176

reconsiderar la validez de las Leyes de Burgos. El resultado de la nueva junta fueron las denominadas Leyes Nuevas, sancionadas por Carlos V en Barcelona en noviembre de ese mismo año. Las Leyes Nuevas fueron un enorme paso adelante para la humanidad. En ellas se reconocía la dignidad de los amerindios, se prohibía su esclavitud, se terminaba con el sistema de encomiendas y se proscribía cualquier nueva guerra de conquista. Por vez primera un Imperio, el más poderoso conocido hasta entonces, auto-limitaba legalmente su expansión. No lo hizo por presión externa o por falta de recursos, sino por consideración a la digna humanidad de los vencidos. No ha de extrañar que, de nuevo, muchos conquistadores y colonos se resistieran a su aplicación y, en el caso de Perú, optaran por una rebelión abierta. Las Casas, considerado el inspirador de la legislación fue declarada persona non grata en muchas partes de las Indias por los encomenderos y sus acólitos. Lejos de amilanarse, el emperador nombró en marzo de 1544 al incansable dominico obispo de Chiapas, en el sur de México. Durante los siguientes años una guerra de desgaste se produjo entre el misionero y los colonos. En 1547, de vuelta en España, Las Casas consiguió su mayor triunfo. El emperador accedió a que en 1550, en Valladolid, los mejores teólogos y juristas se reunieran convocados por el Consejo de Indias. En el Debate de Valladolid, como ha pasado a la historia, se trataba de dilucidar, de una vez por todas, la naturaleza de los amerindios y los derechos de los españoles para conquistar y preservar su dominio sobre América. Lo que estaba en juego era tan fundamental que ambas partes del debate, a favor y en contra de los derechos naturales de los nativos, reclutaron a los mejores contendientes, retóricamente, de la época. A favor de los encomenderos estaba el temido Juan Ginés de Sepúlveda, una de las más aceradas mentes, y lenguas, de su generación, consejero de papas y príncipes, traductor de Aristóteles y editor de una versión griega del Nuevo Testamento. Lejos de ser el reaccionario descrito en algunas caricaturas del Debate de Valladolid, Sepúlveda era un típico humanista de su tiempo, dedicado al estudio de la Biblia y de los clásicos y buen conocedor de la obra de Erasmo, con quien mantenía un esporádico intercambio epistolar en el que el holandés no dudaba en alabar su erudición. La justificación que Sepúlveda realizaba de la esclavitud, basada en la distinción aristotélica entre civilizados y bárbaros, era ampliamente compartida en la Europa de la época, al igual que su defensa de los justos títulos invocados por las potencias imperiales para legitimar sus empresas ultramarinas. De hecho, el sistema de Mandatos instaurado por los aliados a través de la Sociedad de Naciones tras la Primera Guerra Mundial, todavía se fundaba en derivaciones de aquellos justos títulos, como era el supuesto derecho de las naciones más avanzadas a administrar colonias hasta que sus habitantes adquirieran el suficiente grado de civilización, se supone que occidental, como para ocuparse de sus propios asuntos

El lado opuesto en el Debate de Valladolid, representado por Las Casas y apuntalado por los autores de la Escuela de Salamanca, defendía la humanidad y racionalidad de los amerindios y su pertenencia a una comunidad global fundada en el derecho internacional, aplicable tanto a americanos como a europeos. Ahora bien, Las Casas y Vitoria diferían en la medida en que el primero se mantenía en un mundo medieval que aceptaba la incorporación de los indígenas en la Monarquía Hispánica sólo como instrumento para su evangelización, mientras que el salmantino se había adentrado en argumentaciones más modernas fundadas en el derecho natural y positivo, así como, con cierto oportunismo, en la aceptación de los equilibrios reales de poder, puesto que se puede decir que su apelación al derecho de comunicación y de comercio no dejaban de ser excusas ex post facto al hecho consumado de la conquista. Puede ser útil para mejor captar la diferencia entre ambos personajes el pensar en Vitoria como un Descartes precoz, con su duda metódica empleada como instrumento de demolición del orden jurídico pre-moderno antes de aplicarse a levantar un nuevo edificio sobre el ejercicio de la razón. Por el contrario, Las Casas se parecería más a un Rousseau *avant la lettre*, con quien compartía una sensibilidad exaltada, la idealización del hombre natural y la creencia en que la civilización es una potencia destructora más que creadora o sustentadora. Irónicamente, una importante diferencia vital entre ambos es que mientras Las Casas, aunque alguna vez fue interrogado por la Inquisición, consiguió concitar la tolerancia del poder imperial y hasta del eclesiástico, Rousseau, quien vivió en una era supuestamente más liberal, tuvo que pasarse parte de su vida errando de un lugar a otro debido a la persecución de sus autoridades.

Algunos escépticos suelen decir que el Debate de Valladolid fue un brindis al sol y que ningún efecto práctico tuvo sobre la suerte de los amerindios. Aunque es cierto que el Debate no terminó con la proclamación de vencedores ni vencidos, la relevancia del mismo estriba en que no fue un acontecimiento aislado, sino que constituyó un hito altamente simbólico en el largo proceso que conduce al reconocimiento, todavía inacabado, de la justicia universal y de los derechos humanos universales (49).

49. Fachada del convento de San Gregorio en Valladolid, espectacular muestra del gótico tardío en su versión hispano-flamenca en los inicios de la Era de las Grandes Exploraciones. Su construcción data de 1496.

A quienes, a pesar de toda la evidencia en contrario, todavía niegan el lugar seminal de la Escuela de Salamanca en la emergencia de la modernidad con la excusa de que su concepción de una comunidad global fundada en la razón y en la ley natural era en última instancia servidora de los objetivos de la Iglesia y del Imperio, cabe replicar de una forma muy nítida. Si seguimos la misma lógica, ¿acaso no era Hugo Grocio, el fundador del derecho internacional moderno en la versión nord- atlántica, un servidor del imperialismo holandés, puesto que estaba a sueldo de la Compañía Holandesa de las Indias Orientales, la famosa e infame VOC? (50).

50. El Pabellón de los Esclavos de la VOC en Ciudad del Cabo, África del Sur. Construido en 1679 para albergar a los esclavos procedentes de Indonesia y del resto de África que trabajaban para la compañía holandesa.

Quienes defienden el papel primordial de Grocio en detrimento de Vitoria y sus compatriotas, usualmente arguyen que el holandés estaba libre de servidumbre hacia Dios o hacia el Estado a la hora de sentar los pilares del moderno derecho internacional. Nada está más lejos de la realidad. La obra de Grocio estaba de hecho al servicio de la República protestante holandesa al tiempo que se afanaba por crear su propio imperio en competencia con sus enemigos católicos. Cuando se trataba de aniquilar a las potencias ibéricas, todo estaba permitido. Las altivas referencias de Grocio en sus obras *De Jure Praedae* (1604-1608) y *De Jure Belli ac Pacis* (1625) a un orden internacional desprovisto de toda referencia religiosa no debe llamarnos a engaño. *De Jure Praedae* fue una obra encargada por la VOC para defender la continuación de la guerra contra España y Portugal, unidas bajo un mismo monarca desde 1580, incluso en época de tregua, bajo la excusa de que contra esas dos naciones, declaradas fuera de los límites de la civilización, estaba justificado librar combate en todo tiempo y lugar. Pese a su aparente neutralidad, el razonamiento de Grocio estaba cerca del pensamiento de Sepúlveda. Mientras éste recurría a Aristóteles para justificar el dominio sobre los bárbaros, el holandés hablaba en los términos más modernos de la libertad y del libre mercado para justificar la guerra total contra sus oponentes católicos. Pero el golpe fatal a la credibilidad de Grocio es que, a diferencia de sus enemigos españoles, él nunca levantó un dedo, al igual que la mayoría de sus compatriotas, para protestar contra las atrocidades cometidas por la República holandesa en sus propias colonias. Cuando, por ejemplo, en 1621 el gobernador de la VOC, Jan Pieterszoon Coen, forzó el monopolio de la compañía sobre el archipiélago de Banda exterminando a la mayor parte de su población, fue recibido como héroe en su tierra natal, donde todavía hay estatuas erigidas para celebrar sus hazañas, como la existente en la ciudad de Hoorn (51).

51. Estatua de Jan Pieterszoon Coen.

La república holandesa aparece prominentemente en la obra de Lord Clark, donde casi un entero capítulo -La luz de la experiencia- está a ella dedicado, pues allí avanzó "la revolución que reemplazó la autoridad divina por la experiencia, la experimentación y la observación". Hasta donde se me alcanza, fue gracias a la experiencia, la experimentación y la observación que los pioneros españoles y portugueses inauguraron la era de las grandes exploraciones. Pero, probablemente, para quienes comparten el modo de pensar de Lord Clark, los ibéricos llegaron a la India, se encontraron con América y circunnavegaron el globo siguiendo la estrella de Belén, poniendo velas a los santos o empleando fórmulas mágicas. Sea como fuere, Lord Clark tenía razón al traer a nuestra atención Holanda como paradigma, como él decía, de una democracia burguesa -en realidad, una república oligárquica- en contraste con el absolutismo de Italia o España. El capítulo mencionado, por cierto, es uno de los escasos donde hay una referencia a España en toda la obra, siempre en términos negativos. Por ejemplo, cuando reconoce que "la mejor pintura basada en el hecho de la visión no fue realizada en la atmósfera científica de Holanda, sino en la supersticiosa y convencional corte de Felipe IV de España: las Meninas". De nuevo la Leyenda Negra en su formulación más aburridamente convencional.

En contraste con la supuesta falta de correspondencia entre el arte y las condiciones sociales de España, Lord Clark atribuía el auge de los retratos de grupo en Holanda al sentido de responsabilidad social corporativa propia del capitalismo burgués. En su razonamiento, esa responsabilidad colectiva era posible porque los holandeses disponían de ocio, sustentado a su vez en la riqueza almacenada en sus bancos. Ahora bien, Lord Clark nunca llegó a preguntarse si esa riqueza fue conseguida tan sólo gracias al ejercicio del libre comercio, a la libertad de los mares y a la virtud de la tolerancia, tan típicos de la república holandesa. ¿Fue realmente así?. Podríamos preguntarle a los habitantes supervivientes del archipiélago de Banda o al resto de los pobladores de la actual Indonesia...

Que no se me malinterprete, con los comentarios anteriores no pretendo disminuir un ápice las contribuciones positivas de un país que nos ha dado al inventor del microscopio, o a los genios de Rembrandt, Franz Hals o Vermeer de Delft. Pero el modo en que Lord Clark presentaba esos logros, ocultando al tiempo su lado oscuro, me hace imaginar la siguiente frase que nunca llegó a pronunciar: "dejo a Holanda fuera de la Civilización porque no sé cómo encajar el país de la VOC, de la persecución y ejecución de los arminianos y otros disidentes, del sistema forzado de monopolios coloniales y del brutal sometimiento de Indonesia en el plan racional y humanista que tengo en mente".

CAPÍTULO 5
EL ESCORIAL O LA NUEVA ATLÁNTIDA.

El Escorial es mencionado entre las razones aludidas por Lord Clark en sus memorias al justificar la exclusión de España del reino de los civilizados. Si hubiera fundado su decisión en criterios puramente estéticos o personales, quizá podría entenderse. No se sentía cómodo con el arte español y, como Schiller y Verdi, sentía inquina por Felipe II. Prefería una pequeña iglesia rococó escondida en algún rincón de la Alemania meridional a la Alhambra de Granada o la Catedral de Toledo.

Pero, en lugar de confinar sus preferencias a los dominios del arte, y, en cierto modo, a los caprichos del gusto, prefirió concluir que El Escorial no encajaba en el plan humanista que tenía en mente para su obra. Aquí cometió otro grave error, pues El Escorial, entre otras dimensiones que serán mencionadas en este capítulo, fue la piedra de bóveda de un vasto proyecto espiritual, humanístico y científico sin comparación en la Europa de la época, cuya ambición puede ser vislumbrada en los frescos de Tibaldi que decoran su biblioteca. En los mismos, encontramos representadas alegorías de la Teología y de las Artes Liberales, mezclando motivos clásicos y bíblicos un tanto al modo isidoriano, si bien en moldes visuales herederos del estilo italiano e influidos por Miguel Ángel (52).

52. La biblioteca de El Escorial y los frescos de Tibaldi.

El hombre que estuvo en el centro del proyecto fue, hasta hace relativamente poco tiempo, objeto de una de las campañas de demolición de imagen más sistemáticas de la historia. No entraré en los detalles de la Leyenda Negra aplicada a Felipe II. Fue un personaje demasiado complejo como para ser atacado o defendido en apenas unas líneas. Para comprenderle, hemos de evitar los epítetos fáciles. No era santo, ni diablo. Fue un hombre que tuvo que gobernar sobre el mayor imperio occidental hasta entonces conocido, mucho más extenso y diverso de lo que jamás alcanzó a ser Roma. No era una tarea sencilla. A diferencia del presidente de Estados Unidos en nuestros días, carecía de Internet y de satélites. La CNN o cualquier canal similar de noticias no estaban disponibles para llevar a su gabinete de crisis en El Escorial las últimas noticias de Manila, Nápoles, Ámsterdam o Florida. Alcanzó el poder equipado con una mentalidad y una proclividad de espíritu producto tanto de su carácter como de su educación. Desde la infancia se le inculcó que su misión era preservar la unidad del Cristianismo y la integridad de sus reinos. No era expansionista. Aborrecía la guerra, pero estaba dispuesto a librarla cuando lo consideraba necesario con todos los recursos disponibles. Prefería la pluma a la espada y la tinta a la sangre. A diferencia de su padre, inmortalizado por Tiziano como un guerrero en la batalla de Mühlberg, Felipe II se sentía más cómodo sentado ante una mesa de despacho, anotando sin fin los informes que le llegaban desde todos los rincones de sus dominios (53,54).

53. Carlos V en la batalla de Mühlberg. Tiziano, 1548. Museo del Prado.

54. El rey burócrata retratado por Juan Pantoja de la Cruz, circa 1590. El Escorial.

El suyo fue el primer Estado burocrático moderno en Europa. Artística e intelectualmente, era un hombre de gustos católicos, es decir, universales, como lo atestigua su colección de pinturas, libros e instrumentos científicos. Con el paso del tiempo, se hizo cada vez más reservado e intolerante, un rasgo de carácter reflejado en su mirada heladora. En los asuntos diarios era todo gravitas, excepto para su familia más íntima. Murió probablemente desencantado con los asuntos mundanos, pero reconfortado en su fe. Contrariamente a la leyenda, la Monarquía que legó a sus sucesores distaba de encontrarse en estado de declive irremisible. En conjunto, era más poderosa que al inicio de su reinado. La derrota de la Gran Armada en 1588, aunque convertida en hito histórico por la propaganda protestante, fue seguida por un desastre aún mayor para la denominada Contra-Armada inglesa en 1589, cuando una expedición comandada por Drake y Norris, con las bendiciones de Isabel de Inglaterra, intentó destruir los restos de la marina de guerra española, tomar Lisboa e interrumpir las flotas atlánticas como paso previo para la conquista de la América española. En sus tres objetivos, la ofensiva inglesa fue un total desastre y durante los siguientes dos siglos Londres fue incapaz, a pesar de intentarlo en numerosas ocasiones, de desalojar a España del grueso de sus posesiones ultramarinas.

El reinado de Felipe II puede ser narrado desde múltiples ángulos. El aquí privilegiado ilumina un aspecto poco conocido de su labor como gobernante: la institucionalización de una comunidad de conocimiento inspirada por el principio de que el saber es poder, y por el convencimiento de que la recopilación sistemática, organización, interpretación y difusión restringida de datos empíricos era esencial para la adquisición, expansión y preservación de un edificio político tan complejo como era la Monarquía Hispánica. En las historias de la ciencia al uso, la mayoría inspiradas en la visión nord-atlántica, la ecuación de conocimiento y poder es asociada al nombre de Francis Bacon y su *Nueva Atlántida* o su *Instauratio Magna,* los textos epistemológicos fundamentales sobre los que se habría asentado la Revolución Científica del siglo XVII. Pero antes de que el sabio inglés imaginara siquiera el proyecto de crear un centro académico de excelencia, como hoy se diría, donde se recogieran y analizaran las noticias recibidas por los grandes navegantes y exploradores de la época, los españoles y portugueses ya hacía tiempo que habían diseñado y puesto en práctica novedosas políticas, órganos, metodologías, terminologías y criterios de autoridad para determinar si esas nuevas se correspondían con la sabiduría recibida de las fuentes clásicas y bíblicas. Como en la mayoría de las ocasiones no era el caso y la realidad de los mundos recién descubiertos se imponía con tozudez, aquellas primeras incursiones en un nuevo humanismo científico fueron transformadas en formidables maquinarias para la asimilación y explotación del conocimiento al servicio de la Monarquía. La ciencia en España fue así concebida a inicios de la Edad Moderna, principalmente, como instrumento del poder y no como mera empresa intelectual. Como descendientes del siglo XX, cuando los más nobles y en apariencia altruistas descubrimientos científicos fueron empleados para el beneficio de las grandes potencias y en determinados casos terminaron haciendo posible actos de barbarie sin ellos imaginables, la experiencia ibérica no ha de sorprendernos. Desde un punto de vista puramente epistemológico, situada en su contexto, constituye uno de los precedentes de la muy occidental creencia de que la expansión de las facultades humanas ha de ser producto no sólo de la imaginación, sino también el fruto, por prueba y error, de la confrontación entre la razón y la experiencia. En su dimensión práctica, el uso político de esos frutos de la ciencia no deja de ser a su vez efecto de que entonces, como ahora, la mayoría de las investigaciones científicas a gran escala han sido iniciadas y casi siempre son financiadas por los poderes públicos.

Como precursor de la Nueva Atlántida, El Escorial fue la culminación de una larga experiencia en tierras hispánicas de asociar el poder con el conocimiento. Una trayectoria comenzada por San Isidoro en su intento de salvaguardar la sabiduría clásica y bíblica y así mejor legitimar la monarquía hispano-visigoda y continuada en los centros académicos islámicos, judíos y cristianos próximos al poder fragmentado durante la España de las Tres Culturas. El triunfo final de la Reconquista por parte de una unión dinástica de dos reinos cristianos, Castilla y

Aragón, coincidió, por una de esas extraordinarias coincidencias de la historia, con el descubrimiento, desde un punto de vista eurocéntrico, del Nuevo Mundo. Pero, ¿fue realmente una coincidencia? Algo de azar hubo, sin duda, pero lo cierto es que existía una mayor predisposición en la península ibérica que en el resto de Europa, salvo, en una escala menor, en Génova y Venecia, para que sus habitantes se convirtieran en pioneros en una era donde la capacidad para responder a los más inesperados encuentros y asimilar la más radical diversidad natural y cultural era prerrequisito absolutamente necesario para triunfar.

Es un hecho no lo suficientemente resaltado, pero en el caso de España, la creación de una estructura política, económica y científica para responder al choque de los descubrimientos e incorporaciones de tierras y gentes hasta entonces desconocidas o apenas intuidas tuvo lugar con una rapidez y eficacia extraordinarias. La Casa de Contratación de Sevilla fue fundada en 1503, tan sólo once años después del descubrimiento de América. Desde su creación, su función fue no sólo supervisar las transacciones comerciales y los flujos migratorios hacia las Indias, sino también servir como centro de recogida y análisis de los datos geográficos, astronómicos y náuticos y como centro de formación para los pilotos de la denominada Carrera de Indias. Era una auténtica Cámara del Comercio y del Conocimiento, una combinación muy moderna. A su servicio estaban quienes mejor sabían armonizar la teoría y la práctica al servicio de la expansión ultramarina de España. Recordemos, a modo de comparación, que en el caso de Inglaterra, la necesidad de contar con una institución semejante a la Casa de Contratación aparece tan tardíamente como en 1599 en los escritos de Richard Hakluyt y en particular en su *Principal*

Navigations, Voyages, Traffiques and Discoveries of the English Nation. En esta obra, el autor inglés no tuvo más remedio que reconocer que los españoles estaban mucho más avanzados en sus empresas marítimas debido a que estaban familiarizados "with the most ancient and best Philosophers, Historiographers and Geographers, to showe them light" y también porque tenían "the loadstarre of experience (...) whereby to shape their course"[39].

Transcurrido un siglo desde el primer viaje de Colón resulta que un inglés se veía en la necesidad de incitar a sus compatriotas a seguir el ejemplo de los españoles si querían recuperar su atraso. Es más, el propio Francis Bacon, en su *Nueva Atlántida*, obra publicada en 1624, proponía la creación de una Casa de Salomón para hacer avanzar el nuevo método científico al servicio del poder. Pues bien, esa Casa de Salomón no era sino un trasunto imaginario de la muy real Casa de Contratación de Sevilla, fundada, como hemos visto, ciento veintiún años antes, hecho ignorado por la mayoría de las historias de la ciencia al uso, que suelen datar la primera puesta en práctica de un equivalente a la institución imaginada por Bacon con la creación de la Royal Society de Londres, en 1660 (55, 56).

---

[39] Citado en Cañizares-Esguerra, Jorge, *Nature, Empire and Nation*, pag.18.

55. La Casa de Contratación de Sevilla o, si se prefiere, la hispánica Casa de Salomón, fundada en 1503.

56. Frontispicio de la *Instauratio Magna*, obra publicada en 1624.

Como hemos mencionado, El Escorial fue la expresión real y simbólica de un proyecto encaminado a reunir bajo un mismo techo la fe, la razón, el arte y el poder. Es un monumento con múltiples niveles de significado, enlazados por un hilo conductor cuya traza vamos a seguir a través del laberinto hasta intentar revelar el secreto del Minotauro

La dimensión religiosa de El Escorial ha sido estudiada minuciosamente, pero no es siempre bien comprendida. Fue probablemente este aspecto de la obra filipina la que tanto disgustaba a Lord Clark. Para la mentalidad nord-atlántica, El Escorial es casi exclusivamente asociado al movimiento erróneamente conocido como Contrarreforma, un término peyorativo inventado en el siglo XIX. Ahora bien, como es sabido, el Barroco es en realidad el estilo propio de la Reforma católica y El Escorial no tiene nada que ver con él. Al contrario, está concienzudamente desprovisto de toda ornamentación externa y su puridad geométrica está completamente alejada de las formas recargadas y teatrales del barroco en su esplendor, un estilo concebido para excitar los sentidos y desviar la mente desde las aspiraciones terrenales hacia un orden espiritual elevado y celosamente custodiado por la jerarquía eclesiástica. El Escorial no pretende complacer los sentidos del común de los mortales. Lejos de ello, como afirmaba Ortega y Gasset, constituye el exponente máximo de un estilo deshumanizado, conocido en España como herreriano debido al apellido del arquitecto favorito de Felipe II, Juan de Herrera. En cierto modo, Herrera, con su querencia hacia la ausencia de ornamento, puede ser considerado como precursor del movimiento racionalista en arquitectura preconizado, ya en el siglo XX, por Adolf Loos, quien gustaba de decir que el ornamento es un crimen y consideraba que la evolución de la cultura progresa a medida que las construcciones humanas se libran de todo elemento decorativo. Si es así, El Escorial es el ápice de la evolución arquitectónica, pues nada distrae al espectador de su composición geométricamente pura (57,58).

57. Construcción de la Adolf Loos Haus en Viena, 1910.

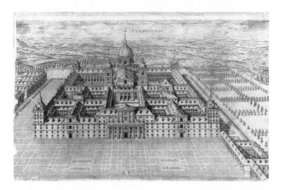

58. Plan de El Escorial por Juan de Herrera. Biblioteca Nacional de España.

Confundido por la ausencia de extravagancias católicas en un edificio mandado construir por el muy devoto Felipe II, los críticos se han apresurado a colegir que el ascetismo de El Escorial es un reflejo fijado en piedra de la mentalidad siniestra, pre-moderna y dogmática del monarca y, de paso, de la propia España. Nada podría estar más alejado de la realidad. En realidad, El Escorial es precisamente una muestra ejemplar de la temprana modernidad, una época, no lo olvidemos, donde las dimensiones sagrada y profana del poder y del arte estaban profundamente imbricadas, y no sólo en los países católicos. Baste mirar algunos retratos de Isabel I de Inglaterra donde aparece representada como una prototípica majestad divinizada, salvadora de la nación y dotada con poderes casi taumatúrgicos (59).

59. Isabel I, la Reina cuasi divinizada de Inglaterra, en el denominado *Retrato de la Armada*, por George Gower en la versión de Woburn Abbey.

En esencia, El Escorial fue diseñado como un edificio renacentista que habría de servir las funciones de monasterio, palacio y cámara de arte y conocimiento. Su dimensión religiosa es innegable. Como monasterio y basílica, está dedicado a San Lorenzo y es una muestra de la devoción del monarca a la Iglesia reformada por el Concilio de Trento, que cerró sus deliberaciones el mismo año, 1563, cuando la primera piedra fue depositada. Al mismo tiempo, la inspiración religiosa de su construcción estaba íntimamente ligada a la dimensión secular del poder real, pues San

Lorenzo era el santo patrón del día cuando las tropas de la Monarquía Hispánica, incluyendo un contingente inglés enviado por la entonces esposa del rey, María I de Inglaterra, aplastaron a los franceses en la batalla de San Quintín, el 20 de agosto de 1557. Todo esto es sabido. Ahora bien, menos conocido es que El Escorial fue además el locus privilegiado de muchos de los proyectos humanistas y científicos diseñados por el rey y sus consejeros. Entre ellos, se cuentan las primeras expediciones científicas de naturaleza auténticamente global, no concebidas en las naciones protestantes supuestamente más avanzadas, sino en la muy católica Iberia. En el corazón de las modernas disciplinas cultivadas en España y Portugal estaba la cosmografía, lo que no ha de sorprender si tenemos en cuenta que era el saber más útil para la construcción de un imperio, junto con las técnicas de navegación, la metalurgia, la ingeniería, la medicina o la botánica aplicada a la farmacopea. En todas estas áreas del saber, los ibéricos tenían la ventaja de contar con el precipitado de ocho siglos de contacto con el Islam y, a través del mismo, con el conocimiento acumulado por el mundo mediterráneo clásico y por el extremo oriente, ahora puesto al servicio del expansionismo occidental (60).

60. Frontispicio del *Regimiento de Navegación*, de Andrés García de Céspedes, publicado en 1606.

Cuando pensamos en la Gran Ciencia, tendemos a formarnos imágenes de presupuestos billonarios, equipos multinacionales de científicos e, inevitablemente, el apoyo de algún complejo militar-industrial. El Gran Colisionador de Hadrones, el Proyecto de Genoma Humano o las grandes redes de telescopios dispersas por varios continentes son algunos de los proyectos que asociamos con los avances de finales del siglo XX. Pues bien, los primeros precedentes de esa Gran Ciencia tuvieron lugar bajo los auspicios de la Monarquía Hispánica ya en el siglo XVI y algunos de ellos tuvieron un alcance global o, por lo menos, transcontinental y transoceánico. No es una exageración. Podemos mencionar tres ejemplos: la expedición botánica y medicinal de Francisco Hernández a Nueva España; las Relaciones Geográficas concebidas por Juan López de Velasco y la expedición bioceánica de Juan de Herrera para encontrar el meridiano verdadero y determinar los límites del Imperio español.

Pese a la imagen popularizada de Felipe II como un eremita a quien casi no veía el sol, lo cierto es que el rey era un gran amante de la naturaleza. Aparte del trabajo y su familia, era su verdadera pasión, como lo atestiguan sus planes para rodear El Escorial con bosques y jardines, parte de un designio mayor para reforestar las tierras áridas que ya dominaban parte de España. A este respecto, Felipe II era un príncipe arquetípico del Renacimiento. La domesticación de la naturaleza era una de las modas del nuevo humanismo y numerosas cortes reales y aristocráticas competían en justas de imaginación floral y arbórea. Los jardineros eran una profesión en gran demanda y la búsqueda de ejemplares botánicos exóticos y hermosos se convirtió en todo un lucrativo negocio. Pero había límites para que tanto el placer estético como el lucro derivado de las plantas pudieran expandirse. Al inicio de la Edad Moderna, el conocimiento de la botánica en Europa todavía era heredero de la aportación del médico griego Dioscórides, cuya obra *De Materia Medica* fue rescatada y expandida por los grandes naturalistas musulmanes. Algunos de ellos, como el gran Ibn al Baytar, eran nativos de al-Andalus. A pesar de sus muchos esfuerzos, empero, a mediados del siglo XVI no se conocían más allá de seiscientas especies, aunque los romanos estaban familiarizados con más de mil cuatrocientas. Es aquí donde aparece uno de nuestros protagonistas, Francisco Hernández, el casi desconocido pionero de las modernas ciencias naturales en dos mundos.

Hernández era un médico en la corte de Felipe II. Había recibido su formación en la universidad humanista de Alcalá de Henares y era amigo del gran Vesalio, el médico de cabecera de Carlos V y, más tarde, protegido por Felipe II. Durante un tiempo, Hernández ejerció como médico peripatético, ganándose la vida en las ciudades del sur de España. Poco a poco, fue ascendiendo en su profesión, hasta que en 1568 fue nombrado médico de cámara del rey. Su verdadera vocación, sin embargo, siempre había sido la botánica aplicada a la medicina y, gracias a ello, Felipe II le nombró en 1570 al frente de la primera expedición científica al Nuevo Mundo, con instrucciones de describir la historia natural de Nueva España, valorar el uso de plantas hasta entonces desconocidas para la farmacopea y obtener, de paso, información etnográfica que pudiera ser empleada en el gobierno y administración de aquellas tierras distantes. Hernández así lo hizo, con una pasión y dedicación que le llevaron en siete años a recorrer los lugares más remotos del actual México y otras zonas de Centroamérica. Durante ese tiempo, asistido por médicos y naturalistas nahuales, cuyo saber tenía en gran estima, aprendió el lenguaje y los métodos de taxonomía locales. Como resultado de tal esfuerzo colectivo, compiló dieciséis volúmenes con la descripción narrativa y visual de más de tres mil plantas previamente desconocidas en Europa, así como de un número menor de animales y minerales. Además, como médico principal de Nueva España, durante su último año en América tuvo que enfrentarse a la mortal epidemia de cocoliztli, que siguió a una temporada especialmente seca y acabó con buena parte de la población indígena. Los contemporáneos relataron los esfuerzos realizados por Hernández y muchas autoridades seculares y eclesiásticas para aliviar el sufrimiento de las víctimas, empleando una red de hospitales para nativos ya establecida en el Virreinato.

Desafortunadamente, cuando Francisco Hernández retornó a Madrid tras haber cumplido las instrucciones reales, se encontró con que su posición en la corte había cambiado y que ya no tenía un acceso privilegiado al monarca. Probablemente, la política de camarillas estaba detrás de esta situación y la redacción definitiva de su obra, supervisada por el arquitecto real Juan de Herrera, fue encomendada al médico napolitano Antonio Recchi. El manuscrito resultante y su sumario estuvieron en la Biblioteca de El Escorial hasta que fueron destruidos en el devastador incendio de 1671. Por fortuna, algunas copias habían salido de la biblioteca con anterioridad y en 1615 una edición resumida fue publicada en México por el fraile dominico Francisco Ximénez, bajo el título de *Quatro Libros. De la naturaleza y virtudes de las plantas y animales,* el primer libro moderno de ciencias naturales impreso en América. Otras ediciones con grandes enmiendas aparecieron en Roma desde 1628, la primera realizada por la Academia dei Lincei, bajo el patronazgo del embajador español Don Alfonso Turiano, con el rebuscado título en latín de *Rerum medicarum Novae Hispaniae Thesaurus seu Plantarum, Animalium Mineralium Mexicanorum Historia ex Francisci Hernandi* (61).

DE COATZONTE COXOCHITL. Lyncis flore. feu Lyncea. *Cap. VII.*

HERBA eſt *Coatzonte Coxochitl*, fundens Indis, ſeũ long oʀa, ſ ſ a. caules tenues, vᴀrentes, breues, læu flores capitibus ferpentum fimiles, vn men, rubeoque colore, punctis ʀamen ſtincto candido & palleſcente, prom radices verô oblongᴀs, ac præcoci Fic huc vireſcenꞇ valde fimiles, ſtriatas, a tortas. Calidi prouenit, & interdum ꞇemperatis regionibus, iuxta rupes, borum truncis adhæreſcens. licet ꞇ hortos, caꞇaque loca defenderit, viri que exornet, in quibus excolatur, deliꞇ ac florum gratia. Eſt enim flos forma ꞇ bilis, Lilacei odoris, & quem quiſpiꞐ poſſet verbis exprimere, Ꞑut peniꞇillo j gnitate imitari. à Principibusque Iudꞇ ob elegantiam, & miraculum, valde e ꞇns, & in magno habitur pretio. blaꞐ & cultura non eget, ſed vnica radice fꞐ diſſimus fit prouentus. Ex huſce flor bv alijs quarundam herbarum congenerum, & ex rubro Maꞔain, parabantur

61. Imagen de una orquídea denominada Stanhopea Hernandezii, como aparece en la *Rerum Medicarum Novae Hispaniae Thesaurus*, publicada en Roma sobre la base de los manuscritos de Francisco Hernández.

La obra de Francisco Hernández no hubiera sido posible sin la colaboración de una vasta red de expertos nativos de Nueva España. Muchos de ellos habían sido educados en el Colegio Imperial de Santa Cruz de Tlatelolco, inaugurado en 1536 por la iniciativa del Virrey Antonio de Mendoza y del Obispo y Protector de los Indios Juan de Zumárraga. El Colegio, la primera institución de alta enseñanza, en el sentido occidental, de América, fue concebido como una suerte de Calmecac, como eran llamadas las escuelas para la elite azteca, con fines hispanizantes. Su fin era crear una elite indígena poliglota, educada en náhuatl, latín, español y algunos rudimentos de griego, así como en las artes y técnicas europeas. Entre sus profesores más renombrados estuvo Bernardino de Sahagún, un fraile franciscano considerado el padre de la moderna antropología y, sin duda, uno de los personajes más fascinantes del Renacimiento. El resultado de sus trabajos de campo entre los nahuas fue la *Historia General de las Cosas de Nueva España*, escrito en náhuatl con comentarios en español.

El manuscrito mejor conservado de la obra es conocido como el Codex Florentino, iluminado con preciosas ilustraciones realizadas por artistas nativos. En su alcance y propósito, la obra de Sahagún puede compararse con la enciclopedia isidoriana, pues ambas fueron intentos de rescatar los restos de mundos precedentes, el de la Antigüedad Tardía en el caso de San Isidoro, y el mundo precolombino, en el del misionero franciscano (62).

62. Imagen de una cortesana azteca, o *Ahuiani,* en el *Codex Florentino,* circa 1580. El manuscrito terminó en la Biblioteca Medicea- Laurentiana de Florencia, de ahí su nombre.

Sabemos que Francisco Hernández pasó algún tiempo en el Colegio de Tlatelolco y allí se familiarizó con el trabajo etnográfico de Bernardino de Sahagún, que sirvió de inspiración para sus propios estudios. Incluso antes de la llegada del doctor a Nueva España, una primera compilación de conocimientos botánicos precolombinos había sido realizada en 1552 por dos profesores amerindios de dicha institución, Martín de la Cruz y Juan Badiano. Este último fue quien tradujo los nombres y descripciones de las plantas del náhuatl al latín. El texto así escrito e iluminado fue llamado *Libellus de Medicinalibus Indorum Herbis* y el manuscrito todavía existente es conocido como *Codex De la Cruz- Badiano*, ahora custodiado en la Biblioteca del Vaticano.

La expansión de los dominios conocidos de la naturaleza puede ser considerada la mayor contribución de la ciencia hispánica en América durante el Renacimiento y los orígenes de la Revolución Científica. Los esfuerzos realizados por los naturalistas nahuales en el Colegio de Santa Cruz de Tlatelolco y las expediciones enviadas desde España permitieron conocer en Europa un número sin precedentes de especímenes botánicos, animales y minerales hasta entonces ignotos, una suerte de arca del tesoro tanto para los médicos como para los comerciantes lo suficientemente ágiles como beneficiarse de cualquier novedad portada por exploradores y conquistadores. Obviamente, el Gran Intercambio Ibérico no se movió tan sólo en una dirección. Es bien conocida la aportación americana a las mesas y mercados europeos, pero también sucedía lo mismo en sentido contrario y, cuando las redes de navegación transpacíficas comenzaron a funcionar con regularidad gracias a los galeones de Manila, como veremos en el próximo capítulo, ese intercambio pasó a ser plenamente global.

Desde el punto de vista del conocimiento, las primeras descripciones y clasificaciones taxonómicas de la flora y fauna realizadas por los naturalistas nahuas y españoles dieron paso a elucubraciones más sofisticadas sobre la naturaleza y su relación con el hombre que contradecían la sabiduría heredada de los clásicos. Los arriesgados exploradores ibéricos ya habían demostrado que muchas de las presunciones sobre la inhabitabilidad de las regiones tórridas, como mantenía Aristóteles, así como la visión ptolemaica de la Tierra eran incompatibles con sus propias vivencias y observaciones. Comenzaron así a ponerse en duda los viejos paradigmas a medida que aparecían nuevos métodos de observación y estudio centrados no en el por qué funcionan las cosas, sino en el cómo son de la forma que son. El mejor ejemplo de esta forma de pensar lo tenemos en los escritos del jesuita José de Acosta, autor de la *Historia natural y moral de las Indias*, publicada en 1590.

Siguiendo los pasos de los primeros historiadores naturales de América, como Álvarez Chanca, el médico que acompañó la primera expedición de Colón, Fernández de Oviedo, el primer Cronista de Indias, o el protomédico Francisco Hernández, Acosta dio un paso más al retar abiertamente a, y reírse de, las fuentes veneradas de la autoridad tradicional. Como el mismo relata, al cruzar el Ecuador, "cuando el sol alcanza su zenit, entrado en Aries, durante el mes de marzo, sentí tanto frío que me tuve que poner al sol para calentarme. Aquí confieso que me reí he hice burla de Aristóteles y su filosofía, viendo que en aquel lugar y estación, cuando todo debía estar abrasado con el calor, de acuerdo con su enseñanza, yo y todos mis acompañantes estábamos ateridos de frío"[40]. Al renunciar al suelo firme de la sabiduría clásica, Acosta se propuso encontrar un nuevo sustento para la verdad y lo encontró en el método empírico: "primero afirmar la verdad como nos es revelada por la experiencia y entonces intentar, por difícil que resulte, alcanzar las conclusiones correctas de acuerdo con la buena filosofía"[41]. Y añadía que si los frutos de nuestra imaginación no se apoyan en la razón, entonces se

---

[40] Citado en Cagueñas-Rozo, Diego, "Imagination, Writing and the Devil. Preliminary Remarks on José de Acosta´s "The Natural and Moral History of the Indies"". Accesible en www.newschool.edu/uploadedFiles/NSSR/Centers_and_Special_Programs/Diego_Caguenas_070 221.pdf.
[41] *Ibíd.*

sigue que no son válidos. Semejante afirmación sobre el valor de la experiencia guiada por la razón fue enunciada por un jesuita español a finales del siglo XVI, antes que Bacon, Descartes o Newton, pero al ser católico y español parece que debe ser ignorada por la mayoría de las historias de la ciencia escritas al modo nord-atlántico.

La insistencia en tener acceso a los datos empíricos a través de la experiencia y sobre ellos practicar el ejercicio de la razón también estuvo detrás del primer intento de envergadura realizado por un Estado moderno para recoger, almacenar y recuperar sistemáticamente la información relativa a sus posesiones ultramarinas. Me refiero a las *Relaciones Geográficas,* una serie de cuestionarios enviados por el Consejo de Indias en 1577 a las autoridades en América solicitando respuestas a preguntas sobre los territorios y poblaciones que tenían a su cargo con el fin de avanzar en el buen gobierno. Esas preguntas cubrían, entre otros, los ámbitos de la demografía, las condiciones sanitarias, el transporte y las infraestructuras, la jurisdicción política, la etnografía y la lingüística, la geografía, la botánica, la zoología y la mineralogía. Los cuestionarios, aunque tenían un precedente en las Provisiones del emperador Carlos V en 1528 y en las Instrucciones elaboradas por el geógrafo Alonso de Santa Cruz, fueron redactados en su forma definitiva bajo el patronazgo del Cosmógrafo y Cronista Real del Consejo de Indias, Juan López de Velasco. Las respuestas de las autoridades estuvieron en muchos casos acompañadas por mapas de los territorios bajo su responsabilidad, muchos de ellos realizados con una mezcla de técnicas cartográficas amerindias y europeas (63).

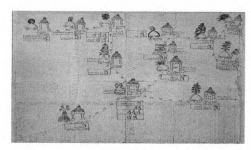

63. Mapa de Muchitlan acompañando a las respuestas a uno de los Cuestionarios Reales, 1582. Sus ejecutores emplearon modos de representación nahuas. Benson Latin American Collection, Universidad de Texas en Austin.

Aparte de sus responsabilidades oficiales al frente de la política científica de la Monarquía, López de Velasco tenía otras ocupaciones, pues era hombre de curiosidad casi infinita. Fue autor de un libro de gramática y por un tiempo trabajó en la biblioteca de El Escorial catalogando instrumentos astronómicos y libros raros. Pero su auténtica pasión era la cosmografía y, en particular, el diseño de instrumentos para hacer más precisa la medida de las posesiones españolas. Estaba también interesado en el movimiento de las poblaciones, especialmente en las Américas. En su *Descripción universal y geografía de las Indias*, de 1574, tras considerar la hipótesis platónica de la existencia de la Atlántida, expuesta en el *Timeo*, como posible explicación de la llegada de los primeros habitantes al Nuevo Mundo, concluyó a partir de las informaciones proporcionadas por los exploradores españoles, y hasta que no se tuvieran más datos, que aquéllos habrían llegado desde el norte, pues en aquellas regiones septentrionales "las costas de China y Nueva España llegan casi a converger"[42]. Sin duda, demostró ser un adelantado, pues sabemos que el Estrecho de Bering fue muy probablemente el puente usado por los primeros habitantes de América en su tránsito desde Eurasia.

La expedición de Francisco Hernández y las Relaciones Geográficas fueron dos de los ejemplos visibles del ejercicio de la ciencia aplicada por la Monarquía Hispánica. Ninguna otra potencia europea fue capaz de realizar experimentos de tal escala y magnitud en la temprana Edad Moderna. Pero incluso ambos proyectos palidecen al ser comparados con los sostenidos esfuerzos llevados a cabo por los cosmógrafos reales para describir y explicar los descubrimientos terrestres, marítimos y astronómicos realizados por sus compatriotas. La carrera espacial durante la Guerra Fría es el equivalente más reciente que tenemos de cómo la rivalidad política puede alimentar y multiplicar el deseo de penetrar en espacios incógnitos para denegárselos al adversario o enemigo. Al igual que los Estados Unidos y la Unión Soviética, los pioneros de la era de las grandes exploraciones, España y Portugal, no sólo trataban de adelantarse el uno al otro, sino que ambos tenían un interés común en evitar que otros contendientes se unieran a la competición, manteniéndoles en la ignorancia de sus respectivos descubrimientos. Es evidente que los más grandes hitos de la época, como el propio descubrimiento de América o el cruce de estrechos estratégicos para la navegación no podían mantenerse para siempre ocultos. Pero muchos otros permanecieron a resguardo por quienes tenían a su cuidado la custodia de los mayores secretos de Estado. Después de todo, no sobraba cautela alguna cuando enfrente estaban

---

[42] Sobre la figura de López de Velasco, puede consultarse la obra de Portuondo, María, *Secret Science*, pags.172-183.

rivales tan despiadados como los ingleses o los holandeses, poseídos por el deseo de aniquilar a sus odiados enemigos católicos e ibéricos. Ello explica por qué tantos proyectos científicos llevados a cabo en España en la Casa de Contratación, el Consejo de Indias o en El Escorial fueran desconocidos más allá de sus muros y algunos de ellos así permanecieran hasta fechas recientes para muchos historiadores de la ciencia, aunque la situación está cambiando gracias a la labor de una nueva generación de estudiosos menos proclives a dejarse guiar por los tradicionales prejuicios acerca de la ausencia de ciencia en nuestro país. Es el caso, por ejemplo, de uno de los experimentos científicos a gran escala llevados a cabo bajo el reinado de Felipe II. Fue diseñado por Juan de Herrera con el fin de medir la total extensión de las posesiones de la Monarquía Hispánica. Juan de Herrera, además de arquitecto, fue el principal inspirador de la fundación de la Real Academia de Matemáticas en 1582. Obseso de la precisión, el objetivo de la expedición transoceánica era determinar las coordenadas de longitud y latitud entre España, América y las Filipinas empleando instrumentos ideados por el propio Herrera y registrando los eclipses lunares y las declinaciones magnéticas observadas a lo largo del itinerario. Una vez en Manila, los participantes en el viaje debían recoger los documentos con notas tomadas por Martín de Rada, un misionero que había visitado China y realizado numerosas observaciones sobre la geografía e historia natural del archipiélago filipino. La expedición, al mando del joven astrónomo Jaime Juan, comenzó en 1583 y un año más tarde llegaron a México, donde observaron el eclipse solar de 1584. Desafortunadamente, el proyecto tuvo que suspenderse debido al fallecimiento inesperado de Jaime Juan durante la navegación hacia Manila, si bien los registros tomados hasta ese momento fueron recibidos en la corte.

La ciencia práctica fue una de las dimensiones asociadas con la naturaleza renacentista de El Escorial. Otra fue la creación de lo que fue en su tiempo una de las mayores bibliotecas de Europa, levantada sobre un plano diseñado por el inevitable Juan de Herrera. A modo de curiosidad, es interesante señalar que la biblioteca del Escorial fue la primera en emplear el sistema de colocación de libros sobre estanterías horizontales (64).

64. Librería en la Biblioteca de El Escorial, una innovación bibliotecaria.

El hombre que puso en práctica la pasión libresca de Felipe II fue uno de los grandes humanistas del siglo XVI, Benito Arias Montano. Nació en Extremadura, la cuna de tantos conquistadores, aunque sus inclinaciones, si bien no menos aventureras, eran más pacíficas. Su carácter inquieto y su devoción al saber le llevaron a probar los límites tanto de la ortodoxia católica como de la supuesta tolerancia protestante. Tras licenciarse en la Universidad de Alcalá de Henares, profesó en la Orden de Santiago y fue consejero del Obispo Ayala en el Concilio de Trento. Su brillantez retórica a la hora de enfrentarse con los defensores del protestantismo llamó la atención del mismo rey, quien le nombró su capellán en 1566. Dos años más tarde, le encomendó la supervisión de una nueva edición de la *Biblia Regia*, o Biblia de Amberes, destinada a superar a la *Biblia Políglota Complutense*, la primera versión impresa del texto sagrado en tres lenguas: hebreo, griego y latín, más el arameo para el Pentateuco. Inspirada y financiada por el Cardenal Jiménez de Cisneros, el reformador de la Iglesia en España y fundador de la Universidad de Alcalá de Henares -en la ciudad que los romanos denominaron Complutum-, la primera Biblia políglota fue iniciada en 1502 y terminada en 1520 y constituyó en su día un monumento de erudición, la muestra más acabada del temprano humanismo español aplicado, en palabras de Cisneros, a revivir el moribundo estudio de las Sagradas Escrituras. El problema es que bajo el reinado de Felipe II, muchas copias de las 600 originales, cada una en seis volúmenes, se habían perdido y el precio de las restantes era excesivamente alto. Para solucionarlo, se encargó al impresor francés Christopher Plantin, con sede en Amberes, la edición de una nueva Políglota que añadiera a los tres idiomas originales el arameo, para los libros más allá del Pentateuco, y el siriaco. Es aquí donde la contribución de Arias Montano era esencial, pues se contaba entre los grandes orientalistas de la época y dominaba el hebreo, el latín, el griego, el caldeo, el arameo, el siriaco y el árabe, además del alemán, el francés y el italiano. No sorprende entonces que Felipe II considerara que era el hombre apropiado para sacar adelante el proyecto y con tal encargo fue enviado a

Amberes. Para evitar la caótica situación en Francia, Arias Montano viajo vía Irlanda e Inglaterra, donde fue capturado y maltratado antes de escapar y alcanzar Flandes. Una vez en Amberes, entró en contacto con Plantin y comenzó a trabajar inmediatamente. En una misiva a Felipe II, le recomendó que, puesto que el monarca estaba dispuesto a crear la mayor biblioteca de Europa, dedicara todos los esfuerzos posibles para obtener los mejores libros disponibles en el mercado, en todas las lenguas y tocantes a todas las artes, para el beneficio de la razón y del bien público. Siguiendo el consejo, el rey instruyó a embajadores, gobernadores y prelados para que se hicieran con las mejores piezas de coleccionista y el propio Arias Montano no perdió oportunidad en sus viajes para hacer lo propio.

La biblioteca de El Escorial fue el corazón del plan de Felipe II. Fue concebida no como un mero depósito de libros raros, sino como un gabinete de estudios, humanísticos y científicos, y como centro de formación de futuros gobernantes de una Monarquía multinacional. El padre José de Sigüenza, el bibliotecario real y autor de una historia de la fundación de El Escorial escribió que en los estantes de la biblioteca había textos en griego, latín, árabe, hebreo, italiano, español, persa y chino. La creación de la biblioteca fue también la perfecta excusa para rescatar joyas del pasado multicultural hispánico, desde las *Etimologías* de San Isidoro o las *Cantigas de Santa María* de Alfonso X hasta muchas obras literarias, científicas, filosóficas y religiosas en árabe y hebreo, muchas de ellas legadas por el propio Arias Montano desde su colección particular.

Aparte del trabajo en la nueva Biblia Políglota, Arias Montano aprovechó su viaje a los Países Bajos para trabar amistad con un amplio círculo de humanistas, incluyendo el botánico Clusius, quien había traducido al latín la obra del médico español Nicolás Monardes sobre los productos importados de las Indias, publicada en1564. También frecuentó al matemático Frisio y al cartógrafo de Felipe II, Abraham Ortelius. Al mismo tiempo, fue atraído por un grupo religioso minoritario conocido como la *Familia Charitatis*, cuyos miembros, entre quienes se contaba el editor Plantin, proponían una aproximación cuasi mística a la fe cristiana que permitiera superar sus divisiones internas y las guerras de religión. La proximidad a los familistas, ardientes defensores del pacifismo, llevó al propio Arias Montano a escribir a Felipe II varias propuestas para restablecer la concordia en Europa, si bien terminaron prevaleciendo los extremistas de ambos bandos, católico y protestante.

Un aspecto del familismo, sin embargo, encontró una positiva recepción en la corte de Felipe II. Los visitantes del Museo del Prado pueden encontrar en ese templo del arte una de las mejores colecciones de pinturas flamencas fuera de Bélgica y los Países Bajos. No es casualidad. La conexión comercial y artística entre los reinos hispánicos, especialmente Castilla, y aquellas regiones era muy estrecha desde la Edad Media y se reforzó con sucesivas combinaciones dinásticas durante el reinado de los Reyes Católicos y, posteriormente, con Carlos V y Felipe II. Y aquí entramos en otra dimensión de El Escorial: su concepción como pinacoteca regia. Muchos de los cuadros exhibidos hoy en el Prado encontraron albergue originariamente en El Escorial. Varios reyes españoles, especialmente bajo la dinastía de los Austrias, tenían en común una gran pasión por el coleccionismo de obras de arte. Tres de ellos, en particular – Felipe II, Felipe III y Felipe IV- sobrepasaron al resto de sus contemporáneos. Cada uno tenía su gusto particular, como lo demuestran las compras que realizaron gracias a una dedicada red de embajadores y enviados especiales a quienes encargaban obtener las mejores piezas del mercado, a veces en condiciones poco favorables. En algún caso, como en el de la llamada "almoneda del siglo", tan bien documentada por Jonathan Brown y John Elliot en un ensayo homónimo, la oportunidad política tuvo mucho que ver con el éxito de una de las mayores transacciones jamás registradas en el mercado del arte. El Tratado de Paz anglo-español firmado en 1604 había puesto fin a dos décadas de hostilidades entre ambas naciones, lo que hizo posible un aumento de los intercambios y visitas mutuos y llevó a una mayor familiaridad con las respectivas tradiciones y escenas artísticas. En este contexto, los españoles consiguieron el mejor negocio. Cuando en 1649 la colección de Carlos I fue puesta a la venta por el nuevo Parlamento al final de la guerra civil inglesa, muchas de las obras, pertenecientes originalmente a la familia Gonzaga de Mantua, fueron adquiridas por Alonso de Cárdenas, el embajador español en Londres. La maquinaria de la Monarquía fue puesta al servicio de la operación, que incluyó cuadros de Rafael, Tintoretto y Correggio, así como esculturas y piezas decorativas. De hecho, Felipe IV tenía especial inclinación hacia el arte italiano, mientras que Felipe II, aunque amaba a los venecianos, era un devoto de los primitivos flamencos. ¿Se debía esta inclinación al mero gusto artístico o había algo más detrás? En cierto modo, lo que hacía era continuar una tradición de los monarcas españoles, pero con mucho mayor celo, sobre todo cuando se trataba de su pintor favorito, el Bosco, de quien hoy El Prado tiene una de las mayores colecciones. Puede que en esa pasión se escondiera una de las claves para penetrar en la mentalidad religiosa y política del monarca más poderoso del mundo. El Bosco era, como sabemos, un seguidor del movimiento espiritual dirigido por el monje contemplativo Jan van Ruysbroeck, un exponente de la *Devotio Moderna,* una corriente reformista que predicaba una intensa vida espiritual interior frente a la hipocresía que caracterizaba muchas de las muestras en apariencia más devotas de religiosidad en la transición entre la Edad Media y la Moderna. Llevadas a su extremo, esas corrientes reformistas condujeron a la escisión protestante. Otras personalidades de la talla de Erasmo, prefirieron mantenerse en una vía media. El autor del *Elogio de la locura* fue asimismo seguidor de la *Devotio Moderna* y, cuando era joven, había vivido en la misma villa donde habitaba el Bosco. Aunque hubo una época en que las fantásticas composiciones pictóricas de éste eran atribuidas por los críticos a algún tipo de alucinaciones o defectos mentales, hoy se considera que eran el fruto de una vida espiritual profundamente sensible a las tensiones religiosas de la época e inclinada a las interpretaciones reformistas y críticas, pero dentro de la Iglesia. Con estos antecedentes, podemos relacionar el gusto de Felipe II por El Bosco con la presencia en el círculo real de personajes cercanos a la *Devotio Moderna,* comenzando por el propio Arias Montano, pero también el bibliotecario de El Escorial, José de Sigüenza, un monje e historiador a quien debemos la catalogación de las colecciones reales y que fue uno de los primeros admiradores e intérpretes del Bosco. Mientras muchos de sus contemporáneos consideraban al flamenco como un mero pintor de monstruosas curiosidades, Sigüenza supo ver que su mirada y pincel no se limitaban a las apariencias externas, sino que tenían la audacia de revelar a los hombres "como son por dentro"[43]. Fue quizá esa capacidad para desvelar la naturaleza humana lo que atraía a Felipe II del maestro flamenco, puesto que como monarca también tenía que dejar a un lado el mundo de las formas sensibles y penetrar en lo más íntimo del alma humana para mejor juzgar a la multiplicidad de cortesanos, vasallos y enemigos que le rodeaban. La moralidad del Bosco, con sus admoniciones erasmianas sobre la corrupción y locura de los grandes y poderosos, también podía atraer al monarca como freno a las pasiones de las que no estaba desprovisto, al menos en su imaginación. A pesar de la fama de austeridad en sus costumbres y de su profunda y ortodoxa religiosidad, lo cierto es que en sus cámaras privadas disfrutaba contemplando la serie de seis invenciones poéticas pintadas tan sólo para sus ojos por Tiziano, inspiradas en las *Metamorfosis* de Ovidio. ¿Cómo podía el monarca conciliar la religiosidad del Bosco con la voluptuosidad de Tiziano?. ¿Era la contemplación de las representaciones moralizadoras del Bosco una forma de compensar las incursiones en las lujuriosas sendas de la mitología? No lo podemos saber con certeza. Puede que tengan razón quienes consideran que la llave de la afinidad de Felipe II con el Maestro de Hertogenbosh fue el título con el que la obra más célebre de este último fue catalogada por el padre Sigüenza en las colecciones reales de El Escorial: *Una Pintura sobre la Variedad del Mundo*. Pese al paganismo subyacente a la Danae o a la Lluvia Dorada de Tiziano, en contraste con el sentido admonitorio cristiano de las obras del Bosco, lo que une a ambos genios en sus obras es el interés por el cambio y la metamorfosis como causantes de la increíble variedad de seres y situaciones que forman parte de la Creación (65,66).

---

[43] Citado en Gauffreteau-Sévy, M. *Hieronymus Bosch "el Bosco"*, pag.12.

65. *Danae*, Tiziano, circa 1550. Museo del Prado, Madrid.

66. Detalle del *Jardín de las Delicias*, por El Bosco, circa 1500. Museo del Prado, Madrid.

La fascinación de Felipe II por el cambio y la diversidad del mundo, atestiguada por sus gustos artísticos, e incluso su tolerancia por ciertas formas moderadas de disidencia religiosa en su inmediato entorno, parecen contradecir tanto su imagen de campeón de la ortodoxia, como su preferencia por la pureza y monotonía que caracterizan el diseño del monasterio de El Escorial. El mundo fantástico del Bosco y la sensualidad cromática de Tiziano parecen también alejados de su patronazgo de las ciencias exactas y de su pasión por la taxonomía burocrática. Pero, si consideramos El Escorial y el extraordinario alcance de los proyectos políticos, artísticos y científicos a él asociados, entonces podemos mejor comprender la razón por la que el monarca universal se veía atraído por la idea de poseer aquellas obras de arte que mejor reflejaran la vertiginosa variedad del mundo y las ambiguas consecuencias morales provocadas por su continua transformación.

CAPITULO 6
UNA GLOBALIZACIÓN HISPÁNICA.

Ortega y Gasset afirmó cierta vez que los españoles somos los chinos del mundo occidental, puesto que "las hemos visto de todos los colores"[44] y, podría haber añadido, siempre hemos sobrevivido. Hay otras similitudes en las experiencias históricas de los dos países. Ambos, junto con Portugal, fueron pioneros en la primera oleada de la globalización. En lo que concierne a España, los galeones de Manila, también conocidos como las naos de China, y las flotas del Atlántico fueron sus más potentes encarnaciones. En una gesta sin precedentes en la historia de la navegación conectaron durante más de 250 años el Atlántico y el Pacífico, Asia, América y Europa en un flujo regular de bienes, dinero, gentes y cultura.

Desde una perspectiva eurocéntrica, la Era de las Exploraciones y de los Descubrimientos es considerada como el punto de partida de la Modernidad y el anuncio de la supremacía occidental sobre el resto del mundo. Gracias a su superior armamento, tecnología y capacidad de organización, los europeos descubrieron, conquistaron y administraron gran parte del globo. Con característica arrogancia, Hegel concluyó en el siglo XIX que aquellas regiones que no estaban bajo dominación europea eran simplemente merecedoras de ser ignoradas. Pero, a medida que nos movemos desde esa perspectiva eurocéntrica a otro globocéntrica, la misma historia se puede contar de otra manera. La temprana expansión

---

[44] Ortega y Gasset, José, *Una Interpretación de la Historia Universal*, pag. 90.

europea, con Portugal y España en la vanguardia, forma parte de una narración más amplia. Es cierto que al encontrarse con América, bordear África, alcanzar Asia y circunnavegar el globo, los marinos, comerciantes, misioneros y conquistadores ibéricos sacaron a Europa de un largo período de introspección caracterizado por un contacto limitado con otros pueblos y culturas, excepto en aquellas regiones europeas donde la presencia del Islam era más acusada y donde el intercambio diario con el otro no se limitaba a un puñado de mercaderes y diplomáticos, sino que alcanzaba a todas las capas de la sociedad, como sucedió durante siglos en la propia península ibérica. En su magistral *Estudio de la Historia*, Arnold J. Toynbee reconoció que los pioneros ibéricos "expandieron el horizonte y por tanto, potencialmente, el dominio de la Cristiandad Occidental hasta que terminó abrazando a toda las tierras habitables y mares navegables del globo" y añadió que "gracias en primera instancia a esa energía ibérica, Occidente ha crecido hasta convertirse en la Gran Sociedad, un árbol en cuyas ramas todas las naciones de la Tierra han encontrado acomodo" [45]. Bien, estamos ahora en otro tiempo, y el árbol occidental al que se refería Toynbee parece menos imponente que otras manifestaciones arbóreas de la civilización que ahora crecen tanto en el Sur como en el Oriente (67).

---

[45] Toynbee, Arnold J., *A Study of History*, pags. 124-125.

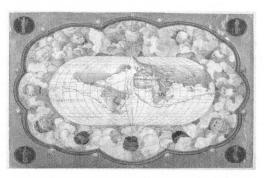

67. Mapamundi con las rutas marítimas que conectaban el Atlántico y el Pacífico, por Battista Agnase, 1540, en la Biblioteca John Carter Brown.

Los ibéricos hicieron algo más importante que expandir el alcance físico e intelectual de Occidente: conectaron mundos que antes habían permanecido distantes y en ese proceso hicieron posible la globalización en la que vivimos inmersos. Es cierto que redes fragmentarias de contactos entre sociedades habían existido antes del Gran Intercambio Ibérico. Las rutas terrestres de la seda; la ruta del té entre Rusia y China; los intercambios comerciales en África occidental, o las vías de navegación entre el mundo islámico y el sudeste asiático eran algunos ejemplos de una proto- globalización en marcha. Al otro lado del mundo, China había protagonizado varios y sincopados esfuerzos para maridar algunos de esos mundos. Avezados viajeros como Zhang Qian, Fa Hsien o Xuanzang abrieron caminos e hicieron posible la emergencia de un vasto sistema regional con China en el centro que alcanzaba hasta el Océano Indico, Asia central y el Oriente Medio, con ramales en la propia Europa. Sin embargo, las truncadas expediciones marítimas de Zheng He, entre 1405 y 1433, durante la dinastía Ming, representaron el punto álgido y, al tiempo, el límite de la capacidad china de expansión ultramarina hasta nuestros días. Aunque sin duda hubo poderosas razones de política interna para interrumpir aquellas expediciones y para desmantelar la flota, ello no es óbice para que, en la visión europea, aquella decisión haya sido considerada un grave error para el Imperio del Centro, que estaba destinado a adentrarse en un largo proceso de debilitamiento, culminando con su puesta bajo tutela de las potencias europeas a lo largo del siglo XIX (68).

68. Xuanzang, el monje y peregrino budista que en el siglo VIII conectó China, Asia central y la India mientras buscaba textos del canon budista.

En realidad, como hoy es ampliamente aceptado, la renuncia de la dinastía Ming a construir un Imperio ultramarino no supuso el fin de la predominancia china en el naciente sistema económico mundial. Al contrario, hasta el siglo XVIII, China continuó siendo el centro más dinámico de producción y el mayor mercado a escala global. Ello fue posible gracias a la convergencia de varias fuerzas en apariencia dispares. De hecho, al tiempo que China daba la espalda al mar, el resto del mundo iba a encontrarse con China gracias a la navegación, impidiendo su completo aislamiento. Cuando los primeros navegantes ibéricos aparecieron en el horizonte del Lejano Oriente, parecía que iban a terminar sumergidos en la inmensidad de Asia, convirtiéndose en poco más que intermediarios redundantes, parasitando los canales de comercio ya existentes en la región. Pero, a medida que los primeros establecimientos portugueses y españoles comenzaron a proliferar en ciudades como Macao, Nagasaki o Manila, un patrón de interrelación mucho más complejo comenzó a emerger. En el corazón de ese sistema naciente se situó el dinero en grandes cantidades, fluyendo desde el Mundo Hispánico para alimentar un nuevo mercado global.

Cuando los ibéricos se infiltraron en el Lejano Oriente, España estaba conquistando los imperios precolombinos de los aztecas y los incas. Al poner en circulación en cantidades masivas el oro y la plata explotados en sus nuevas posesiones, los españoles revolucionaron la economía internacional y sus territorios en Nueva España y en los Andes se convirtieron en la fábrica de moneda del mundo. Como el mismo Adam Smith reconoció en 1776 en su ensayo sobre *La Riqueza de las naciones,* la plata hispano-americana era el hilo que conectaba las distintas partes del orbe.

El control por la Monarquía Hispánica del flujo de metales preciosos desde el Nuevo Mundo dependía de la capacidad de la Armada española para hacer lo que siglos más tarde y con medios técnicos más avanzados harían la Royal Navy o la Armada estadounidense, es decir, proteger las principales rutas comerciales transoceánicas. Durante tres largos siglos, la Armada española fue la principal custodia y transportista del circulante que hizo posible esa primera economía global. Tan extraordinario logro, tantas veces ignorado o simplemente considerado insustancial por tantos historiadores, fue el resultado no de la casualidad o de la mera pasividad de los enemigos de España, sino de una serie de decisiones estratégicas adoptadas durante el reinado de Felipe II y continuadas por sus sucesores bajo dos distintas dinastías. El personaje encargado de realizar la visión del monarca fue Pedro Menéndez de Avilés, cuyo nombre merece ser incluido en la lista de los grandes genios militares de la historia. En su avatar como conquistador, Menéndez de Avilés había eliminado con éxito la presencia de hugonotes franceses en la Florida, fundando en 1565 la villa de San Agustín, la ciudad europea continuamente poblada más antigua en los actuales Estados Unidos, creando así una zona de contención entre las posesiones españolas y las colonias inglesas en América. Más tarde, como comandante supremo encargado de supervisar la defensa de las rutas marítimas del Imperio, ideó y puso en práctica el innovador sistema de flotas transoceánicas, acompañado por una compleja red de fortificaciones a lo largo de las rutas más expuestas, especialmente en el Caribe, sin parangón en la historia militar hasta ese momento. Por si todo ello no fuera suficiente, fue también el diseñador, junto con el gran almirante Álvaro de Bazán, de los formidables galeones, la moviente fortaleza que vendría a simbolizar el poder naval español durante los siguientes dos siglos y medio (69).

69. Pedro Menéndez de Avilés, grabado realizado por Francisco De Paula Martí, 1791.

El mito nord-atlántico de los marinos ingleses y holandeses depredando las indefensas flotas españolas en alta mar y saqueando las débiles fortificaciones caribeñas es simplemente eso, un mito publicitario. De hecho, piratas como Drake, Hawkins o Raleigh fracasaron a la hora de capturar una simple flota española y sólo fueron capaces de asaltar buques aislados o conducir expediciones de rapiña fugaces en los puntos menos defendidos de la costa americana y de las islas del Caribe. En realidad, los tres personajes mencionados murieron durante frustrados ataques contra sus odiados españoles o a resultas de los mismos. En cuanto a los holandeses, incluso cuando España ya estaba supuestamente en una fase de irremediable declive, fueron rechazados no una, sino tres veces en sus intentos por invadir las islas Filipinas, en las batallas de Playa Honda de 1609 y 1617 y, definitivamente, en la Batalla de la Naval de Manila, en 1646, en la que tan sólo tres galeones y cinco embarcaciones menores aniquilaron tres escuadrones navales holandeses con dieciocho navíos de combate cuando trataban de conquistar Manila. Los holandeses nunca más lo volvieron a intentar. Un dato todavía más revelador es que en los dos siglos y medio de existencia de las flotas atlánticas y del sistema de galeones en el Pacífico, los ingleses sólo fueron capaces de capturar cuatro galeones de Manila y ni una flota atlántica fue apresada en alta mar. La única que fue capturada intacta, en este caso por los holandeses del almirante Piet Hein, lo fue en 1628 cerca de la bahía de Matanzas, un hecho aislado que fue debidamente celebrado por los propagandistas protestantes, pero nunca más repetido.

El éxito a la hora de defender durante tan largo período los centros nodales del Imperio y sus conexiones oceánicas tuvo importantes consecuencias para la emergencia de la economía global, incluso una vez pasado el momento álgido del poder español. Por un largo tiempo, fue el peso de plata hispano-americano, y no la libra o el guilder, la moneda preferida por los comerciantes de China, América del Norte y partes de Europa. Cuando los Padres Fundadores de Estados Unidos buscaron un modelo para su nueva moneda, terminaron eligiendo el ejemplo español. En sus funciones como primer Secretario del Tesoro, Alexander Hamilton consiguió aprobar la Coinage Act en 1792, en la que se estableció que el dólar estadounidense debería tener el mismo valor que el peso de ocho, todo un testimonio de la influencia española en los orígenes de la moneda que terminaría convirtiéndose en instrumento de la hegemonía estadounidense. En cuanto a la China de los Ming, el Imperio español supuso una más que bienvenida, aunque inesperada, ayuda. Desde la más temprana dinastía Song, China había empleado el papel moneda como medio de cambio. Tras una serie de devastadoras crisis fiscales, la confianza en el papel moneda cayó vertiginosamente. Pese a ello, China continuó siendo una gigantesca factoría -nada nuevo bajo el sol, podríamos añadir- y por ello era imperativo que sus actores económicos pudieran encontrar medios de cambio alternativos, y más fiables, para poder financiar la expansión de su comercio. La plata hispano-americana fue la solución. Bajo el dominio español, entre 1500 y 1800, las minas de México y Perú produjeron en torno al 85% de la plata disponible a escala mundial. Se estima que un 40% de esa plata terminó en China por diversas vías. De esta forma, las suertes de dos gigantes geopolíticos como eran los imperios chino y español estuvieron conectadas durante siglos. La pregunta es ¿por qué y cómo fue así? Encontrar la respuesta nos ofrecerá una clave poco conocida sobre los orígenes de la globalización y sobre la naturaleza de nuestro propio tiempo histórico.

Desde que en 1522 Juan Sebastián Elcano completara la primera circunnavegación del globo, iniciada por Magallanes en 1519, un problema en apariencia insoluble había traído de cabeza a la Corona española. Aunque el océano Pacífico era navegable hacia el oeste, aparentemente no era posible realizar el viaje en sentido contrario. Durante tres décadas, la Monarquía envió expedición tras expedición con el fin de encontrar una ruta navegable desde Oriente hacia América, sin éxito....hasta que una figura excepcional entró en escena: Andrés de Urdaneta, el monje navegante (70).

70. Andrés de Urdaneta, por Víctor Villán de Aza, 1890.

Andrés de Urdaneta no es un personaje famoso. Apenas aparece en los libros de texto o en los ensayos al uso sobre la Era de las Exploraciones. Sin embargo, en la historia oculta de la conexión entre civilizaciones es una de los grandes héroes. Su biografía es un compendio de una era excepcional y su vida y hazañas, en manos de un buen guionista, podrían ser la materia prima perfecta para una película de éxito. Imaginemos la siguiente línea argumental, sólo que en este caso la realidad sobrepasa a la ficción: un adolescente de catorce años vive en una pequeña villa del País Vasco, a donde un buen día llegan noticias de la primera circunnavegación del globo por Elcano, el equivalente en nuestros días del aterrizaje en la Luna. Aventurero por naturaleza, el joven sueña con escapar de su pequeño caserío y darse a la mar para emular a su famoso compatriota. Naturalmente, sus padres no quieren saber nada de ello, y el intrépido Urdaneta tiene que contentarse con recorrer los mares con su despierta imaginación. Hasta que, tres años más tarde, a su remoto valle llega el mismo Elcano, quien está recorriendo el norte de España para enrolar a marinos experimentados y sin miedo y embarcarlos en una nueva aventura. Al llegar a la villa de Urdaneta, el joven elude la vigilancia familiar y consigue una entrevista con su héroe, el Neil Amstrong de la época. Ganado por su entusiasmo e inteligencia natural, Elcano le ofrece ser su ayudante personal y los padres del joven no tienen más remedio que ceder esta vez. Fue así como en 1525, Urdaneta vio cumplido su más anhelado sueño. La expedición en la que partió a la descubierta del mundo estaba comandada por Loaisa, con Elcano de piloto mayor, y contaba con siete navíos con los que la Corona pretendía alcanzar las Islas de las Especias en el Pacífico por el oeste, evitando de este modo la ruta reservada a Portugal. Siguiendo la estela previa de Magallanes, los españoles se adentraron por el estrecho que lleva el nombre del gran marino fallecido. Enfrentados a traicioneras corrientes y aterradoras tormentas, muchos perecieron junto con sus navíos y otros fueron arrojados a las desconocidas costas. Urdaneta, apenas un novicio en las artes marineras, formó parte de una partida enviada para rescatar a los náufragos, con tal mala fortuna que él y sus compañeros se perdieron y tuvieron que acogerse a la incierta hospitalidad de los indios patagones. Durante semanas tuvo que aprender a cazar focas, enterrarse en la arena para combatir el mordiente frío nocturno y hasta consiguió sobrevivir a una explosión de pólvora que casi termina prematuramente con su vida. Al fin, consiguió ser salvado por otros compatriotas y con ellos y en los cuatro navíos restantes completó la travesía del estrecho. Justo a su salida, una poderosa tormenta disperso los restos de la flota, perdiéndose tres barcos en la inmensidad del Pacífico. Sólo la nave capitana consiguió mantener el rumbo hacia las islas Molucas. La tragedia se cebó todavía más con ellos al perecer el propio Elcano, víctima de unas fiebres. El hombre que había recibido del mismo emperador Carlos V un escudo de armas con el lema *Primus Circumdedisti Me*, falleció en presencia de Andrés de Urdaneta, a quien había confiado ser uno de los siete testigos de su testamento.

Reducidos así a una maltrecha banda de hambrientos marinos a bordo de un destartalado navío, los restos de la expedición alcanzaron milagrosamente su destino tras conseguir avituallarse en las islas de Guam y Mindanao. En las Islas de las Especies fueron recibidos por el rey de la isla de Tidore, un viejo aliado de España desde que con él cerrara un tratado de amistad el propio Elcano en su previa travesía. El reyezuelo era además un enemigo jurado de los portugueses, quienes dominaban la vecina isla de Ternate, con lo que pronto los pocos y debilitados españoles se vieron inmersos en un juego de poder internacional a miles de millas de su patria. Por supuesto, tan pronto como los portugueses tuvieron noticias de la llegada de sus enemigos ibéricos se lanzaron contra ellos con su superior fuerza, demandándoles la rendición. El orgulloso Urdaneta, convertido en líder natural de los españoles, se negó. Por increíble que parezca dado su escaso número y las penosas condiciones en que se hallaban, el joven vasco y sus hombres resistieron durante nueve años el acoso de los lusos y de sus aliados indígenas saltando de isla en isla, usando la astucia, sirviendo como intermediarios entre los distintos reyezuelos y, cuando era necesario, uniendo sus escasas fuerzas a las de sus aliados de circunstancias.

Sólo cuando los portugueses les mostraron pruebas irrefutables de que el propio emperador había renunciado, en el contexto de la complicada diplomacia europea de la época, a su reclamación sobre las

Islas de las Especias, los españoles se rindieron a la evidencia y se entregaron. Junto con la docena de compatriotas supervivientes, Urdaneta fue trasladado preso a Lisboa. Gracias a una posterior confesión, sabemos que en aquel viaje nuestro héroe estaba acompañado por una hija natural que había concebido junto con una nativa de las islas del Pacífico. Nunca más volvió a mencionarla. Cuando consiguió huir de la prisión lisboeta gracias a un plan diseñado por el Embajador español en el país vecino, lo hizo solo y así retornó a su patria, once años después de su partida como un jovenzuelo espoleado por la aventura y por la sed de gloria. Cuando pudo alcanzar la capital imperial entonces sita en Valladolid, las nuevas sobre sus hazañas y su competencia como piloto y cosmógrafo ya eran moneda corriente en la corte, ante la que fue invitado para realizar una presentación de sus aventuras en presencia del emperador y sus consejeros más próximos. Siempre honesto y dolido por el abandono al que consideraba habían sido expuestos él mismo y sus compañeros tras el acuerdo con Portugal, Urdaneta se atrevió a reprochar al mismo Carlos V su decisión. Parece que el soberano no se lo tomó con deportividad y Urdaneta cayó en desgracia justo cuando parecía que le podía favorecer la fortuna a poco que hubiera sabido adular al poderoso. Pero no estaba en su naturaleza rebajarse traicionando su conciencia. Como tantos de sus compatriotas en similares circunstancias, decidió probar suerte en las Indias y en 1538 se alistó en una expedición con destino a Nueva España, donde pasó la siguiente fase de su vida guerreando en las fronteras septentrionales contra indígenas levantiscos. Los años pasaban y fue convirtiéndose en un soldado maduro sin demasiados medios de fortuna. Fue entonces cuando una profunda crisis personal le hizo abandonar la vida secular y en 1552 entró en la orden de los agustinos, quienes tenían un monasterio en las afueras de la ciudad de México, deseoso de abandonar la vida y de que la vida le olvidara. Pero no iba a ser así. El paso del tiempo no disminuyó su fama como una de las grandes autoridades en la navegación transoceánica, ganada en sus años mozos. En vano las autoridades virreinales intentaron una y otra vez que abandonara la vida recluida y volviera a embarcarse en las renovadas expediciones que intentaban conectar México y Asia en una doble vía de ida y, lo más difícil, vuelta. Finalmente, cuando parecía que su terca voluntad había triunfado, el monje recibió una misiva del mismo rey Felipe II, urgiéndole a que se uniera a una flota que tenía como destino establecer una base permanente en las Filipinas, arrebatando a los portugueses su monopolio en Asia. Esta vez, quién sabe si animado repentinamente por sus memorias de juventud, Urdaneta aceptó la oferta, pero con la condición de que no asumiría el mando de la flota, sino tan sólo la condición de piloto. Y como tal partió por última vez a la aventura, en noviembre de 1564. La expedición, comandada por Miguel López de Legazpi, tenía como misión declarada establecer una colonia en las Filipinas, pero las instrucciones secretas abiertas una vez iniciado el viaje consistían en encontrar la ruta de regreso a América, el conocido como tornaviaje. Y en esa empresa, el rey era claro: la travesía de vuelta sólo podía ser dirigida por Urdaneta. Era una orden irrevocable. El rey le había ganado la mano al elusivo monje. Y así, en 1565, nuestro protagonista partió de la isla de Cebú y, desafiando la sabiduría convencional, en lugar de seguir el ejemplo de tantos intentos fracasados, se dirigió hacia el norte, hacia Japón y allí consiguió alcanzar la corriente Kuro Shiwo, que le condujo hasta las costas de California y

Acapulco. En cuatro meses, Urdaneta había conquistado lo imposible, maridar Asia, América y, por extensión, Europa en la primera ruta transoceánica que durante los siguientes dos siglos y medio uniría los tres continentes de forma regular gracias a los galeones de Manila y a las flotas atlánticas españolas. Una hazaña para la posteridad. Pero, lejos de disfrutar de una bien merecida gloria, Urdaneta, el hombre que hizo posible la primera globalización, regreso a su monasterio y allí murió en silencio, con la satisfacción de haber alcanzado en la vejez los sueños más anhelados de la infancia.

La ruta de los galeones de Manila descubierta por Urdaneta fue la más larga y longeva empresa marítima comercial de los tiempos pre-industriales, pues duró entre 1565 y 1815. Su éxito fue posible por dos razones. En primer lugar, beneficiaba a todos los actores involucrados. Para China, era una fuente inagotable de monedas de plata mientras que a los americanos y europeos les permitía tener acceso a productos de lujo asiáticos, desde especias a porcelana o seda. En segundo, a pesar de no pocos naufragios causados por las tempestades y otros accidentes de la navegación, la ruta seguida por los galeones era relativamente segura para los usos de la época. Los galeones eran buques formidables, con una capacidad que podía alcanzar las 1.500 toneladas de carga. Su tamaño, la frecuencia bianual casi ininterrumpida y la capacidad defensiva de los galeones, auténticas fortalezas flotantes frente a cualquier enemigo, explican que durante el siglo XVII el Mundo Hispánico intercambiara con China más plata a cambio de mercancías de lo que el Imperio del Centro era capaz de conseguir del comercio combinado con Inglaterra, los Países Bajos y Portugal.

El éxito comercial de los galeones de Manila puede también ser examinado a la luz de la teoría económica más ortodoxa. Los pobladores españoles de Nueva España se quejaban constantemente acerca de los elevados costes de producción de la seda elaborada en América. Puesto que las Leyes de Indias prohibían la esclavitud de los indios, los encomenderos les tenía que ofrecer un salario, por magro que fuera. Ello hacía que la seda americana no fuera competitiva en los mercados internacionales e incluso en los locales. Puesto que la seda china era más barata en origen, tenía sentido intercambiarla por el producto más abundante de las Américas, la plata, así que los términos del intercambio trans-Pacífico estaban claros para todas las partes. Además, los galeones de Manila presentaban dos ventajas adicionales para China. Primero, le ofrecía un cauce financiado y defendido por extranjeros para que sus bienes alcanzaran un mercado mucho más amplio sin necesidad de incurrir en los costes de toda índole que acarrea gestionar un Imperio ultramarino. Segundo, China necesitaba circulante desesperadamente y los pesos de ocho hispano-americanos eran una auténtica moneda global, aceptada y demandada en los mercados más dispares. De hecho, incluso tras perder España sus posesiones en Asia y en el Pacífico, los pesos hispanos seguían siendo utilizados como la moneda preferida por los comerciantes en las provincias costeras chinas, donde aquéllos que llevaban grabada la efigie de Carlos IV eran conocidos como "Budas orondos".

En cuanto al Imperio español, las naos de China eran el único modo en que conseguía hacer rentable su presencia en las Filipinas y, al tiempo, los productos transportados en las naves desde Manila hasta Acapulco y desde allí al interior de Nueva España constituían bienes extraordinariamente apreciados en la economía virreinal, hasta el punto que no pocos mercaderes y negocios dependían para su supervivencia y prosperidad de la llegada regular de los galeones. El intercambio alcanzó también a los usos y costumbres de las gentes comunes. El polígrafo Alexander von Humboldt contempló ya en 1803 cómo las especias y textiles asiáticos formaban parte de la gastronomía y vestimentas habituales de las poblaciones indias y mestizas. Los productos más lujosos eran consumidos por las elites peninsulares y criollas y en gran medida se abrían camino hasta España y el resto de Europa a través de las flotas atlánticas con destino a Sevilla. En resumidas cuentas, para la economía global los galeones de Manila fueron el nexo que unió a las dos mayores entidades geopolíticas conocidas hasta los inicios del siglo XIX, el Imperio Chino y la Monarquía Hispánica, maridando los tres continentes, Asia, América y Europa, que todavía hoy constituyen los tres pilares de nuestro mundo globalizado (71, 72).

71. Pesos de ocho de 1812 con ideogramas chinos grabados.

72. Jarra con figuras chinas y motivos ornamentales islámicos realizada en Puebla, México, siglo XVII.

La temprana globalización hispánica no se limitaba a los productos materiales. Como demuestra la propia historia de los galeones de Manila, desde un principio tuvo una importante dimensión espiritual y cultural. La mayoría de los relatos sobre los primeros contactos intelectuales entre China y Europa posteriores al viaje de Marco Polo comienzan con una referencia a la presencia de los jesuitas en la corte de los Ming, con la figura estelar de Mateo Ricci como protagonista. Se suele decir que las primeras fuentes fiables europeas sobre la civilización china fueron las de los enciclopedistas y filósofos franceses en el siglo XVIII. Pero lo cierto es que el primer best-seller escrito sobre China tras el relato de los viajes del veneciano data de 1585 y fue obra de un autor español. La *Historia de las cosas más notables, ritos y costumbres del Reino de la China*, de Juan González de Mendoza alcanzó las 38 ediciones en español, italiano, francés, alemán, holandés e inglés antes de que finalizara el siglo XVI. Fue también el primer libro europeo en mostrar los ideogramas chinos, precisamente en un capítulo dedicado a explicar la naturaleza del idioma asiático (73).

73. El libro de Mendoza con los caracteres chinos, una primicia en Occidente.

Mendoza era uno entre otros españoles, muchos de ellos misioneros, que conocieron China gracias a los galeones de Manila. El principal lugar donde tuvieron lugar esos primeros contactos era el Parián, o mercado, de Manila, donde sedas, porcelanas y otras preciadas mercancías eran intercambias por plata. La coexistencia entre los mercaderes chinos y los españoles no era siempre fácil, pero un cierto aprendizaje mutuo pudo tener lugar de todas formas. Si consideramos el Mundo Hispánico como un mediador, mezclador y diseminador de conocimientos acerca de civilizaciones dispares, entonces el Parián de Manila merece ocupar un lugar de honor en la lista de nodos donde tuvo lugar ese intercambio, al lado de Córdoba, los monasterios de Liébana y Ripoll, Toledo, El Escorial, la Universidad de Salamanca o el Colegio de Tlatelolco en la ciudad de México.

La conversión y cuidado espiritual de la levantisca comunidad china de Manila, conocida como los sangleyes en las crónicas de la época, fue encomendada a los frailes dominicos. Aunque menos reconocidos que los jesuitas en su pasión por el saber, lo cierto es que los dominicos eran hombres de profunda cultura y también solían prestar una atención especial al aprendizaje de lenguas extranjeras, incluyendo las orientales, en su formación. En 1703, un fraile dominico sevillano, Francisco Varo, publicó en Cantón la primera gramática conocida de lengua china escrita en una lengua vernácula europea, el *Arte de la Lengua Mandarina,* en la que realizaba un preciso estudio de las tonalidades. Y no se trató de la única contribución hispana a los inicios de la sinología occidental. Antes que Varo, sus compatriotas Juan Cobo y Juan Bautista de Morales habían escrito gramáticas y diccionarios bilingües que no llegaron a ser publicados. El propio Juan Cobo fue el primer traductor de un libro en chino a una lengua europea, el *Beng Sim Po Cam,* hermosamente titulado en español como el *Espejo Claro del Claro Corazón,* una colección de máximas y aforismos de los autores clásicos chinos, publicada en 1592. La traducción fue presentada al propio Felipe II en 1595, con las siguientes palabras de introducción: "los chinos no tienen entre sus bienes más preciados el oro, o la plata, o la seda, sino los libros, la sabiduría, las virtudes y el buen gobierno". A la inversa, el primer libro europeo en ser traducido al chino, en 1607 por Tomás Mayor, fue la *Introducción al Símbolo de la Fe,* una enciclopedia de teología natural escrita por Luis de Granada.

Además de con China, la presencia española en Manila hizo posible también el encuentro con otra tierra mítica, a la que el propio Colón pretendía llegar cuando se topó con América, Cipango. La atracción que muchos japoneses sienten por lo español suele sorprender a los visitantes primerizos de aquel archipiélago. Muchas mujeres japonesas son particularmente aptas a la hora de dominar el arte del flamenco. En el barrio comercial de Shibuya, en Tokio, hay una calle llamada España y no lejos del templo de Ise hay un parque temático dedicado a la historia y la cultura españolas. Uno de los dulces más exquisitos de la gastronomía japonesa se llama Castela, una derivación de Castilla. No por casualidad, las mejores castelas son hechas en Nagasaki, una ciudad portuaria abierta al comercio con el exterior en 1571 a instigación de un jesuita español, Cosme de Torres. Aunque estos ejemplos puedan parecer anecdóticos y una muestra entre otras del apetito japonés por lo foráneo, lo cierto es que están relacionados con un fascinante episodio de la primera globalización. Si el viajero de vuelta de Japón se pasa por Coria del Rio, cerca de Sevilla, podrá ver allí la estatua de un noble japonés de nombre Hasekura Tsunenaga, quien encabezó una embajada enviada a España desde la tierra del Sol Naciente en 1614. Durante ese viaje, Hasekura se convirtió al catolicismo y fue recibido en Roma por el Papa Pablo V. Algunos de los miembros de su comitiva nunca retornaron a Japón y decidieron quedarse en el sur de España, donde todavía pueden encontrarse al menos un centenar de personas que portan el apellido Japón (74).

74. Estatua del Embajador Hasekura en Coria del Río.

La Embajada de Hasekura formó parte de un patrón de relaciones entre Japón y España que comenzó con la llegada del jesuita Francisco Javier a Kagoshima, en el sur de las islas, el 15 de agosto de 1549. El misionero estaba acompañado por otros dos jesuitas y por un samurái renegado, Yajiro, a quienes los españoles habían contratado en Malaca para que se convirtiera en interprete durante su viaje. Esa primera presencia española había sido precedida por la llegada de los portugueses. En total, el período ibérico en Japón habría de durar varias décadas más hasta la promulgación de los edictos de expulsión de los extranjeros, ya bajo la dinastía Tokugawa. Desde entonces, Japón entró en una fase plurisecular de aislamiento, roto a cañonazos por los barcos del comodoro Perry en 1853. La única excepción fue una pequeña presencia holandesa en la remota isla de Dejima.

Para los lectores de la novela *Shogun*, de James Clavell, más tarde convertida en una serie de televisión de éxito, la presencia ibérica en Japón es asociada con los barcos negros de los avariciosos jesuitas y con conspiraciones papistas para imponer el catolicismo en una tierra de tolerancia. El protagonista de la novela, un piloto inglés al servicio de los holandeses, es alabado por frustrar las tentativas de los torvos ibéricos. De hecho, existe toda una tradición académica anglo-americana que data de finales del XIX destinada a denigrar la labor de los españoles y portugueses en Japón con el propósito de demostrar la superioridad de la versión anglosajona de la civilización occidental que se disponía por entonces a romper el aislamiento japonés, por la fuerza si era necesario, y a desalojar a España de sus últimas posesiones en el Pacífico. Es en ese contexto que podemos citar las palabras de William E. Griffis, un profesor americano en Tokio que escribió una de las primeras historias de Japón en inglés, fechada en 1876, para quién la llegada de los ibéricos a aquellas islas solo trajo "problemas innumerables. La cosecha fue la persecución religiosa, la Inquisición, el comercio de esclavos, la propagación de la Cristiandad por la espada, la sedición, la rebelión y la guerra civil"[46]. Huelga decir que el encuentro entre las naciones ibéricas y Japón fue menos apocalíptico y mucho más complejo que la simplista versión ofrecida del mismo por el Sr. Griffis y sus acólitos hasta nuestros días. Estudiar aquel episodio puede, además, mostrarnos cómo lo que hoy llamamos globalización puede ser hecha y deshecha a lo largo de los tiempos y también que sus protagonistas no son necesariamente banqueros de la City o Wall Street o genios informáticos de California. Puede, sobre todo, instruirnos acerca de las posibilidades y límites del diálogo entre culturas y civilizaciones en tiempos turbulentos.

---

[46] Griffis, William E. *The Mikado's Empire*, p.268.

Como ya se ha dicho, los primeros europeos en llegar a Japón fueron los portugueses, en 1543. El efecto más revolucionario de su arribada fue la introducción del mosquete. El empleo de tan eficaz y, para la época, devastadora arma de fuego fue esencial para el desarrollo de la guerra civil que por entonces asolaba el archipiélago. Los otros dos efectos para los japoneses del encuentro con los europeos fue la llegada, cierto, de una nueva religión y el establecimiento de nuevas rutas de comercio e interacción con el mundo exterior.

Puesto que habían llegado desde el sur, los japoneses denominaron a los recién llegados como Namban-jin, o bárbaros meridionales, un término que empleaban para referirse a malayos o vietnamitas con los que ya se relacionaban. Más tarde, el término Namban comenzó a emplearse para denominar un estilo artístico que mezcla influencias niponas e ibéricas y también el entero período transcurrido desde 1543 hasta 1614-1639, cuando se hacen efectivos los edictos de expulsión del régimen Togugawa contra los extranjeros.

Contrariamente a la versión de algunos historiadores poco informados o desinformadores, los Namban-jin no fueron la causa de la guerra civil o de las discordias religiosas en Japón. El país llevaba desde tiempo antes sumido en el caos previo a su unificación política, un período de turbulencias conocido en la historiografía nipona como *Sengoku Jidai,* o "el país en guerra". En ausencia de un poder imperial efectivo, el Emperador estaba recluido en Kioto, los señores feudales guerreaban entre sí para desalojar a los detentadores del poder real: la familia Ashikaga. La religión también formaba parte del problema, pues numerosas sectas budistas competían entre sí, a menudo de forma violenta, por ganarse el favor de los señores de la guerra. Los monasterios zen en particular eran particularmente feroces a la hora de defender su casi hegemónico comercio con China, excluyendo del mismo a otras escuelas budistas.

Así pues, cuando Francisco Javier y sus compañeros tomaron tierra en Japón no lo iban a tener sencillo. Sin embargo, contra todo pronóstico, en unos pocos años los jesuitas consiguieron encontrar la clave del complicado laberinto y establecer una floreciente empresa religiosa y, también, comercial en tierras tan en apariencia ajenas. Aunque los jesuitas son asociados con España, lo cierto es que desde sus orígenes funcionaron como una multinacional capaz de combinar un alto grado de jerarquización con una extraordinaria capacidad para adaptarse a las circunstancias locales más exóticas. La suya fue, si así puede decirse, la primera empresa "glocal" de la modernidad. Su forma de aclimatarse a las costumbres japonesas es un ejemplo paradigmático de su capacidad para penetrar en mercados foráneos a la búsqueda de almas para convertir y, por qué no, dados los tiempos, beneficios que explotar con los que contribuir a la causa del Catolicismo en su lucha contra las no menos agresivas fuerzas protestantes. Para comenzar, los jesuitas en Japón fueron auténticos maestros a la hora de cambiar tácticas en medio de la competición cuando así era necesario, no por duplicidad, sino por necesidad. Al principio, intentaron ganarse a la población local con una actitud humilde, poniendo el acento en los necesitados. Pero al comportarse así lo único que consiguieron fue el desprecio de los orgullosos daimios y de los poderosos abades de los monasterios budistas, que los tomaron por otros pordioseros más. Desde entonces, aun ocupándose de los pobres y enfermos y creando hospitales y orfanatos, los jesuitas resolvieron ir directamente a la cabeza del sistema jerárquico local y para ello centraron todos sus esfuerzos, con cierto éxito, en convertir a los más relevantes daimios y a su entorno cortesano. La forma de ganarse su estima fue hacerse indispensables como intermediarios con las factorías portuguesas en Asia continental, asegurando que las carracas lusas y más tarde los galeones españoles atracaran en territorios controlados por señores de la guerra católicos, que así veían recompensado el abandono de la fe de sus antepasados. Al mismo tiempo, los misioneros jesuitas iniciaron su propio proceso de niponización, aprendiendo el idioma y las costumbres locales, apreciando su gastronomía y en general ensayando unos de los procesos de aculturación más fascinantes de la temprana modernidad, con resultados todavía apreciables. Así, los primeros libros impresos en Japón lo fueron de obras de autores españoles como Fray Luis de Granada. Traducciones en romanji, una suerte de alfabeto inventado para facilitar la translación de caracteres japoneses en letras latinas, permitieron que los lectores europeos pudieran tener acceso a clásicos como el *Heike Monogatari*. Asimismo, fueron compiladas las primeras gramáticas y diccionarios empleando el alfabeto silábico conocido como kana al lado de los ideogramas de origen chino, un método que todavía sigue empleándose en el aprendizaje del japonés por extranjeros. Además de llevar las primeras imprentas con tipos móviles a Japón, los jesuitas y otros "bárbaros del sur" dieron a conocer a los japoneses la pintura, la música, la astronomía o la medicina occidentales, e incluso ingredientes de las dietas europea y americana fueron por vez primera introducidos en los platos locales. Muchos daimios, samuráis e incluso actores de teatro adoptaron las costumbres y vestimentas de los extranjeros y el vocabulario japonés comenzó a reconocer palabras como tabako (tabaco), karuta (carta), kappa (abrigo), bidro (vidrio), pan o incluso tempura, un plato cuya etimología está relacionada con el latín témporas, el tiempo de ayuno antes de Pascua. Incluso el chanoyu, o ceremonia del té, fue influido por el estilo Namban, pues no pocos maestros fueron convertidos y seducidos por la estética de la liturgia católica. Como ejemplo, todavía perduran varias tazas de té en el renombrado estilo de la Escuela de Oribe adornados con una cruz. Conocedores de su importancia, todas las residencias jesuitas en Japón disponían de su sala para celebrar la ceremonia del té donde eran recibidos los dignatarios locales. Pero, quizá, los frutos más atractivos de la era Namban fueron los Namban byobu, o biombos decorados con escenas típicamente ibéricas realizados empleando una técnica pictórica local conocida como yamato-e, empleada por la célebre Escuela Kano. Muchos de esos biombos ahora en colecciones europeas, americanas o japonesas muestran la llegada de navíos y personajes ibéricos a puertos japoneses, donde los extranjeros son fácilmente reconocibles por su exótica vestimenta, sus prominentes narices y poblados mostachos (75).

75. Un biombo Namban con la llegada de navíos ibéricos a un puerto japonés.

Forzados a convertirse en antropólogos por las circunstancias, los primeros jesuitas en Japón pronto comenzaron a establecer comparaciones entre su país de acogida y su patria de origen. En este sentido, la situación en el archipiélago al tiempo de la llegada de Francisco Javier no distaba mucho de la atravesada por España unas décadas antes. La propia familia noble del jesuita se había visto envuelta en las guerras de unificación peninsulares, cayendo del lado derrotado. A Francisco Javier no le resultaba extraña, por tanto, la psicología bélica y las motivaciones de los daimios y samuráis y, de hecho, él y sus compañeros de la orden se sintieron atraídos por el código de honor japonés, con su énfasis en la disciplina y sentido de sacrificio hasta el punto de arriesgar la vida por un noble ideal, una forma de conducta apreciada en la España imperial y por los propios estatutos de la orden jesuita. No ha de extrañar que al recibir las primeras noticias de tan lejanas tierras portadas por sus correligionarios, Baltasar Gracián, cuyos manuales de ética para un mundo barroco en constante mudanza todavía son estudiados en muchas escuelas de negocio, concluyó que los japoneses eran los españoles de Asia.

La suerte de las misiones jesuitas, y de la presencia ibérica en general, comenzó a tornar para lo peor cuando uno de los caudillos locales, Toyotomi Hideyoshi, emergió como el más poderoso señor de la guerra tras vencer a sus rivales y se convirtió en unificador del país. Como sucediera en España bajo los Reyes Católicos, los elementos foráneos comenzaron a ser considerados sospechosos. Le preocupaba en particular que los daimios cristianos privilegiaran sus lazos con las potencias ibéricas sobre su lealtad al nuevo líder, un temor que algunos de los comerciantes holandeses e ingleses presentes en Japón hacían todo lo posible por alimentar. Para evitar el riesgo de defecciones, promulgó varios edictos prohibiendo la práctica de la religión católica, pero pronto comprendió que no podía romper tan fácilmente su dependencia del comercio Namban. Se contentó por ello con llevar a cabo una política de relativa tolerancia interrumpida por períodos de violenta persecución que culminaron con la ejecución pública de los primeros mártires españoles y japoneses en Nagasaki, en 1597. Mientras tanto, el astuto Hideyoshi buscaba cerrar contratos comerciales con sus aliados de circunstancias protestantes e intentaba desviar las energías de sus potenciales adversarios católicos enviando sus tropas a un intento fallido de invadir Corea, una expedición en la que las fuerzas japonesas fueron acompañadas por el jesuita español Gregorio de Céspedes, el primer europeo en pisar aquel país, del que dejó una favorable impresión en sus escritos.

La posición de los jesuitas sufrió otra complicación cuando su monopolio de la empresa evangelizadora en Japón fue quebrado a favor de otras órdenes religiosas. Dominicos, franciscanos o agustinos vieron así satisfecha su reiterada demanda de que se les permitiera participar en la obra misionera desde sus respectivas bases en las Filipinas, compitiendo con sus rivales por el mercado de las almas niponas. En compensación a las autoridades locales por permitir la entrada de más sacerdotes, la corona permitió que varios navíos procedentes de Japón visitaran Manila cada año. Incluso una pequeña comunidad japonesa se estableció en las Filipinas y algunos contingentes de samuráis fueron alistados en la defensa de los galeones. Sin embargo, la creciente intensidad en las relaciones hispano-japonesas no fue acompañada por una mayor confianza mutua. El Gobernador de Manila temía que los japoneses allí afincados se convirtieran en una quinta columna que facilitara el asalto de las posesiones españolas por el ambicioso Hideyoshi. Por su parte, tanto éste como su sucesor, Ieyasu, el primer Tokugawa, continuaban recelando de los ibéricos en sus territorios recién unificados. La agria competencia entre católicos y protestantes por ganarse el favor de los gobernantes japoneses no hizo sino debilitar la presencia de los extranjeros en su conjunto. A medida que las relaciones políticas se deterioraban, hubo intentos para mejorar la situación, con el envío de misiones diplomáticas por ambas partes. A resultas, nuevas adiciones fueron añadidas al catálogo de novedades portadas por los Namban-jin. En 1597, durante una visita oficial, el embajador Luis Navarrete hizo entrega de un elefante, llamado Don Pedro, a sus anfitriones japoneses, un hecho celebrado en las crónicas locales de la época, pues era el primer paquidermo que contemplaban los atónicos ojos nipones. Otro embajador, Sebastián de Vizcaíno, fue el primero en llevar vino de Jerez al archipiélago y, en su segunda misión oficial, en 1613, hizo construir un galeón, el *Date Maru* para uso de un potentado local al que intentaba ganar para la causa española, el daimio Date Masamune. Una réplica exacta del navío puede ser todavía contemplada en el puerto de Ishinomaki (76).

76. Réplica del primer galeón español construido en Japón, realizada según los planes originales.

Fue a bordo de otro navío español como el embajador Hasekura, antes mencionado a propósito de su estatua en Coria del Río, viajó a México y España, con las consecuencias conocidas. El tiempo de negociaciones, sin embargo, estaba expirando. En 1614, Tokugawa Ieyasu promulgó el decreto de expulsión contra los extranjeros, inició una brutal persecución contra los japoneses conversos al cristianismo y limitó el comercio con el exterior a los puertos de Hirado y Nagasaki. Una vez cerrados también éstos, tan sólo una factoría comercial holandesa en el remoto puerto de Dejima constituyó la única ventana de Japón al exterior durante dos siglos largos. Cuando Japón volvió a abrirse, el número de católicos japoneses forzados a practicar su fe en secreto había descendido a unos pocos miles. Su tragedia ha sido narrada en una extraordinaria novela de Endo Shusaku, titulada, apropiadamente, *Silencio*.

La llegada en 1853 de la flota del comodoro Perry a Japón y la apertura a la fuerza del país supuso un doloroso aldabonazo para el orgulloso país, que inició entonces, bajo la nueva dinastía Meiji, una acelerada política de modernización occidentalizante, hasta el extremo de desdeñar las tradiciones y el patrimonio cultural propio. En Occidente, los historiadores y preceptores culturales, al comenzar a conocerlo, desdeñaron el arte de las islas, y en general el arte oriental, como una desviación incomprensible del canon clásico. Tales opiniones fueron por vez primera confrontadas por un excéntrico y poco conocido personaje. Hijo de Manuel Fenollosa, un músico español que había abandonado su patria al inicio de la primera Guerra Carlista para instalarse en Nueva Inglaterra, Ernest Francisco Fenollosa fue uno de los más grandes orientalistas de su tiempo y un pionero en la incorporación del arte del Lejano Oriente al acervo cultural de Occidente, especialmente en el mundo anglo-americano. Quienes hoy visiten algunas de las mejores colecciones de arte oriental en la costa Este estadounidense, como las albergadas en el Museo de Bellas Artes de Boston o en las Galerías Freer y Sackler de Washington D.C., podrán comprobar cuánto deben en su origen a la pasión por el coleccionismo de Fenollosa. También a su convicción de que algún día un paisaje japonés de la escuela Kano o una cerámica china de la dinastía Ming podrían compartir espacio en las galerías y museos de Europa o de Estados Unidos con un retrato de Rubens o con una porcelana de Limoges, suscitando similar admiración.

Ernest Fenollosa nació en 1853 en la ciudad portuaria de Salem, tristemente conocida por las cazas de brujas acaecidas en tiempos de la colonia inglesa. Tras abandonar España, su padre se había establecido allí a invitación de un potentado y filántropo local para dar clases privadas de música. Fue así como conoció y conquistó el corazón de una de sus alumnas, Mary Silsbee, descendiente de una familia que había hecho su fortuna gracias al comercio con Oriente.

Aunque pasado ya su momento de mayor esplendor, Salem era todavía un enclave floreciente de Nueva Inglaterra y competía con Boston por el lucrativo intercambio con Asia. No en vano, el lema de Salem es *Divitis Indiae usque ad ultimum sinum,* esto es, "hasta las más lejanas bahías de las ricas Indias". Un historiador de la época, Samuel Eliot Morison, escribió en 1921 que en los primeros años del siglo XIX "Boston era el equivalente de España y Salem el de Portugal en la carrera hacia las Indias orientales".

Como si así lo hubiera dictado el destino, el año del nacimiento de Ernest Fenollosa coincidió con la llegada de los "barcos negros" del comodoro Perry a Japón. Un año más tarde, en marzo de 1854, la Convención de Kanagawa, abrió el Imperio del Mikado a los navíos estadounidenses en varios puertos designados para ello. Un nuevo capítulo de las relaciones entre Occidente y el Lejano Oriente estaba a punto de abrirse. Para las elites japonesas menos retrógradas, la constatación del atraso y de la inferioridad militar de su país fue el detonante que terminó provocando la caída de la dinastía Tokugawa y el inicio de la Restauración Meiji, en 1868. Su lema fue el fortalecimiento industrial y militar siguiendo las pautas de los países más avanzados de

Occidente. Para que el nuevo Japón pudiera nacer, el viejo Japón tenía que morir.

Mientras Japón se adentraba en una nueva era, la juventud de Fenollosa coincidió en Estados Unidos con el denominado período de la Reconstrucción (1865-1877). Fue una larga década caracterizada en lo material por una fe casi ilimitada en el progreso y en las posibilidades de la nación americana tras superar la Guerra de Secesión. En el dominio intelectual, el auge del capitalismo rampante y el nacimiento de un nacionalismo con visos expansionistas provocaron como reacción la emergencia de corrientes idealistas y cosmopolitas, representadas por el transcendentalismo de Emerson y Thoreau o por la poesía de Walt Whitman.

En ese contexto de cambios enfebrecidos, Ernest Fenollosa inició, en el otoño de 1870, sus estudios de Filosofía, Teología e Historia del Arte en Harvard, en aquel momento una encrucijada de los diversos senderos intelectuales que se abrían a una República cada vez más poderosa, pero insegura acerca de su lugar en el mundo. Fueron para el joven hispano-americano años de descubrimientos, sobre todo de los autores europeos, entre quienes le deslumbró Hegel. El alemán ofrecía una visión de la historia pretendidamente universal, por encima de fronteras nacionales, lo que atraía a la generación del joven Ernest. Para Hegel, el desplazamiento de la civilización seguía un movimiento desde Oriente hacia Occidente. El Este era el comienzo de la historia; Europa, su destino último (el resto de la humanidad, huelga decir, no contaba). Ahora bien, estando, por así decirlo, en el extremo de ambos polos espirituales y geográficos, uno estático y otro dinámico ¿cómo podía encajar América en esa filosofía de la historia? En la mente de Fenollosa comienza a conformarse la idea de que Estados Unidos, y no Europa, habría de ser el culmen del devenir humano, donde convergieran finalmente Oriente y Occidente.

Para que así fuera, era necesario que sus compatriotas, y él mismo, tuvieran un conocimiento cabal de Asia, a ser posible libre de distorsiones eurocéntricas. La oportunidad se presentó cuando, terminados sus estudios y recién casado, el excéntrico naturalista y polígrafo Edward Morse, una autoridad en arquitectura, cerámica y moluscos japoneses, le invitó como profesor en la Universidad Imperial de Tokio, entonces a la búsqueda de talentos extranjeros para sus departamentos y cátedras. Desde 1878 hasta 1886, Fenollosa enseñó así filosofía, economía política y estética a las primeras generaciones de estudiantes formados en el currículo occidental durante la Era Meiji. Sus alumnos, con cierta inmodestia, le conocían como *Daijin Sensei*, el maestro de los grandes hombres.

De inmediato atraído por la lengua y las tradiciones del país, Ernest constató que, en su política de forzada modernización, el nuevo régimen había descuidado la preservación del patrimonio cultural japonés. Ello le abría posibilidades insospechadas como aventajado *connoisseur* e incipiente coleccionista, pero al tiempo le suscitaba remordimientos de conciencia. Al viajar por el interior del país, visitando monasterios regentados por abades venales o alojándose con familias deseosas de deshacerse de la herencia de sus antepasados, era posible hacerse con auténticas joyas a un precio irrisorio. Eran años en los que los japoneses se desprendían de las obras de sus mejores maestros para adquirir vulgares imitaciones de cualquier artista europeo de segundo orden.

Fenollosa, todo hay que decirlo, no desaprovechó la oportunidad y terminó enviando cargamentos de cerámicas, lacas, pinturas y esculturas antiguas a su Nueva Inglaterra natal, donde eran adquiridos por estetas locales con amplios medios de fortuna. Al mismo tiempo, quizá para calmar sus escrúpulos, animó y comenzó a organizar los primeros grupos autóctonos de defensa del arte japonés, sobre el que se había convertido en uno de los mayores especialistas. Para ello, contó con la ayuda de varias personalidades locales de excepción. El más influyente fue Kano Hogai, un pintor descendiente de la dinastía artística Kano, que desde el siglo XV da nombre a una de las escuelas pictóricas más renombradas de Japón. Ambos, junto con uno de los más brillantes discípulos de Fenollosa, Okakura Kazuko, formaron en 1881 la *Kanga-kai,* o Sociedad para la Apreciación de la Pintura, dedicada a la defensa de los métodos artísticos tradicionales, o *Nihonga,* frente a la enseñanza de las técnicas occidentales, o *Yoga,* privilegiada en las escuelas de bellas artes del país tras las reformas educativas Meiji.

El éxito acompañó la labor divulgativa de la *Kanga-kai.* En un movimiento pendular, el gobierno imperial comenzó a pergeñar las primeras leyes de protección del patrimonio, designando como Tesoros Nacionales aquellas obras cuya relevancia exigía que su exportación fuera prohibida. Claro que, para que las nuevas normas fueran efectivas, primero era necesario identificar y catalogar las obras de arte que no habían sido ya expoliadas. Y, puesto que hablamos del Japón Meiji, también se consideró esencial realizar un estudio comparado de los mejores ejemplos foráneos en materia de enseñanza artística y de prácticas museísticas.

Fenollosa fue el hombre elegido para realizar a cabo la tarea, lo que da idea de la alta estima en que era tenido por el régimen Meiji y el grado de conocimiento del arte japonés y occidental que se le presumía. Como asistente escogió a su discípulo Okakura Kazuko y ambos se embarcaron en 1886 en un *Grand Tour* europeo. Más tarde, Okakura se convertiría en un gran adalid del pan-asianismo y en divulgador incansable de los valores tradicionales japoneses entre la elite artística e intelectual occidental y de la propia Asia, con influencia sobre autores tan diversos como Martin Heiddeger, T.S. Eliot, Swami Vivekananda o Rabindranath Tagore. Su obra más conocida fue el *Libro del Té*, una introducción a la ceremonia tradicional del té o *chanoyu*, publicada en 1906.

A su regreso de Europa, Fenollosa continuó recorriendo gran parte de Japón entre 1887 y 1889, visitando cientos de templos y colecciones privadas para llevar a cabo el registro de los Tesoros Nacionales requerido por las autoridades. Al mismo tiempo, aprovechó para acrecentar sus conocimientos de poesía china y japonesa y profundizó en el estudio del teatro No. Después de su muerte, y por intermediación de su viuda, las notas y traducciones de Fenollosa terminaron en manos del joven y ya poliédrico Ezra Pound, quien las editó y utilizó en su propia creación poética. Los versos de los clásicos chinos y japoneses pasaron así a vivificar, siguiendo las más extrañas sendas, una nueva corriente de la literatura occidental: el modernismo anglo-americano.

La primera estancia de Fenollosa en Japón, empero, estaba a punto de terminar al poco de alcanzar su culmen. Su influencia sobre la política cultural del país se fue desvaneciendo conforme una nueva generación de artistas y políticos japoneses comenzaba a tomar las riendas de su propio destino y una cierta xenofobia comenzaba a enrarecer el ambiente. Era el momento de regresar a su tierra natal, desde donde le llegaban tentadoras ofertas. Al partir, el propio Emperador le concedió la Orden del Espejo Sagrado y le encomendó personalmente dar a conocer el arte japonés a los occidentales de igual modo que había enseñado a los japoneses a valorarlo.

A su regreso a Nueva Inglaterra, Fenollosa fue nombrado conservador de la Galería de Artes Orientales del Museo de Bellas Artes de Boston, puesto que ejerció entre 1890 y 1895. Durante ese período, organizó numerosas exhibiciones de arte japonés al tiempo que fungía de conferenciante y asesor para otros museos e instituciones. El destino que se había fijado tras su larga estancia en Asia era educar a un público acostumbrado a los patrones y convenciones del arte europeo en los valores de la estética oriental. En sus propias palabras, se veía como adelantado de un tiempo en el que para ser considerada culta, cualquier persona debería conocer y asimilar no sólo los grandes nombres y obras de los clásicos greco-romanos, sino también familiarizarse con los maestros antiguos y con la historia del Extremo Oriente. En cierto modo, y dada la época, se veía a sí mismo como una especie de Heinrich Schliemann, sólo que su Troya eran los templos y tesoros de Nara o Kioto y los había descubierto en el lejano Japón, no en la cercana Anatolia.

El destino le permitió regresar una última vez a Japón. Tras un escandaloso divorcio que conmocionó a la pacata sociedad bostoniana y su segundo matrimonio con la novelista Mary MacNeil, fue llamado de nuevo a su patria de adopción. Allí se instaló en 1896, tomó como hogar una mansión en Kioto y continuó con sus estudios, clases y conferencias. Fue entonces cuando se convirtió al budismo en su rama theravada y comenzó a concebir la que terminaría siendo su magna obra, *Las épocas del arte chino y japonés*, una historia del arte en los dos países asiáticos mostrada a modo de vasos comunicantes y situada en el contexto de la evolución del arte universal. No llegó a terminarla, aunque su viuda la publicó póstumamente a partir del manuscrito inacabado. La muerte sorprendió a Fenollosa el 21 de septiembre de 1908, en Londres, tras una gira académica por Europa y cuando estaba a punto de regresar de nuevo a su amado Japón. El gobierno imperial envió un barco para recoger sus restos. Sus cenizas reposan en el monasterio de Mii, en Kioto, junto al lago Biwa, en cuyas orillas había pasado algunos de los más deliciosos momentos de su vida (77).

77. Ernest Francisco Fenollosa, el Schliemann del arte oriental

CAPÍTULO 7
FRUTOS DORADOS DE LA EDAD DE ORO.

Al tiempo que tantos españoles se convertían en pioneros de la era de la globalización, conectando mundos que habían permanecido alejados entre sí, otros compatriotas suyos seguían caminos más cercanos a casa, pero no menos aventurados o fructíferos desde el punto de vista de la ampliación de los horizontes intelectuales y espirituales. Sus viajes no eran a través de continentes y océanos, sino que tenían lugar en el interior de sus almas, en búsqueda de un sentido más profundo a sus vidas y de una mejor comprensión de las complejidades de la naturaleza humana, lo que en modo alguno era una empresa menor. Algunos de esos españoles se adentraron en la Vía Mística, explorada por sabios de tantos tiempos y lugares, incluyendo a muchos que habían habitado en la España de las Tres Culturas: poetas sufíes como Ibn Arabi; judíos esotéricos como Moses de León o militantes cristianos como Ramón Lull. Todos ellos fueron exponentes del gran renacimiento místico español, una senda serpenteante hacia la sabiduría y la felicidad que ofrecía a quienes por ella se adentraban, y todavía lo hacen, una ruta alternativa a la más amplia y directa avenida del conocimiento prevaleciente en Occidente.

La Vía Mística en España es usualmente asociada con tres nombres: Fray Luis de León, Santa Teresa de Jesús y San Juan de la Cruz. Pero su bien merecida prominencia no debe hacernos olvidar que, como la proverbial punta del iceberg, fueron tan sólo las cimas visibles de una profunda corriente subterránea que atravesó España desde la publicación en 1500 del *Libro de ejercicios para la vida espiritual*, obra del monje benedictino y Abad del Monasterio de Montserrat, García de Cisneros. El libro fue escrito como manual de instrucciones para los monjes en la oración y la contemplación de forma que a través de una escala ascendente pudieran alcanzar la unidad con Dios. La obra de García de Cisneros fue una de las principales fuentes de inspiración para San Ignacio de Loyola, el fundador de la Orden de los Jesuitas, al escribir sus propios *Ejercicios espirituales*, donde el misticismo no es entendido como fin en sí mismo, sino como medio para fortificar a los soldados de Dios en su conquista espiritual de la humanidad. La orden de los jesuitas fue creada, en este sentido, en la misma intersección donde convergían las fuerzas de introversión y extroversión que operaban en España en la temprana modernidad

Una vía menos activa que la elegida por los jesuitas, al menos en su apariencia externa, fue la elegida por Fray Luis de León. Fray Luis era un monje agustino y profesor en la Universidad de Salamanca. Al contrario que Vitoria y otros miembros de la Escuela de Salamanca, estaba menos interesado en los acontecimientos que estaban teniendo lugar en el Nuevo Mundo y en sus consecuencias morales y legales que en explorar su propio mundo interior y en crear nuevas formas de expresión poética capaces de manifestar los misterios allí albergados. En su caso, al contrario que para muchos de sus compatriotas, el descubrimiento no lo era tanto de tierras y mares distantes, sino de una geografía espiritual cuya descripción, en lugar de emplear el lenguaje de la cosmografía o de la astronomía, requería un nuevo vocabulario del alma.

Lo que hace a Fray Luis distinto de sus grandes contemporáneos, especialmente de San Juan de la Cruz, cuya variante mística era mucho más apasionada, era su maestría sin igual en el empleo de los moldes poéticos clásicos para expresar un lenguaje espiritual aquilatado por los principios del humanismo. Tan difícil equilibrio era posible gracias a que Fray Luis es, sobre todo, uno de los más extraordinarios poetas en cualquier lengua y tradición. Uno no tiene que ser un devoto católico para disfrutar el delicado ejercicio de pesos y medidas entre forma y contenido, sonido y significado que caracteriza sus más hermosas composiciones líricas, en especial la *Profecía del Tajo* y, para muchos, su obra maestra: *La vida retirada*. El poeta y crítico literario Dámaso Alonso, escribió que la poesía de Fray Luis era similar a las *Odas* de Horacio en el uso de una versificación mesurada y su sentido de las proporciones, aunque fuera mucho más compleja en el empleo de recursos estilísticos, algunos de ellos de un dinamismo casi cinematográfico. Hay otra buena razón para comparar al poeta latino y al católico. Horacio fue un hombre de la Antigüedad clásica que vivió en la transición entre la República y el Imperio y encontró difícil, aunque no imposible, acomodar su lealtad política al nuevo régimen. Fray Luis también vivió en una época de tránsito político y cultural en España, cuando el fragmentado pasado medieval, aunque se resistía a desaparecer, estaba dando paso a la modernidad y a la afirmación de la Iglesia y el Imperio con sus respectivas aspiraciones al orden y sospecha del disenso, dos tendencias con las que no encajaba el temperamento pugnaz y rebelde del poeta. Fue su personalidad la que le llevó a algún encuentro más que desagradable con la Inquisición. En el más dramático episodio de su vida, los celos de otros sacerdotes con pretensiones académicas que le acusaron de herejía provocaron su condena a prisión durante más de cuatro años. Declarado finalmente inocente, retornó a su cátedra en la Universidad y retomó su lección tras tan prolongada ausencia con las famosas palabras: "como decíamos ayer… ". Las tribulaciones de su vida y de su tiempo le llevaron a intentar encontrar solaz en la búsqueda de la verdad y la belleza. Su itinerario fue en algunas ocasiones neo-platónico, como en la *Oda* a su amigo músico Francisco de Salinas, donde el poeta estuvo más cerca que nunca de la unión mística al ascender las escalas musicales donde la vida y la muerte se confunden:

"El aire se serena
y viste de hermosura y luz no usada,
Salinas, cuando suena
la música extremada
por vuestra sabio mano gobernada.
(…)
¡Oh desmayo dichoso¡
¡Oh muerte que das vida¡ ¡ Oh dulce olvido¡
¡Durase en tu reposo
sin ser restituido
jamás a aqueste bajo y vil sentido¡.
(…)
¡Oh, suene de contino,
Salinas, vuestro son en mis oídos,
Por quien al bien divino

Despiertan los sentidos

Quedando a lo demás amortecidos¡".

En otros casos, el deseo de encontrar refugio desde las labores de la vida, llevó a Fray Luis no a las cumbres místicas, sino a un horaciano *Beatus Ille*, siguiendo no el camino hacia la auto-aniquilación del místico, sino la escondida senda que conduce a un jardín oculto, lejos del mundanal ruido...

"! Qué descansada vida

la del que huye del mundanal ruido,

y sigue la escondida

senda por donde han ido

los pocos sabios que en el mundo han sido¡.

(...)

Vivir quiero conmigo

gozar quiero del bien que debo al cielo,

a solas, sin testigos,

libre de amor, de celo,

de odio, de esperanzas, de recelo.

Del monte en la ladera

por mi mano plantado tengo un huerto,

que con la primavera

de bella flor cubierto

ya muestra en esperanza el fruto cierto".

La ascética evocación mundana en que culmina la mejor poesía de Fray Luis de León, no pertenece, propiamente hablando, a la Vía Mística. Para Fray Luis, la seducción del mundo, aunque idealizado en pastoriles reminiscencias, es todavía demasiado poderosa y su naturaleza poética está demasiado transida por la serena armonía de los clásicos como para dejarse arrastrar hacia las más altas cumbres de la espiritualidad. Tal no fue el caso de San Juan de la Cruz o de Santa Teresa de Jesús, para quienes la belleza lírica no era un fin, sino una parada y fonda en la jornada hacia la total fusión del yo con la realidad última. No ha de extrañar, por tanto, que en sus momentos más sublimes, la poesía de ambos místicos, aunque no totalmente ajena a ellos, terminara alejándose radicalmente de los cánones clásicos y renacentistas para explorar nuevos cauces de expresión cuyas fuentes estaban más cercanas a la tradición popular y, en el caso de San Juan de la Cruz, conectadas a través de una miríada de canales subterráneos con el legado de los maestros sufíes y cabalistas. Tan variados manantiales estaban a su vez unidos por una unidad de expresión que respondía a una diamantina unidad de propósito en toda su vida y obra: la divinización del mundo, la unión mística de lo mundano y lo sagrado, de Dios y el hombre. En la poesía de San Juan, asistimos a la sacralización del lenguaje de forma que pueda convertirse en un instrumento capaz de expresar el encuentro entre el Amante y el Amado. Así sublimados, la poesía y el poeta pueden adoptar, como en el poema de Ibn Arabi, toda forma...y su contraria:

"Mi Amado las montañas,

Los valles solitarios nemorosos,

las ínsulas extrañas,

los ríos sonorosos,

el silbo de los aires amorosos.

La noche sosegada,

en par de los levantes de la aurora,

la música callada,

la soledad sonora,

la cena que recrea y enamora".

La excelencia lírica y espiritual representada por la poesía mística española sólo fue posible porque la propia lengua española había llegado a ser, desde sus inciertos inicios híbridos en los tiempos de Alfonso X el Sabio, un medio lo suficientemente maduro y sutil como para poder expresar una multiplicidad de significados en las más refinadas y variadas formas literarias. Lo mismo puede decirse, como veremos, acerca de las artes visuales, cuya temprana dependencia de los maestros del primer Renacimiento italiano y nórdico dio paso a una de las más poderosas escuelas de representación en la historia del arte occidental.

La poesía de los místicos españoles fue una isla resplandeciente en un archipiélago conocido como la Edad de Oro. Como sucedía al visitar ciudades como Córdoba, Sevilla o Toledo en la Edad Media, tan sólo mencionar todo lo que acaecía en la España del siglo XVI e inicios del XVII en los dominios de las artes y las letras provoca fascinación. Es difícil encontrar otra muestra de semejante eclosión de genio creador en otra nación, salvo Italia, a inicios de la Edad Moderna.

La primera premonición de lo que estaba por llegar tuvo lugar durante el reinado de los Reyes Católicos. Fue entonces cuando los primeros frutos del Renacimiento hispánico comenzaron a madurar. Ya hemos mencionado las vías por las cuales las influencias italianizantes penetraron en España, tanto en la propia Italia, debido a la gran presencia española allí, como en la península, por medio de una generación de eruditos inmersos en los *studia humanitatis*. La moda por aprender latín, aunque, como en el resto de Europa, era el privilegio de unos pocos, alcanzó el pináculo del emergente Estado cuando la reina Isabel decidió estudiar los clásicos latinos con la tutora de sus hijos, la remarcable Beatriz Galindo, una de las primeras mujeres humanistas en Europa, también conocida como La Latina debido a su dominio del idioma de Virgilio. Pero sus talentos no se detenían en la filología clásica. Tras haber estudiado filosofía y literatura en universidades italianas, muy probablemente con Nebrija, aprendió medicina y enseñó en la Universidad de Salamanca. Sin embargo, de acuerdo con el historiador y humanista Lucio Marineo Sículo, el honor de haber sido la primera mujer profesora universitaria en España, y probablemente en el resto de Europa, pertenece a Luisa de Medrano, quien en 1508 enseño en la misma universidad. Para dar idea de su precocidad, baste mencionar que la primera mujer que alcanzó el puesto de profesora asistente en Harvard fue Alice Hamilton en 1919, mientras que en Oxbridge, la primera profesora titular fue la arqueóloga Dorothy Garrod en 1939 (78).

78. Beatriz Galindo, *La Latina*, retrato anónimo en la Fundación Lázaro Galdiano, Madrid.

La prevalencia del latín entre la elite cultivada española y la influencia de la moda italiana en las letras, representada excelsamente en las obras de Garcilaso de la Vega y Juan Boscán, introductores del endecasílabo en la versificación hispana, pronto dio lugar a un estilo nacional progresivamente desprovisto de afectaciones foráneas y tendente a una forma más llana de expresar sentimientos y pensamientos. El estilo español modélico, según el humanista Juan de Valdés, debería hacer posible escribir como se habla, escogiendo bien las palabras que mejor reflejen lo que se quiere decir, de la forma más simple, evitando todo manierismo. Aparte de la actitud en las elites, la más efectiva resistencia a la infiltración extranjera provino de una fuerte corriente nativista. Una reacción que tuvo su origen en las obras del mester de clerecía, una suerte de poesía elaborada escrita por sacerdotes a inicios del siglo XIII y representada por Gonzalo de Berceo tras su decisión de escribir en español sencillo o, como decía, en román paladino, la lengua hablada entre vecinos, ya que al menos su ejercicio le permitía acceder a una mayor audiencia y le daba para comprar un vaso de vino. La misma inclinación a encontrar inspiración en los modales y costumbres del pueblo bajo se encuentra en los *Romanceros*, recopilaciones de poesía y canciones populares recogidas a inicios del siglo XV gracias a la difusión de la imprenta, cuya proliferación contribuyó a que la naciente literatura en español tuviera desde el principio una fuerte veta realista, tanto en forma como en contenido

El triunfo del realismo, aunque no completamente desprovisto de referencias clásicas, se muestra en la novela picaresca, una de las contribuciones más genuinas y duraderas de la literatura hispánica al acervo cultural occidental. Aunque el inicio del género se suele asociar a la primera edición de *El Lazarillo de Tormes*, en 1554, algunas de sus principales características -la figura del antihéroe, el punto de vista en primera persona del narrador, la amoralidad del protagonista y el pesimismo sobre la naturaleza humana y sus escasas posibilidades de redención- tenían precedentes en dos obras maestras, una de finales de la Edad Media y otra de principios de la Moderna. La primera es el *Libro del Buen Amor*, por Juan Ruiz, el Arcipreste de Hita, aparecida en torno a 1343. Escrita al modo de un poema narrativo, en ella vienen a converger las diversas tendencias mundanas y sacras que habían atravesado España en los siglos precedentes, desde el latín clásico hasta el árabe coloquial, pasando por los proverbios castellanos, la poesía provenzal y la tradición goliarda. El resultado, lejos de ser un pastiche, una alegoría más, o una sucesión de sermones morales, fue una de las más vívidas, audaces, críticas y perspicaces obras de la entera Edad Media, a una altura semejante a la de los *Cuentos de Canterbury* de Chaucer, si bien más madura en el estilo y más compleja a la hora de reflejar la sin par diversidad hispánica. Algunos de los personajes del *Libro del Buen Amor*, en especial los dos amantes Don Melón y Doña Endrina y la alcahueta Trotaconventos, aparecerían más tarde bajo distintos nombres, pero con funciones similares, en la primera proto-novela de la moderna tradición occidental, *La Celestina*, escrita por Fernando de Rojas y publicada en 1499 como *La Comedia de Calisto y Melibea*.

Concebido como una sucesión de diálogos entre los principales personajes -los dos amantes Calisto y Melibea, la Celestina, dos criados y dos prostitutas- el argumento de la obra es engañosamente simple. Trata de una historia de amor convencional entre dos jóvenes que termina con la muerte de ambos. Pero el centro real de gravedad de la historia es la Celestina, la vieja arpía cuyas múltiples intrigas terminan formando una red sofocante que termina provocando su propia asfixia. Lejos de ser presentada como una caricatura del mal merecedora de su castigo, la protagonista se nos muestra como un ser de carne y hueso, incluso atractivo en su pasada indulgencia en toda clase de placeres y en su devoción, ya en edad tardía, a procurar la satisfacción de los deseos ajenos, a cambio de un buen beneficio. En su oficio, la Celestina muestra una depravada perfección. El suyo no es un mundo gobernado por la moral o la razón, sino por la pasión carnal que, llevada a su extremo, termina consumiendo hasta a los más puros y desinteresados amantes. La Celestina no es un personaje imaginario parecido a la realidad, sino un personaje real convertido en eterno gracias a la literatura, de ahí su radical modernidad.

La amoralidad de *La Celestina*; su falta de respeto por las convenciones sociales; la prevalencia del punto de vista de las clases bajas;

el uso de un lenguaje popular y las descripciones naturalistas, no como adiciones superficiales, sino como recursos estilísticos principales en el desarrollo de la narrativa; el énfasis en la construcción de los personajes desde dentro, y no movidos desde fuera, son características que encontramos presentes en el género picaresco y en tantas obras de la literatura moderna y contemporánea en él inspiradas. Aunque se han intentado encontrar precedentes en el *Asno de oro* de Apuleyo, en la novela bizantina o en algunos autores italianos como Boccaccio, fueron obras como *La Celestina* y *El Lazarillo de Tormes* o, incluso antes, *El Libro del Buen Amor*, donde todas esas tendencias previas confluyeron y maduraron en una corriente que habría de tener una extraordinaria fortuna en las letras occidentales, especial, aunque no únicamente, en la anglo-americana: pensemos en Defoe, Fielding, Dickens, Mark Twain o Saul Bellow.

La Vía Mística y la novela picaresca son dos extremos explorados por el genio creativo español durante la primera mitad del Siglo, o siglos, de Oro. La primera era un viaje hacia el interior del alma o, como diríamos ahora, hacia los estados fluctuantes de la mente, mucho más tarde estudiados por Freud y las neurociencias. Antes que Montaigne, y mucho antes que Faulkner o William James inventaran la técnica de la corriente de conciencia, fue Santa Teresa con su estilo sencillo y directo, quien reveló los procesos mentales de un ser humano inmerso en su día a día, entre los ruidos de la ajetreada cocina monacal y la quietud de una celda solitaria.

Aunque los místicos no eran ajenos a los tormentos de la carne y del alma, y a las frustraciones que acompañan la búsqueda de una forma de vida más elevada, sus jornadas terminaban, o al menos así lo esperaban, con la recompensa de una unión completa con Dios al modo de un éxtasis como el expresado en el rostro de la Santa Teresa de Bernini (79).

79. Expresión de éxtasis en la Santa Teresa de Bernini.

No era así en la novela picaresca. Aunque hay un vislumbre de redención al final del *Lazarillo* o del *Guzmán de Alfarache,* el modelo de pícaro todavía más pesimista inventado por Mateo Alemán, sus vidas estaban desprovistas, a diferencia de las de los místicos, de toda posibilidad de sublimación. Para el pícaro, por lo general un niño o adolescente en un mundo de adultos, la vida distaba de ser un manto de rosas con la ocasional espina; era un manto de espinas, sin más. Una novela picaresca es una sucesión de episodios y personajes destinados a mostrar el peor aspecto de la naturaleza humana. Atrapado en un mundo sin remisión, el pícaro no espera nada de la Gracia divina, todo lo fía a su propio ingenio y a su capacidad para la supervivencia. En un mundo de pecadores y criminales, ha de pecar y cometer crímenes, aunque ello vaya en contra de los mejores ángeles de su naturaleza, si alguno quedara. Cuando aparecen en la historia, la belleza y la caridad son flores exóticas en una jungla de malas hierbas y plantas carnívoras. Tan pesimista visión del mundo, aunque podía ofrecer un contraste necesario a la estilizada y espiritual senda literaria de los humanistas y místicos, tenía el riesgo de terminar en un callejón sin salida para las posibilidades de progreso humano. La figura del pícaro, tan atractiva en algunos aspectos, ofrecía pocas alternativas para un ulterior desarrollo: un pícaro siempre será un pícaro. Por ello, la novela moderna tenía que encontrar otras vías para presentar y desarrollar sus personajes.

Y entonces el milagro sucedió. Entra en escena Cervantes y su criatura Don Quijote, ¿o es al revés?. ¿Fue Don Quijote quién creó a Cervantes, como sospechaba Unamuno?. El que la pregunta anterior haya sido planteada y haya dado origen a un sinfín de disquisiciones metafísicas es muestra de la revolucionaria innovación que *El Quijote* representa en el contexto de nuestra civilización: es una obra en la que las nítidas fronteras entre los dominios de la realidad heredadas de los mundos clásico y bíblico son transgredidas más allá de lo imaginable, comenzando por la esencial distinción ontológica entre el Creador y sus criaturas. En *Don Quijote* asistimos al asombroso espectáculo de un autor que crece con sus personajes mientras éstos cambian a medida que se relacionan entre sí y con su autor. Don Quijote se convierte en Sancho Panza y éste se asemeja cada vez más a su señor a medida que avanzan los diálogos y las historias. ¿Y sería Cervantes quien imaginamos que fue sin Don Quijote y Sancho Panza? Al final de la novela, cuando el hidalgo ha fallecido, el alter ego del autor, el cronista Cid Hamete Benengeli reconoce la unidad del creador y de la criatura en una relación de mutua dependencia: "para mí sola (la pluma del autor) nació Don Quijote, y yo para él; él supo obrar, y yo escribir; solos los dos somos para el uno".

De forma más sorprendente, los personajes mismos adquieren tal consistencia que terminan por irrumpir en la realidad al tiempo que su trayectoria novelesca se ve modificada por ésta, como cuando la aparición de una vulgar imitación de la obra de Cervantes por Avellaneda provoca la indignación de Don Quijote. Además, está la cuestión de las múltiples autorías. El propio Cervantes alimenta nuestras dudas al referirse a las numerosas narraciones anónimas dedicadas a la vida y hazañas del hidalgo manchego y menciona a otro posible coautor en la persona del mencionada Cid Hamete Benengeli. En cuanto al propio Don Quijote, o Alonso Quijano o Quesada, ¿quién era en realidad?: ¿el pobre loco que decide convertirse en caballero errante tras haber leído demasiadas novelas de caballería?; ¿un ingenuo que se embarca en una serie de aventuras imposibles solo para ser objeto de escarnio y ridículo por parte de aquellos a quienes pretende socorrer?; ¿un anciano frustrado que cae locamente enamorado de una joven aldeana?; ¿ un erasmista que con sus aventuras pretende denunciar las locuras de este mundo?; ¿un revolucionario que apela a las más elevadas leyes de la humanidad para liberar a los condenados a galeras por la justicia real?; ¿el noble pero algo chiflado hidalgo, amado y apreciado por su familia y amigos, que tras una vida confortable pero aburrida fantasea sobre aventuras caballerescas para finalmente retornar a la cordura y morir en paz y reconciliado con el mundo?... ¿todos ellos, o ninguno?.

Pisamos suelo en apariencia más firme en la biografía de Cervantes. Al contrario que Shakespeare, el otro gran pilar del canon occidental, cuya vida estuvo, por lo poco que sabemos, desprovista de grandes sobresaltos, la del autor español parece extraída del argumento de una novela de aventuras. Cervantes era hijo de un barbero y practicante con mala fortuna, obligado por las circunstancias a llevar una vida errante. A pesar de las desventuras familiares, pudo adquirir una educación sólida para la época y apenas entrado en la juventud pasó a Italia, donde fue ayudante de un Cardenal y tuvo la oportunidad de familiarizarse con los clásicos y con los humanistas. Pero el amor a las letras no era su única vocación. Como típico español de la época, anhelaba la gloria y, quizá para escapar de algún encontronazo con la justicia, decidió alistarse en la infantería de marina, el más antiguo cuerpo de esa naturaleza en el mundo, especializada en la lucha contra los turcos en el Mediterráneo. Fue así como terminó participando en la más alta ocasión que vieron los tiempos, la batalla de Lepanto, donde se comportó bravamente y perdió el uso de su mano izquierda, como presumía, para mayor gloria de la derecha. Tras servir en otras campañas y mientras retornaba a España, su navío fue capturado por piratas bereberes y se vio obligado a pasar los siguientes cinco años de su vida como cautivo en Argel, hasta que fue rescatado por la orden de los Mercedarios, especialistas en redimir cautivos. A su regreso a la patria, contrajo matrimonio e intentó asentarse como recaudador de tributos, pero sin éxito. Los problemas con la contabilidad le llevaron en más de una ocasión entre rejas, mientras su vida personal hacía agua por todas partes. Quebrado en más de un sentido, puso sus esperanzas en labrarse un nombre en la república de las letras. Lo intentó con novelas pastoriles, el teatro y la poesía, sin suscitar precisamente el entusiasmo del público. Hemos de tener en cuenta que la España de principios del siglo

XVII era un auténtico hervidero de genios. La poesía o el teatro estaban siendo redefinidos por el prodigioso talento de Lope de Vega, el monstruo de los ingenios, cuya energía creativa era tan sólo igualada por su legendaria capacidad amatoria. La innata vitalidad de Lope le llevó a cuestionar los rígidos moldes del clasicismo para adentrarse en un modo de escribir más popular y proto-romántico. Ayudó que los gustos de la creciente clase media urbana española comenzaran a orientarse hacia una mayor demanda de comedias y baladas de argumentos más ágiles y melodramáticos que en el pasado. Lope estaba listo para responder al cambio de tendencias y así ideó su *Arte nuevo de hacer comedias en este tiempo*, en el que preconizaba adaptar la versificación a la naturaleza de la historia y no a la inversa. Bajo la influencia de Lope, el teatro español del Siglo de Oro se convirtió en el modelo para el arte dramático en otras naciones, desde los mayores autores del siglo XVII francés hasta los románticos alemanes del siglo XIX. Corneille o Racine se inspiraron en argumentos y personajes españoles hasta el extremo de que el crítico neoclasicista francés Nicolas Boileu se quejaría más tarde de las influencias corruptoras de las letras españolas en la labor literaria de sus compatriotas. Más entusiasta en el reconocimiento de la deuda contraída con los dramaturgos hispanos fue uno de los padres del romanticismo alemán, August Wilhem Schlegel. En sus conferencias de 1808 dictadas en Viena sobre al arte teatral y la literatura, exaltó la figura de Calderón, mientras que el poeta germano Ludwig Tieck se fijó en Lope como el representante del espíritu del pueblo, *Volk*, y como rompedor de los rígidos moldes clásicos permitiendo que la vida en toda su extravagante diversidad entrara, literalmente, en escena.

El genio prolífico e innovador de Lope le convirtió en un autor extraordinariamente popular sin necesidad de esperar a glorias póstumas. A su pluma se deben más de 1500 obras teatrales, un par de novelas y cientos de poemas, una producción sin igual que no le impedía llevar una vida de lo más activa al margen de las letras como soldado, amante, secretario al servicio de nobles e incluso para tomar las órdenes sagradas sin renunciar a muchos de los placeres mundanos. Fue ese conocimiento íntimo de la vida en toda su profusión el que le permitió escribir uno de los poemas más penetrantes jamás concebidos sobre la caprichosa naturaleza del amor.

"Desmayarse, atreverse, estar furioso
áspero, tierno, liberal, esquivo,
alentado, mortal, difunto, vivo,
leal, traidor, cobarde, animoso.
No hallar, fuera del bien, centro y reposo.
Mostrarse alegre, triste, humilde, altivo,
enojado, valiente, fugitivo,
satisfecho, ofendido, receloso.

Huir el rostro al claro desengaño,
beber veneno por licor suave,
olvidar el provecho, amar el daño;

creer que un cielo en un infierno cabe,
dar la vida y el alma a un desengaño;
esto es amor, quien lo probó lo sabe".

Sólo puedo pensar en otro poema sobre tan universal sentimiento más conmovedor y profundo, se trata del *Amor constante más allá de la muerte:*

"Cerrar podrá mis ojos la postrera
sombra que me llevare el blanco día,
y podrá desatar esta alma mía
hora a su afán ansiosa lisonjera;

mas no, desotra parte, en la ribera,
dejará la memoria, en donde ardía:
Nadar sabe mi llama en agua fría,
y perder el respeto a ley severa.

Alma a quien todo un dios prisión ha sido,
venas que humor a tanto fuego han dado,
Médulas que han gloriosamente ardido:

Su cuerpo dejará no su cuidado;
serán ceniza, mas tendrán sentido;
polvo serán, mas polvo enamorado".

Fue escrito por Francisco de Quevedo y Villegas, otro talento prodigioso en una época pródiga en personajes geniales. Borges, un gran admirador suyo, decía que Quevedo, más que un autor, era una entera literatura. Su carácter era casi con certeza el opuesto al de Lope de Vega. Mientras Lope era extrovertido, alegre y saboreador de los placeres de todo tipo, Quevedo era un resentido, un aguafiestas, quizá en respuesta a sus defectos físicos que le impedían, o así lo pensaba, gozar de la vida en plenitud. Pero no era introvertido. Su vida estuvo llena de drama. Disfrutaba atacando a los poderosos y disputando la gloria del Parnaso a sus rivales en la república de las letras. Fue agente político en Italia, donde se vio envuelto en varios embrollos diplomáticos y salió trasquilado. De regreso a España, intentó reconciliarse con el círculo de favoritos de Felipe IV, y en particular con el todopoderoso valido, el Conde-Duque de Olivares. Cuando su apuesta cayó en desgracia, cambió de caballo a media carrera, pero con su distintiva falta de discreción y mesura se excedió en sus ataques personales y lanzó una salva de andanadas contra la corrupción del entero sistema monárquico. El rey no le perdonó esta vez. Quevedo dio con sus cansados huesos en la prisión monástica del convento de San Marcos, en León. Cuando fue liberado en 1643, estaba muy enfermo y murió poco después. Nos queda su obra. Mientras la de Lope es una celebración de la vida, llena de exaltaciones a los éxitos de sus compatriotas, la de Quevedo rezuma resentimiento y amargas recriminaciones a su patria. Donde otros solo veían gloria, Quevedo sólo contemplaba ruinas "mire los muros de la patria mía/ si un tiempo fuertes ya desmoronados". La crítica acerba no hacía de él, sin embargo, un reformista social o político. Quevedo era un moralista sin paciencia para el compromiso y un pesimista ontológico. El mundo y el hombre estaban en estado de caída perpetua, sin remisión. Mientras que para los místicos siempre estaba abierta la posibilidad de la redención a partir de la renuncia al yo y la comunión directa con Dios y para otros creadores como Garcilaso, Fray Luis de León o Lope de Vega quedaban a mano el refugio de la naturaleza armoniosa o los goces y desventuras del amor humano, tales vías de escape no eran posibles en el sombrío universo quevedesco, donde todo es frágil, miserable y vano. La única salida era una suerte de estoicismo cristiano desprovisto de cualquier atisbo de simpatía por sus congéneres. Sus poemas metafísicos y su maestría en el uso del concepto le sitúan entre los grandes escritores intelectuales y como tal ha de ser admirado, pero en lo personal pocos de nosotros quisiéramos tenerle como amigo y mucho menos como enemigo, bajo el riesgo de ser objeto de su mordaz veta satírica, rayana en lo vitriólico, que gustaba de emplear sobre todo contra las mujeres y los judíos. Hoy no pasaría el examen de lo políticamente correcto, lamentablemente. Pues ingenios como Quevedo no dejan de ser un espejo de nuestra naturaleza e ignoraremos la imagen que de la humanidad nos devuelven reflejada a nuestra cuenta y riesgo. Sus *Sueños*, por ejemplo, son descripciones monstruosas y grotescas, pero no menos veraces, al estilo del Bosco, de los distintos estilos de vida propios de la sociedad de su época, no tan disímiles de la nuestra. El equivalente visual de los *Sueños* son los *Caprichos* de Goya, en tantos aspectos heredero de Quevedo, como también lo fue en cierto modo el mismo Picasso. Pero, a diferencia de los dos pintores, a Quevedo no le tentaba plantear realidades alternativas al tiempo que criticaba la existente. Era incapaz de romper el hechizo del mundo tal y como lo percibía a través de sus antiparras obscurecidas: "Nada me desengaña/ el mundo me ha hechizado".

Las imágenes de Quevedo son proyectadas desde un espejo tan distorsionado como el del Callejón del Gato. Como sucedía con las creaciones de otras mentes barrocas, atrás habían quedado los tiempos en que los humanistas del Renacimiento eran capaces de concebir un mundo de armónicas proporciones hecho a la medida del hombre. Ahora, los límites los imponía la propia imaginación creadora. La de Quevedo, tendía hacia el nihilismo y probablemente el único ser humano con el que hubiera sentido una cierta afinidad pudiera haber sido Dostoievski.

Otros dos autores españoles llevaron el liberado impulso creador hacia extremos distintos a los de Quevedo, pero no menos fascinantes y arriesgados. El primero fue Luis de Góngora y Argote, un nativo de Córdoba cuya poesía es identificada con la otra gran corriente de las letras barrocas opuesta al conceptismo, el culteranismo. La poesía gongorina, cuyo aprecio fue redivivo por los poetas de la Generación del 27 y es considerada como precursora de los aspectos más formales de los estilos modernistas y vanguardistas, es el equivalente lírico de la catedral semiótica de San Isidoro en sus *Etimologías*. De modo semejante al enciclopedista medieval, Góngora intentó rescatar un mundo degenerado y caótico recreando un cosmos verbal. El propósito de San Isidoro era prosaico y pedagógico, pegado a la tierra; el de Góngora, era estético y etéreo, desprovisto de toda utilidad práctica, una utopía hecha de música e imágenes inverosímiles, creadas con los recursos de la retórica clásica llevados a un virtuoso paroxismo. El pináculo del método gongorino se encuentra en las *Soledades*, probablemente el poema de mayor pureza y autosuficiencia jamás concebido en lengua alguna. También uno de los más difíciles para el lector quien, como el náufrago protagonista, es arrojado por la tempestad a una tierra extraña, de acuosas montañas y montaraces océanos, en el que los perros están coronados de tiaras y las mariposas se disipan en cenizas:

"Desnudo el joven, cuanto ya el vestido
Océano ha bebido
Restituir le hace a las arenas;
Y al Sol le extiende luego,
Que, lamiéndole apenas
Su dulce lengua de templado fuego,
Lento lo embiste, y con suave estilo
La menor onda chupa al menor hilo.
No bien, pues, de su luz los horizontes
-Que hacían desigual, confusamente,
Montes de agua y piélagos de montes-
Desdorados los siente,
Cuando -entregado el mísero extranjero
En lo que ya del mar redimió fiero-
Entre espinas crepúsculos pisando,
Riscos que aun igualara mal, volando,
Veloz, intrépida ala,
-Menos cansado que confuso- escala.
Vencida al fin la cumbre
-Del mar siempre sonante,
De la muda campaña
Árbitro igual e inexpugnable muro-,
Con pie ya más seguro
Declina al vacilante
Breve esplendor de mal distinta lumbre:
Farol de una cabaña

Que sobre el ferro está, en aquel incierto
Golfo de sombras anunciando el puerto.

«Rayos -les dice- ya que no de Leda
Trémulos hijos, sed de mi fortuna
Término luminoso.» Y -recelando
De invidïosa bárbara arboleda
Interposición, cuando
De vientos no conjuración alguna-
Cual, haciendo el villano
La fragosa montaña fácil llano,
Atento sigue aquella
-Aun a pesar de las tinieblas bella,
Aun a pesar de las estrellas clara-
Piedra, indigna tïara
-Si tradición apócrifa no miente-
De animal tenebroso cuya frente
Carro es brillante de nocturno día:
Tal, diligente, el paso
El joven apresura,
Midiendo la espesura
Con igual pie que el raso,
Fijo -a despecho de la niebla fría-
En el carbunclo, Norte de su aguja,
O el Austro brame o la arboleda cruja.
El can ya, vigilante,

Convoca, despidiendo al caminante;

Y la que desviada

Luz poca pareció, tanta es vecina,

Que yace en ella la robusta encina,

Mariposa en cenizas desatada".

La revolucionaria actitud gongorina hacia el mundo y la palabra desató una prolongada disputa entre sus partidarios y detractores, cuyos ecos reverberan hasta nuestros días. Uno de los críticos más feroces de Góngora fue el propio Quevedo, quien no dudó en lanzar ataques *ad hominen* contra su rival, como el contenido en su poema homónimo, *Góngora*:

"Yo untaré mis versos con tocino

porque no me los muerdas, Gongorilla,

perro de los ingenios de Castilla,

docto en pullas, cual mozo de camino.

Apenas hombre, sacerdote indino,

que aprendiste sin christus la cartilla,

hecho carnero en Córdoba y Sevilla

y bufón en la corte, a lo divino.

¿Por qué censuras tú la lengua griega,

siendo sólo rabí de la judía,

cosa que tu nariz aun no lo niega?.

No escribas versos más, por vida mía;

que aun aquesto de escribas se te pega,

pues tienes de sayón la rebeldía".

Lejos de guarecerse en su torre de cristal, Góngora no rehusaba descender a la arena y a menudo su pluma podía ser tan acerada como combativo devenía su carácter. A menudo, el objeto de su ira no era, como se podría esperar, su archirrival conceptista, sino su enemigo natural en las artes, Lope de Vega, un hombre proclive a darle al público lo que quería, alejado de toda pretensión del arte por el arte. Las diferencias entre ambos, además, se extendían al terreno de lo político. Mientras Lope se sentía plenamente cómodo con la Monarquía y con las empresas de conquista y su crítica social iba dirigida, como en *Fuenteovejuna*, contra el mal uso del poder en lugar de contra el poder mismo, Góngora no dudaba en atacar, eso sí, sutilmente, toda la maquinaria imperial. En la primera parte de sus *Soledades*, el personaje desilusionado encarnado en el serrano, narra su pasado como conquistador y su mala fortuna, achacándola a la *hubris* de los tiempos, pues él, como tantos otros conquistadores, había intentado desafiar a la misma naturaleza extendiendo los dominios del hombre sobre el mundo:

"Piloto hoy la Codicia, no de errantes

árboles, mas de selvas inconstantes,

al padre de las aguas Océano

(de cuya monarquía

el Sol, que cada día

nace en sus ondas y en sus ondas muere,

los términos saber todos no quiere)

dejó primero de su espuma cano,

sin admitir segundo

en inculcar sus límites al mundo".

La irrupción de un discurso político en la poesía pura gongorina puede sorprender, pero incluso su mundo prístino estaba sujeto a la corrupción y a la mutación propia de las cosas de este mundo. Después de todo, era un poeta barroco, consciente de la tiranía del tiempo y de las imperfecciones humanas. Sobre todo, al igual que su contemporáneo Calderón, sabía que incluso las obras de la imaginación tienen la consistencia fragmentaria y deletérea de los sueños:

"Yo sueño que estoy aquí
de estas prisiones cargado,
y soñé que en otro estado
más lisonjero me vi.
¿Qué es la vida? Un frenesí.
¿Qué es la vida? Una ilusión,
una sombra, una ficción,
y el mayor bien es pequeño:
que toda la vida es sueño,
y los sueños, sueños son".

Los inmortales versos citados son pronunciados por Segismundo al final del Acto III en *La Vida es Sueño*. La obra de Calderón es, quizá, la culminación de la visión del mundo barroca. Pero el largo Siglo de Oro español no puede ser confinado a un solo estilo. El humanismo clásico de Garcilaso de la Vega; el misticismo humanista de Fray Luis de León; el misticismo exaltado de San Juan de la Cruz; las exploraciones subconscientes de Santa Teresa; el naturalismo de la novela picaresca; el vitalismo de Lope; el pesimismo ontológico de Quevedo; el experimentalismo formal de Góngora o las disquisiciones metafísicas y teológicas de Calderón son muestra de la enorme variedad de registros vitales, literarios y filosóficos que convivieron durante aquellas décadas prodigiosas. Y, por encima de todo, tenemos a Cervantes.

Está fuera de los propósitos de esta obra realizar una exégesis de la obra cervantina. Me limitaré a citar algunas líneas de Don Quijote y que el lector reflexione *ad libidum* sobre ellas. Después de todo, el propio Cervantes nos pedía que no juzgáramos su novela siguiendo los preceptos de las escrituras bíblicas, sino ejerciendo nuestro libre albedrío.

"Sábete, Sancho, que no es un hombre más que otro si no hace más que otro". (Don Quijote, Capítulo XVIII de la Primera Parte).

"Cada uno es hijo de sus obras". (Sancho, Capítulo XLVII de la Primera Parte).

"La libertad, Sancho, es uno de los más preciosos dones que a los hombres dieron los cielos; con ella no pueden igualarse los tesoros que encierra la tierra ni el mar encubre; por la libertad así como por la honra se puede y debe aventurar la vida, y, por el contrario, el cautiverio es el mayor mal que puede venir a los hombres" (Don Quijote, Capítulo LVIII).

En la obra de Cervantes, el hombre -no el ideal inventado por los humanistas del Renacimiento, sino la enrevesada madeja hecha de sentido común, pasión y locura, como los mismos Don Quijote o Sancho- es por vez primera maestro de su propio destino. Un destino que no está predestinado por Dios, por la fortuna o por el azar, o incluso por las veleidades de un autor omnisciente, sino por cada gesto, cada palabra, cada pensamiento, cada acción que cada uno de nosotros realiza y acumula a lo largo de la vida, en un viaje que no culmina en una unión mística con Dios o en el cartesiano "Pienso, luego existo", sino en la muy cervantina e hispánica afirmación del individuo y sus potencialidades: "Yo sé quién soy", dijo Don Quijote, y quien puedo llegar a ser, si así lo quiero, podríamos añadir.

En última instancia, puede que generaciones de lectores y críticos nos hayamos equivocado intentando ver en las aventuras de Don Quijote y su acompañante más de lo que sencillamente son: una historia contada por un hombre razonable que daba el siguiente consejo a los aspirantes a escritor:

"Procurad también que, leyendo vuestra historia, el melancólico se mueva a risa, el risueño la acreciente, el simple no se enfade, el discreto se admire de la invención, el grave no la desprecie, ni el prudente deje de alabarla".

Palabras modestas, muy sabias y muy humanas. Siguiéndolas, y no adhiriéndose a escuela literaria o filosófica alguna, Cervantes inventó la novela moderna, un logro nada despreciable. Y siguiendo esos mismos preceptos fue como el mismo Cervantes se enfrentó a la verdad última, como atestigua su conmovedor testamento vital y literario contenido en la dedicatoria al Conde de Lemos y en el Prólogo a *Los Trabajos de Persiles y Segismunda*:

"Puesto ya el pie en el estribo, con las ansias de la muerte, gran señor, ésta te escribo".

"El tiempo es breve, las ansias crecen, las esperanzas menguan, y, con todo esto, llevo la vida sobre el deseo que tengo de vivir".

"Adiós, gracias; adiós, donaires; adiós, regocijados amigos; que yo me voy muriendo, y deseando veros presto contentos en la otra vida!".

Vale.

Aparte de Cervantes, la otra gran figura española inexplicablemente omitida en la obra original de Kenneth Clark es Velázquez. Incluso si tomáramos al pie de la letra las palabras de Clark en el sentido de que no intentaba presentar una serie sobre la historia del arte, sino de la civilización, es difícilmente entendible que dejara fuera al más sublime de los pintores. Porque hablamos de un hombre que elevó la pintura a la cumbre de los logros estéticos e intelectuales y cuya vida cortesana y como retratista en la corte de Felipe IV, gran patrón de las artes, fue ejemplo de vida civilizada como era entendida en el siglo XVII. Claro que, además de lo anterior, Velázquez era un genio y como tal desafía toda clasificación en un estilo o en una época determinados. Si creyéramos a los críticos que han intentado reducir su obra a un "ismo" particular, nos encontraríamos ante un perfecto naturalista, un intelectualista, un realista e incluso ante el primer impresionista. Para Manet, quien hizo tanto para generalizar su fama en el siglo XIX, se trataba simplemente del "pintor de pintores".

Los rasgos generales de la vida de Velázquez son bien conocidos. Sus años de aprendizaje en Sevilla de 1610 a 1617; su matrimonio con la hija de su maestro, Pedro Pacheco; sus primeros pasos como pintor de obras religiosas en la cosmopolita capital andaluza; su traslado a la corte de Madrid en 1623 como pintor de corte de Felipe IV; su carrera como Asistente de Cámara y Aposentador Mayor de Palacio encargado de la decoración de los sitios reales y el protocolo de las ceremonias cortesanas; sus intentos por ser nombrado caballero de la Orden de Santiago, finalmente fructíferos, y su muerte en Madrid en julio de 1660, tras haber organizado y presenciado las ceremonias de paz entre España y Francia en la Isla de los Faisanes. Una vida plena y una progresión profesional admirable en muchos sentidos, especialmente si tenemos en cuenta que la estima acordada a los artistas en aquella época era ciertamente limitada. Aunque, como se ha dicho, los contornos de su biografía nos son familiares, no sucede lo mismo con su carácter y vida interior. Apenas quedan registros que nos permitan acceder a sus sentimientos y reflexiones sobre la vida, el amor o la política. No era un hombre de letras y, por lo que parece, era poco dado a las confidencias. Lo que sabemos de él es gracias a documentos oficiales, a testimonios de terceros y, sobre todo, a través de sus cuadros. Velázquez es lo que vemos. Y lo que vemos es sorprendente, un festín para la mente y los sentidos.

Para comprender la contribución de Velázquez a la historia del arte y de la civilización hemos de situar su obra en el contexto de las dos grandes tradiciones pictóricas occidentales a principios de la modernidad, la italiana y la nord-europea. Hay otra, la española, donde confluyen las dos referidas, trascendiéndolas. De esta tercera escuela de representación es Velázquez la más sublime expresión, la fuente de donde tiene que beber el pintor que aspire a la grandeza, desde Goya a Francis Bacon, desde Manet a Picasso. Todo genio pictórico que se precie tiene que estudiar, descifrar, recrear, absorber y, finalmente, olvidar obras maestras como *Las Meninas* - no en vano denominada la teología de la pintura- o el *Retrato de Inocencio X* (80, 81).

80. *Study after Velazquez´s Portrait of Innocent X*, por Francis Bacon, 1953. Des Moines Art Center, Iowa.

81. *Las Meninas. Estudio* por Picasso, 1957. Museo Picasso, Barcelona.

El encuentro de Velázquez con las tradiciones italiana y nórdica está bien documentado y puede ser identificado, paso a paso, casi en cada una de las pinceladas de sus obras. Viajó por primera vez a Italia con permiso real entre 1629 y 1630 y una segunda vez entre 1649 y 1651. Fue durante su segunda visita cuando pintó el retrato de Inocencio X, quizá el más penetrante estudio psicológico de toda la historia del arte y, al tiempo, una verdadera sinfonía cromática (82).

82. *Retrato del Papa Inocencio X,* por Velázquez, 1650. Galería Doria Pamphilj, Roma. *"Troppo vero"*, dijo el Papa al contemplarlo.

Al tiempo de su traslado a Madrid, poco antes o después en todo caso, el joven Velázquez ya había demostrado todo su potencial en dos extraordinarios cuadros sobre la vida cotidiana como podía ser contemplada en cualquier calle de Sevilla: la *Vieja friendo huevos* y el *Aguador* (83, 84).

83. *Vieja friendo huevos*, por Velázquez, en torno a 1618. Galería Nacional de Escocia, Edimburgo.

84. *El aguador*, por Velázquez, circa 1620. Museo Wellington, Apsley House, Londres.

Ambos cuadros son adscritos al estilo naturalista, de moda en la Sevilla de principios del siglo XVII, y pueden ser considerados el equivalente visual de la corriente realista prevaleciente en la literatura de la época, ejemplificada en la novela picaresca. Si miramos a los rapazuelos en ambas escenas, podríamos estar a primera vista en presencia del Lazarillo, o del Buscón Don Pablos, dos modelos de pícaro. Pero la obvia diferencia estriba en que los niños de Velázquez, a juzgar por su vestimenta, parecen más bien pertenecer a una clase más favorecida que la de los dos pequeños delincuentes. Si nos fijamos, además, tanto en la anciana como en el aguador, ambos muestran una nobleza de porte y gestos que difícilmente podríamos imaginar en el ciego que tan cruelmente trata al Lazarillo o en cualquier otro de los adultos que pueblan el mundo degenerado mostrado en el género picaresco. Ambas escenas, aunque coherentes con la muy hispánica tendencia a incorporar episodios cotidianos en el espacio pictórico, son composiciones altamente intelectualizadas. En forma y contenido están inspiradas en modelos italianos y tienen reminiscencias bíblicas y clásicas, si bien tampoco son ajenas al tiempo barroco en que fueron elaboradas, con su gusto en mostrar la evanescencia y la mutabilidad de las cosas, ya se trate de la transformación de la líquida yema en un más consistente, aunque humilde, huevo frito o el paso de la luz a través del agua contenida en el cristal. Sobre todo, hay un sentido de la dignidad en ambos cuadros y en sus personajes que es muy español a fuer de velazqueño y que encuentra su más acabada expresión en *El Triunfo de Baco*, conocido popularmente como *Los borrachos*, y en la *Fábula de Aracne*, conocida también como *Las hilanderas* (85, 86).

85. *El triunfo de Baco*, circa 1628. Museo del Prado, Madrid.

86. *La fábula de Aracne*, por Velázquez, circa 1657. Museo del Prado, Madrid.

Las dos pinturas representan alegorías mitológicas y, en cuanto tales, siguen una tradición perfectamente establecida en el canon occidental, recuperada y perfeccionada en el Renacimiento. Pero son más que simplemente eso. Baco, la versión latina de Dioniso, el dios griego del vino y del éxtasis, es mostrado no en su forma idealizada, como lo hiciera Caravaggio (87), sino como un jovenzuelo regordete y pimplado, rodeado por un grupo de campesinos de complexión robusta y ánimo jovial, un retrato de grupo alejado de toda majestad olímpica.

87. *Baco* por Caravaggio, circa 1595. Galería degli Uffizi, Florencia.

El triunfo de Baco fue pintado por Velázquez antes de su primer viaje a Italia y sin duda muestra la perdurable influencia de la escuela sevillana en la combinación de la luz y de la gama cromática, así como en la solidez de las figuras, incluyendo la del pordiosero, casi una sombra en la parte trasera de la escena. En contraste, *Las hilanderas* es un cuadro que pertenece a la madurez del creador. Vemos aquí a un Velázquez en plena posesión de su arte, manifestada en la pincelada suelta, en la maestría de la perspectiva aérea, de forma que incluso el aire se hace visible ante nuestros sentidos, o en el sutil empleo del color en lugar del volumen para dar continuidad a los diferentes niveles del espacio. Pero, a pesar de las diferencias entre ambos cuadros, hay una unidad de propósito. La escena representada en el más tardío está inspirada en la competición mítica entre la diosa Atenea y la mortal Aracne, tras la que la joven es transformada en una araña por haber osado rivalizar con la celosa divinidad. Pero, al igual que en *Los borrachos*, las figuras de la antigüedad clásica son bajadas a la tierra, situadas en un vulgar taller y convertidas en humildes hilanderas. Podemos preguntarnos cuál era el propósito del pintor al proceder así en sus cuadros mitológicos. ¿Pretendía demostrar que los dioses son mortales?, ¿o que los mortales son dioses disfrazados como tales? Quizá la verdad esté en el medio. Al igual que Cervantes, Velázquez era un maestro a la hora de difuminar los límites entre lo real y lo imaginario. Si Don Quijote y Sancho se mueven libérrimamente entre la locura y la razón y entre este mundo y el reino de las novelas de caballería, Velázquez representa en sus pinturas la capacidad del artista para humanizar lo divino y divinizar lo humano. También para atraer a su tiempo a los personajes de la Antigüedad clásica, haciéndoles sentir como si estuvieran en su casa, así como para otorgar al más humilde de sus contemporáneos una dignidad atemporal.

Hay otras similitudes entre ambos gigantes. Cervantes y Velázquez estaban enormemente orgullosos de sus respectivos talentos y logros y sabían cómo hacerse valer incluso ante los más descreídos en su arte. Sobre todo, ambos no se limitaban a describir lo que veían; con la pluma o el pincel eran capaces de crear nuevos mundos. Como afirma Harold Bloom, Cervantes consiguió escribir una novela que nos acoge a todos y que utiliza, en cierto modo, el entero mundo por escenario. Podríamos añadir que Velázquez consiguió lo mismo visualmente en *Las Meninas*, un cuadro donde el artista, los personajes y los espectadores comparten el mismo espacio atemporal, transmutado por el milagro del arte (88).

88. *Las Meninas*, por Velázquez, 1656. Museo del Prado, Madrid.

Las Meninas es más que un cuadro. Es la culminación de la tradición representativa occidental, desde el Mundo Clásico hasta el Renacimiento y el Barroco. Al mismo tiempo, constituye una radical ruptura con dicha tradición. Como *Don Quijote*, las preguntas que plantea y los caminos que sugiere son infinitamente más complejos que las respuestas o las direcciones que parece ofrecer. ¿Estamos ante una reflexión sobre el arte de la pintura?; ¿ante una celebración del acto creador?; ¿ante una proclamación de la nobleza del artista?; ¿ante un retrato particularmente sofisticado de corte?; ¿o se trata de un elaborado laberinto metafísico donde se pierde toda certeza sobre el objeto y el sujeto?. En cierto modo, junto con *El discurso del método* de Descartes (1637) y los *Principia Mathematica* de Newton (1687), *Las Meninas* (1656) representa uno de los puntos de inflexión filosóficos de la Modernidad y, al tiempo, va más allá que ambos textos, anticipando lo que, con característica falta de imaginación, denominamos la condición post-moderna en nuestros días. El cuadro de Velázquez supera la Modernidad porque no descansa en punto fijo alguno, ya se tratara de la duda cartesiana o del espacio y tiempo absolutos newtonianos, sino en el principio de la Relatividad e incluso, en una suerte de incertidumbre cuántica. No quiero con ello decir que Velázquez conociera ambas teorías científicas con precisión matemática. Pero como gran artista tenía la intuición necesaria para anticiparlas creativamente. Si miramos con detenimiento el cuadro, observamos que su composición no está fundada tanto sobre colores, volúmenes o líneas de perspectiva, sino sobre la mirada de los personajes. Toda mirada es un acto de creación o, como nos dice la física cuántica, el observador, por el mero hecho de serlo, modifica la realidad observada. Y esto es lo que ocurre en *Las Meninas*. El pintor Velázquez realiza su obra desde dentro del cuadro mientras dirige su mirada al exterior del mismo, hacia nosotros, creándonos como observadores y, al tiempo, en cuanto tales, convirtiéndonos en parte de los personajes aun sin formar parte de la escena retratada sobre el lienzo salvo, quizá, como fugaces y, al tiempo, muy reales sombras reflejadas en un espejo.

CAPITULO 8

MUNDOS HISPANICOS

Como Don Quijote, "España murió devotamente, entre finales del siglo XVII y la desaparición de Francisco Franco". Estas palabras fueron escritas por Harold Bloom, el famoso crítico literario, como prefacio a un libro sobre la España de las Tres Culturas publicado hace unos años: *El ornamento del mundo*, de María Rosa Menocal[47]. Aunque hermoso, el epitafio no podría ser más erróneo. Se suele asumir que con el fin de la rama local de los Habsburgo, España cesó de ser un actor político y cultural merecedor de atención. Nada podría estar más lejos de la realidad. España no murió ni política ni culturalmente a finales del siglo XVII. Durante el siglo siguiente, bajo una nueva dinastía y con un liderazgo reformista y dedicado, España continuó siendo una fuerza geopolítica formidable. A pesar de algunos reveses, fue capaz de repeler, por la fuerza o por la diplomacia, la mayoría de los asaltos de Gran Bretaña en América y el Pacífico, así como los, en apariencia, más amistosos abrazos de Francia, preludio de la invasión napoleónica a través de los Pirineos a inicios del siglo XIX. De hecho, durante el reinado de Carlos III (1759-1789), España permanecía a la cabeza del mayor Imperio europeo ultramarino de la época. Tres décadas más tarde, hacia 1820, su extensión se había reducido drásticamente, aunque seguía incluyendo importantes

---

[47] Menocal, María Rosa, *The Ornament of the World*, pag.xii.

posesiones en el Caribe y el Pacífico, perdidas finalmente ante los Estados Unidos en 1898.

Aun así, la asombrosa resistencia del Imperio español -cuatro siglos, entre 1492 y 1898 en lo que concierne al mantenimiento de sus territorios de ultramar- puede compararse favorablemente con la de otros imperios rivales. En 1782, Gran Bretaña ya había perdido sus Trece Colonias en América del Norte, establecidas desde 1607 con la fundación de Jamestown. En cuanto al Raj de la India, que había asumido desde 1858 las competencias de la casi arruinada Compañía de las Indias Orientales, cayó con la independencia de la India y Pakistán en 1947. El resto de las colonias o protectorados británicos en Oriente Medio, Asia y África, la mayoría formados durante el siglo XIX o en las primeras décadas del XX, terminaron también obteniendo la independencia en torno a la década de 1960. En total, la segunda reencarnación del Imperio británico duró aproximadamente un siglo y medio.

El Imperio francés también perduró menos que el español como entidad geopolítica de entidad. Los territorios franceses en América del Norte, concentrados a lo largo del siglo XVII en el Canadá francófono y en parte de los actuales estados del medio-oeste de Estados Unidos, fueron adquiridos por Gran Bretaña en su casi totalidad a consecuencia de la Guerra de los Siete Años (1756-1763), mientras que la Luisiana era cedida a España. La segunda versión del Imperio francés, centrado sobre todo en partes de África, de Oriente Medio y del Sudeste Asiático, duró aproximadamente entre la década de 1830, con la invasión del Magreb, y mediados del siglo XX, y su fin estuvo marcado por las cruentas guerras de Vietnam y Argelia, habiendo durado poco más de un siglo y un par de décadas.

Por su parte, el Imperio holandés fue incluso más breve y, desde el punto de vista de su trasplante cultural más allá de la metrópolis, mucho menos exitoso que cualquiera de los anteriores: ¿cuántos hablantes hay de holandés hoy en el mundo? Su principal instrumento, la Compañía Holandesa de las Indias Orientales, conocida por su acrónimo VOC, fue creado en 1602 y a finales del siglo XVIII tuvo que ser disuelto tras perder parte de su monopolio en el comercio asiático ante sus rivales y, sobre todo, debido a la venalidad de sus agentes. No se puede hablar en este caso de un ejemplo de eficiencia y probidad calvinistas. Las deudas y responsabilidades de la VOC fueron asumidas por los Países Bajos, que gobernaron territorios de la actual Indonesia hasta el término de la Segunda Guerra Mundial.

La evocación de un episodio poco conocido, pero decisivo en la historia de la rivalidad entre las grandes potencias, demuestra hasta qué punto la imagen de una España difunta en el siglo XVIII está fuera de lugar. Cuando en 1741 una fuerza expedicionaria británica al mando del vice-almirante Vernon intentó capturar la ciudad de Cartagena de Indias, en la actual Colombia, como parte de un designio mayor destinado a desalojar España de sus posesiones americanas, el resultado fue catastrófico para la supuestamente infalible Royal Navy. La flota británica, compuesta de 186 navíos y más de 20.000 hombres, más grande que la Gran Armada de 1588, fue derrotada por una fuerza española de unos 4.000 hombres, incluyendo 600 amerindios, y apenas 6 buques de línea al mando del legendario almirante Blas de Lezo, también conocido como "medio hombre" ya que le faltaba la pierna izquierda, el ojo izquierdo y tenía el brazo derecho incapacitado a consecuencia de numerosas heridas de guerra.

Tan seguro estaba el bando británico de su victoria sobre una España "difunta", que incluso antes de que la batalla tuviera lugar, se celebró en Londres un baile en honor del Príncipe de Gales, a los acordes, por vez primera, por cierto, del *Rule Britannia.* Hasta llegaron a acuñarse monedas conmemorativas con las inscripciones: "Los auténticos héroes británicos capturan Cartagena, 1 de abril de 1741", y "El orgullo español humillado por el Almirante Vernon" (89).

89. Moneda conmemorativa con las efigies de un victorioso Vernon y de un humillado Blas de Lezo, quien, en la febril imaginación del grabador, ha recuperado ambas piernas y brazos para mejor poder arrodillarse ante el héroe británico.

Incluso antes de desembarcar el grueso de sus fuerzas invasoras en Cartagena, Vernon había enviado emisarios a Londres anunciando su victoria. No tardaría en demostrarse que la suya fue una de las mayores meteduras de pata en la historia bélica mundial. Como resultado de la incompetencia de la cadena de mando británica y la superioridad estratégica y táctica de Blas de Lezo y sus hombres, la asegurada captura de Cartagena terminó convirtiéndose en una de las mayores derrotas en los anales de las armas británicas, con la pérdida de 50 barcos y más de 18.000 bajas entre muertos y heridos, un desastre incluso mayor que el de la Contra-Armada en 1589. Ambas victorias españolas sobre Drake y Vernon, en el siglo XVI y en el XVIII, respectivamente, fueron esenciales para la consolidación del Imperio español y para la preservación del Mundo Hispánico hasta nuestros días, sobre todo en América. A esta última realidad tornaremos ahora nuestra atención.

En la versión de la civilización presentada por Lord Clark, América, en su versión anglo-americana, aparece por vez primera en el capítulo X, dedicado a la Ilustración, una era simbolizada por la sonrisa de la razón, visible en el rostro sardónico de Voltaire, tal y como fue retratado en la escultura de Houdon (90).

90. Voltaire, por Houdon: la sonrisa sardónica de la Razón.

El americano privilegiado con una mención en la obra de Lord Clark es Thomas Jefferson. Para el historiador británico, América tan sólo habría entrado en la historia con la generación revolucionaria y sus míticos Padres Fundadores, entre los cuales Jefferson vendría a representar los elevados ideales de la Ilustración tal y como fueron asimilados y transformados en acción política en las iniciales Trece Colonias. Las semillas del progreso simbolizadas por la Reforma, la Revolución Científica y la Edad de la Razón encontrarían terreno abonado donde crecer y florecer en los futuros Estados Unidos de América. Así emergería el nuevo eje transatlántico -en realidad, nord-atlántico- de la civilización, representado por la línea que une imaginariamente a Nueva Inglaterra con Londres, París y, a veces, con extensión a Berlín. Desde entonces, nada de lo que ocurra al sur de esa línea importa, bien se mire hacia el futuro o, retrospectivamente, hacia un pasado que terminaría siendo juzgado desde ese parcial punto de vista.

La razón por la cual Jefferson, considerado en nuestros días uno de los Padres Fundadores más enigmáticos y controvertidos, ocupa lugar tan prominente en la narración esencialmente eurocéntrica de Lord Clark, tiene que ver, me parece, con sus gustos estéticos más que con sus ideales políticos o con su turbia moral. Sabemos que, aunque un entusiasta de la libertad, de la representación política y de la igualdad entre los hombres -no en vano fue el principal autor de la Declaración de Independencia de 1776- en la práctica no tenía remordimientos para ser el propietario de al menos doscientos seres humanos y para mantener una muy desigual relación con una de sus esclavas llamada Sally Hemmings, con quien, como demostró una prueba de ADN realizada en 1998 entre sus descendientes, muy probablemente tuvo al menos un hijo. Jefferson fue también uno de los principales proponentes de la expansión territorial de la nueva República a expensas de los amerindios, a quienes consideraba como poco más que un estorbo al que había que apartar para dar espacio a los nuevos amos de la tierra y, si se resistían, al que había que eliminar. En respuesta a una carta que le dirigió James Monroe, gobernador de Virginia, quien había sugerido la remoción de los indios al remoto Oeste, Jefferson dejó claro que para él era "imposible mirar hacia el futuro y no ver un tiempo cuando nuestra rápida multiplicación no cubra la totalidad del hemisferio norte, y hasta el del sur, con una población que hable la misma lengua, gobernada de forma similar y sin mancha de mezcla alguna sobre su superficie"[48]. Para un hombre que no tenía reparos en satisfacer sus pasiones con, al menos, una de sus esclavas de origen africano, el rechazo a toda mezcla que pudiera contaminar la pureza de la nueva República suena, cuanto menos, a hipocresía. Pero no debiera sorprendernos si consideramos que Jefferson era un firme creyente en la superioridad de la raza anglo-sajona, una suerte de Cecil Rhodes americano que, como el imperialista británico decimonónico, pensaba que el mundo, en particular sus habitantes de color, estaría mejor bajo el yugo benigno, o el imperio de la libertad, como le gustaba decir, de las naciones de habla inglesa, los herederos legítimos de la Roma republicana. En última instancia, la visión que Jefferson tenía de su América ideal era una suerte de polis clásica habitada por nobles rurales anglosajones habitando en mansiones de perfectas proporciones renacentistas en medio de una naturaleza virginal, ajena a toda contaminación industrial e intocada por la

---

[48] Citado en Ellis, Joseph J. *American Sphinx. The Character of Thomas Jefferson*, pag. 240.

influencia corruptora de las finanzas. Muchos de sus contemporáneos, aunque probablemente no él mismo, sabedor como era de las muchas imperfecciones de su carácter, le veían como la reencarnación de un patricio romano, todo virtud y gravitas, aunque adornado con un toque más frívolo en su vida privada y una vena más radical en su activismo político.

Es cierto que el propio Jefferson fue el principal artífice de su dignificada imagen pública. Como arquitecto y diseñador más que decente, tendía a rodearse de armoniosas formas palladianas, como en su palacete de Monticello, o en la cercana Universidad de Virginia, concebida como una casa pastoril del saber (91).

91. La mansión de Monticello diseñada por Jefferson: el mito de la América impoluta.

Fue el intento de crear una república arcádica en América, inspirada en modelos clásicos y renacentistas y gobernada por la razón, lo que probablemente atrajo a Lord Clark hacia la figura de Jefferson, presentado como el arquetípico representante de la civilización nord-atlántica en su expresión más acabada. Cabe preguntarse si el historiador británico sabía que Monticello fue construido por esclavos africanos sobre territorio originariamente amerindio. A pesar de todos sus ideales democráticos e igualitarios, Jefferson no puso en juego su reputación ni su fortuna intentando hacer realidad su retórica, a diferencia de lo que sí hicieron aquellos españoles que, como Las Casas, arriesgaron todo, incluso sus vidas, para defender los derechos de los indígenas. Aunque éste, claro está, puede ser un detalle poco digno de atención a la hora de comparar ambas vertientes de la civilización occidental, la supuestamente más abierta y tolerante de los anglosajones frente a la más retrógrada e intolerante de los españoles.

Dejando aparte tales inconsistencias en el modo en que normalmente se escribe la historia y ampliando el campo de visión, vamos a centrarnos ahora en las principales diferencias entre las dos versiones de América anteriores a la independencia estadounidense y a las emancipaciones hispanoamericanas. El resultado de la comparación probablemente sorprenda al lector educado en los tópicos de los medios de comunicación anglo-americanos, popularizados en tantas películas de Hollywood sobre la conquista del Sudoeste, en las que el típico mexicano, o hispano en general, aparece como un ser brutal y degenerado, el producto de la mezcla entre la raza lasciva y cruel del conquistador y la indolente sangre indígena. En un curioso salto temporal, parece como si Hispano-América entre los siglos XVI y XIX no hubiera dado más que una humanidad mestiza condenada a ser dominada, cuando no erradicada, por sus más avanzados vecinos del norte, como en el original designio jeffersoniano.

Un designio llevado a sus últimas consecuencias por personajes como Theodor Roosevelt, el presidente que blandía un gran palo y añadió el corolario que lleva su nombre a la Doctrina Monroe, por el que legitimaba toda interferencia en las repúblicas latinoamericanas bajo el pretexto de que no eran lo suficientemente civilizadas como para gobernarse a sí mismas.

El Corolario Roosevelt, como es conocido en los manuales de relaciones internacionales, fue el resultado de un dramático cambio en el equilibrio de poder entre las dos Américas. Muchos especialistas, y el público en general, tienden a pensar que esa reversión de papeles fue el resultado de los diferentes modelos de colonización, otorgando la ventaja al representado por Anglo-América. No voy a entrar en este debate desde un punto de vista economicista, una de las formas de afrontarlo, sino desde la perspectiva más global de la historia de las civilizaciones, como se corresponde al presente ensayo. En este sentido, si comparamos las contribuciones de las colonias anglo-americanas a la civilización antes de su independencia con las aportaciones de los virreinatos hispano-americanos, el resultado sin duda resultará sorprendente para quienes hayan sido educados con una dieta de prejuicios anti-hispánicos. No negaré que los anglo-americanos realizaron al final de su experiencia colonial importantes contribuciones a la historia de las ideas políticas o de la práctica de gobierno, pero hay otras consideraciones a tener en cuenta. Si nos fijamos en algunas dimensiones culturales igualmente importantes, entonces la posición relativa de las dos Américas resulta dramáticamente alterada. La imagen de una Hispano-América intelectualmente atrasada, oprimida por sacerdotes oscurantistas y tiránicas autoridades peninsulares, sin excepciones desde la conquista hasta la emancipación, ha sido tan dominante en ciertas tradiciones historiográficas que sólo gracias a la acumulación de sólidas evidencias en sentido contrario puede surgir una forma de contar la historia liberada de prejuicios. Es lo que está ocurriendo, pero no se debería haber tardado tanto[49].

En previos capítulos hemos visto cómo las corrientes epistemológicas españolas y amerindias se mezclaron desde los primeros momentos del encuentro entre ambas y forjaron un innovador corpus de conocimiento antes de la Revolución Científica. También hemos mencionado cómo ese conocimiento se manifestó en español, latín o náhuatl con la activa participación de las elites nativas supervivientes y, como veremos ahora, en un nivel más popular, entre las masas indias y mestizas. Esa hibridación continuó hasta la Ilustración, una era de la que, de nuevo, algunos han intentado expulsar al Mundo Hispánico. De hecho, la historia de ese Mundo, en toda su diversidad y antes de su fragmentación en el siglo XIX, constituye una de las aportaciones más originales y enriquecedoras, aunque hasta ahora minusvalorada, en la historia de la civilización, en particular de la occidental.

En la mayoría de las colonias nord-atlánticas no hubo signos de una vida cultural sofisticada hasta una fecha relativamente tardía y en raras ocasiones hubo un esfuerzo consciente y continuado para integrar a las poblaciones autóctonas en la vida de las nuevas sociedades trasplantadas. Al contrario, en el caso de la Monarquía Hispánica hubo desde el inicio de su expansión ultramarina una política deliberada por crear una sociedad

---

[49] Para una temprana valoración de la contribución de la América hispana a la civilización es útil leer la obra del gran diplomático y académico colombiano Germán Arciniegas. Víd. Arciniegas, Germán, *Latin America: A Cultural History*. New York: Alfred A. Knopf, 1967.

híbrida que, a partir de un determinado momento, comenzó a adquirir una naturaleza propia. Uno de los primeros y más acabados ejemplos de esa hibridación fue la asombrosa figura de Gómez Suárez de Figueroa, más conocido como el Inca Garcilaso de la Vega. Fue el primer hombre verdaderamente transatlántico, e incluso cosmopolita, nacido de la mezcla entre Europa y América. Era el hijo de un conquistador español, Sebastián Garcilaso de la Vega, y de una princesa Inca, Chimpu Ocllo, bautizada con el nombre de Isabel Suárez. Nació en Cuzco, la antigua capital del Imperio Inca, en 1539, el mismo año cuando otro conquistador, Hernando de Soto, dejó La Habana e inició la exploración de La Florida, un inmenso territorio que cubría los actuales estados de Florida, Georgia, Alabama, Tennessee, las dos Carolinas, Mississippi, Luisiana, Arkansas y Tejas. Esta coincidencia inspiraría más tarde al Inca Garcilaso la escritura de la crónica conocida como *La Florida del Inca*, publicada en 1605. Fue la primera obra sobre la historia de América escrita por un americano mestizo en una lengua europea.

Todavía niño, el Inca Garcilaso fue educado en un medio bilingüe, aprendiendo español con su familia paterna y quechua con la materna. Como más tarde diría, absorbió el quechua con la leche de su madre. Conforme crecía, su vida se vio imbricada en las complejas relaciones sociales y étnicas resultantes de la mezcla entre la primera generación de conquistadores con la nobleza local. Bajo presión de las autoridades, su padre tuvo que matrimoniar con una dama española, mientras la princesa Inca se casó con un español de menor rango. El Inca Garcilaso permaneció bajo custodia paterna. Antes de morir, su padre natural le reconoció como heredero y le legó una suma considerable para que pudiera proseguir sus estudios en España. Cuando abandonó Perú, en enero de 1560, estaba ya familiarizado con la historia de los Incas y había adquirido rudimentos de latín y de los clásicos con el canónigo de la catedral de Cuzco. Al llegar a España, se instaló en la ciudad andaluza de Montilla. Todavía usando su nombre de pila, Gómez Suárez de Figueroa, intentó que la Corona reconociera los hechos de armas de su padre y con ese fin viajó a la Corte en Madrid. Por desgracia, su progenitor se había hecho poderosos enemigos en el Consejo de Indias, quienes le habían acusado de haber ayudado al campo rebelde durante las guerras civiles entre conquistadores. Para demostrar la traición, los acusadores se apoyaban en las crónicas escritas por algunos españoles, lo que desesperaba al joven mestizo, quien recordaba otras fuentes que narraban la historia en sentido contrario. Fue una lección que no olvidaría sobre el poder de la palabra escrita para distorsionar la realidad. Frustrado por su fracaso en la Corte, pero aleccionado acerca de las complejidades de las relaciones entre la metrópoli y América, retornó a Andalucía y comenzó una nueva fase de su vida, primero como soldado en las luchas contra los moriscos y, una vez enriquecido gracias a varios legados familiares, como rentista dedicado a las letras. Fue así como comenzó la carrera que le convertiría en el primer humanista americano. En el proceso, su identidad también se vio alterada al cobrar cada vez mayor conciencia de su pasado indígena. Su primera obra publicada en Madrid, en 1590, fue la traducción desde el italiano de los *Diálogos del Amor*, de León Hebreo, conocido también como Judá Abrabanel, un judío sefardita nacido en Portugal de antepasados españoles, quien se había afincado en Italia tras la expulsión de 1492. En la dedicatoria del libro al rey Felipe II, se presentó como Garcilaso Inca de la

Vega y su obra como el primer fruto de las letras peruanas y americanas. Se trataba del primer libro escrito y publicado en Europa por un americano. Fue un acontecimiento transcendental en la historia de la cultura. El ciclo de la conquista se cerraba: por vez primera el Nuevo Mundo descubría e interpretaba el Viejo Mundo (92).

92. *La Traducción del Indio de los Tres diálogos de Amor de León Hebreo, del italiano al español por Garcilaso Inca de la Vega, 1590.* El primer libro escrito en Europa y sobre un asunto europeo por un americano y la primera muestra del humanismo americano.

Mientras que como excéntrico humanista el Inca Garcilaso se sentía atraído por la mezcla de las tradiciones clásica y cabalística en los escritos de León Hebreo, en cuanto mestizo su atención se fijaba cada vez más en el estudio de la nueva civilización que estaba surgiendo como consecuencia de la fusión de sus dos líneas genealógicas. Fascinado desde niño por la exploración de La Florida, para él una parte lejana y exótica del Nuevo Mundo, dedicó varios años de su estancia en España a seguir las huellas y

313

entrevistar a los supervivientes de la expedición de De Soto. Con los resultados de sus encuestas escribió *La Florida del Inca*, una narración del viaje a La Florida y de los hechos de los heroicos caballeros castellanos e indios en aquellas remotas regiones de América del Norte. El manuscrito fue publicado en Lisboa en 1605 y fue otra primicia, en este caso la primera historia de América escrita en una lengua occidental por el primer historiador americano, medio español y medio Inca.

La identidad mixta del Inca Garcilaso es evidente en su tratamiento de la aventura de De Soto. Hasta entonces, la historia del Nuevo Mundo había sido escrita bien desde la perspectiva de los conquistadores o, más raramente, de los vencidos. *La Florida del Inca* es el primer caso en que hay un intento consciente de fundir los dos puntos de vista, creando una visión genuinamente americana.

Poco después de la publicación de su segunda obra, emprendió una empresa todavía más ambiciosa. Siempre consciente y cada vez más orgulloso de su linaje materno, se propuso escribir una historia del Imperio Inca, el Tahuantinsuyo, o Reino de las Cuatro Partes en quechua. Antes que él, el conquistador y escritor español Pedro de Cieza de León había ya publicado en 1553 una *Crónica del Perú*, la primera historia europea de las tierras conquistadas por Pizarro y sus hombres. Bastante equilibrada en su tratamiento de los Incas y de los conquistadores, la obra de Cieza de León responde, con todo, a un paradigma eurocéntrico. Aun así, las virtudes del gobierno Inca fueron debidamente reconocidas por su pluma.

La valoración positiva del gobierno Inca ofrecida por Cieza de León fue adoptada también por el Inca Garcilaso en la primera parte de su historia de Perú, titulada *Los Comentarios Reales de los Incas* y publicada en Lisboa en 1609. La segunda parte, con el nombre de *Historia General del Perú*, apareció en 1617 y fue dedicada al período de la conquista de Pizarro, la guerra civil que siguió entre los españoles y la imposición del poder real. A través de todo el relato, la identidad mixta del autor se demuestra por el deseo de elevar el estatus de los vencidos al nivel del de los conquistadores. Para enfatizar su objetivo, el propio autor inventó un escudo de armas, que aparece en *Los Comentarios Reales*, en el que sus linajes paterno y materno son mostrados con el mismo tratamiento heráldico (93).

93. El escudo de armas del Inca Garcilaso de la Vega, representando su herencia española e Inca. El emblema dice *"con la espada y con la pluma"*.

Pese a ser obras autónomas, *La Florida del Inca, Los Comentarios Reales* y *La Historia General del Perú* constituyen un intento coherente de dar voz a los vencidos de forma que su memoria y sus actos pudieran formar parte integral de la emergente realidad hispano-americana. En su esfuerzo por tender puentes entre los dos mundos, el Inca Garcilaso no se refrenaba a la hora de mostrar los aspectos más trágicos de la Conquista, como la ejecución de Atahualpa, y dio voz a la angustia de la nobleza local al comprobar cómo su dominio se había tornado en servidumbre. Pero, al mismo tiempo, siempre orgulloso de su herencia paterna, no dudaba en exaltar los hechos de los conquistadores. Este moverse entre dos mundos ha sido objeto de debate entre los académicos, muchos de los cuales se han fijado en la ambivalencia social o psicológica del personaje y de su obra. Para mí, lo realmente importante es que esa ambivalencia es la que hace del Inca Garcilaso el primer ejemplo de hombre americano con todas sus contradicciones, alejado del idealizado modelo representado por Jefferson. Pero incluso esa categorización es secundaria en relación con la relevancia del Inca Garcilaso para la historia de la civilización, de la literatura, si se quiere ser más preciso, pues, antes que nada, hablamos de un escritor, de un creador y es esta dimensión de su vida la merecedora de nuestra atención.

Aunque fiel seguidor de Cervantes en su condena del género de caballerías, el Inca Garcilaso mezcla en sus obras realidad y ficción, reminiscencias subjetivas y evidencias documentadas, todo filtrado por una imaginación portentosa, de forma que, en cierto modo, prefigura la gran tradición narrativa latinoamericana del siglo XX. Como afirma su compatriota y premio Nobel, Vargas Llosa, estamos, ante todo, ante un genio literario, cuyo grácil uso del lenguaje español, sus evocaciones líricas del pasado Inca, concebido casi como una república platónica, y su épica recreación de la Conquista le sitúa entre las mejores plumas del Siglo de Oro. Fue, también, el primer hispano-americano consciente y orgulloso de sus múltiples identidades: su *Historia General del Perú* está dedicada a "los indios, mestizos y criollos de los reinos y provincias del gran y rico Imperio del Perú, por el Inca Garcilaso de la Vega, su hermano, compatriota, salud y felicidad".

Qué placer hubiera sido encontrar a este Inca cosmopolita, ya anciano, en su jardín andaluz y escuchar sus historias mientras sus ojos se perdían más allá de las planicies ondulantes hacia las cimas de sus amados Andes, a un océano y un continente de distancia. Gracias a él, concluye Vargas Llosa, el español, la lengua nacida en la remota frontera entre el País Vasco y Castilla, devino en lengua universal, compartida y enriquecida por hombres y mujeres de todas las razas, habitantes de geografías múltiples en un Mundo Hispánico en expansión.

En vano intentaremos encontrar el tipo de hombre de la temprana modernidad encarnado en el Inca Garcilaso en Anglo-América. Para plenamente comprender su originalidad, intentemos imaginar un mestizo de indio algonquino y colono inglés educado en Jamestown y en Londres a principios del siglo XVII, conocedor, además de sus lenguas materna y paterna, del latín y el italiano, capaz de traducir a un autor neo-platónico judío al inglés isabelino y de escribir una historia de América del Norte que respetara el punto de vista amerindio y el de los invasores. El lector puede seguir intentándolo, pero no lo encontrará: no existe un equivalente del Inca Garcilaso en toda la historia de la Anglo-América colonial. Tampoco lo hay de otra figura de enorme interés, Felipe Guamán Poma de Ayala, un indio quechua puro quien en torno a 1600 escribió, en el lenguaje de los conquistadores, una propuesta para mejorar la suerte de los vencidos dirigida al mismo rey de España. Su *Primera Crónica del Buen Gobierno*, ilustrada con dibujos del propio autor, algunos de ellos en un tono acerbamente satírico, es una de las más precoces muestras de literatura crítica escrita por un miembro de las poblaciones autóctonas en un lenguaje europeo (94).

94. Poma de Ayala andando con su hijo a Lima, la capital del Perú español, para protestar contra el abuso que sufrían los amerindios.

Para encontrar un primer ejemplo de escritor amerindio en inglés hay que esperar hasta 1768, un siglo y medio después de la fundación de Jamestown. El nombre es Samson Occom, un indio mohegan, de la familia algonquina, educado en un medio presbiteriano. Tras convertirse en predicador, se dedicó a la formación de sus compatriotas, intentando crear una escuela para indígenas, algo ciertamente raro en Anglo-América. Por desgracia, su socio, un misionero inglés llamado Eleazar Wheelock, desvió el dinero obtenido por Samson Occom gracias a la caridad para la fundación del Colegio de Dartmouth, una de las universidades de la Ivy League todavía existentes, donde los indígenas fueron preteridos a favor de los colonos. Frustrado por el episodio, y por la discriminación de la que era objeto entre sus correligionarios protestantes, escribió en 1768 una breve autobiografía titulada *Una corta historia de mi vida*, donde cuenta el maltrato que tanto él como los miembros de su tribu sufrían a manos de los ingleses, como el decía "por el mero hecho de ser indios" [50]. El manuscrito de Occom solo fue publicado en 1892.

Cuando tornamos la vista a los logros literarios en América desde la llegada de Colón hasta la era de las emancipaciones, la diferencia entre los territorios hispánicos y las colonias inglesas, holandesas o francesas es significativa. Se puede escribir una historia de la literatura inglesa, holandesa o francesa hasta el siglo XIX sin mencionar una sola obra maestra originada en sus posesiones americanas o, en general, ultramarinas. Por el contrario, ningún estudioso serio de la literatura española del Siglo de Oro puede ignorar los nombres de Bernal Díaz del Castillo y su *Verdadera historia de la conquista de Nueva España*; el Inca Garcilaso y sus *Crónicas Reales*; Alonso de Ercilla y su poema épico *La Araucana*, sobre la conquista de Chile; Bernardo de Balbuena y su *Grandeza Mexicana*; o Sor Juana Inés de la Cruz, una de las grandes poetas en la historia de la literatura universal, cuyos *Primeros Sueños* constituyen una obra cumbre del Barroco.

Lo mismo puede decirse de las artes visuales. La riqueza y variedad de la tradición pictórica o arquitectónica hispano-americana, y, en particular, su aceptación de la diversidad humana están prácticamente ausentes en la contraparte anglo-americana. Cuando en enero de 2012 la nueva Galería Americana fue inaugurada en el Metropolitan Museum de Nueva York, muchos visitantes se quedaron extasiados. ¡Sensacional!, exclamó el crítico de arte del New York Times al examinar las renovadas

---

[50] El texto de Occom es accesible en inglés en www.historymatters.gmu.edu/d/5788/

salas, repletas de retratos coloniales y muebles de la Nueva Inglaterra colonial; paisajes posrevolucionarios y, sobre todo, de imágenes consagradas a la figura que en la historia de los Estados Unidos más se asemeja a un demiurgo fundador: George Washington (95).

95. Washington cruzando el Delaware, de Emanuel Leutze, 1851. Metropolitan Museum of Art, Nueva York.

Debo confesar que no me conmovió la visita a las salas de la renovada Galería Americana, en particular a las secciones dedicadas al arte colonial. Tampoco me emocionó la contemplación de las galerías consagradas al mismo período en el por otra parte magnífico Museo de Bellas Artes de Boston. Los retratos mostrados en ambos casos constituyen una apoteosis de personajes anglo-americanos, vestidos a la inglesa, en medio de muebles de estilo inglés e imitando las poses de la pequeña nobleza y burguesía inglesas. Apenas hay atisbos de originalidad en esas pinturas, tanto en la forma como en el contenido, salvo un mayor realismo en la factura en contraposición a los retratos altamente estilizados de los personajes de moda realizados por Joshua Reynold y otros exponentes del Gran Estilo en Gran Bretaña. Si me hubieran dicho que la mayoría de esas pinturas habían sido confeccionadas en un taller londinense no lo hubiera puesto en duda. De hecho, el mejor pintor anglo-americano de la época, John Singleton Copley, estaba tan obsesionado por alcanzar la fama en la metrópoli como lo estaban muchos de los personajes que posaban para su pincel, sobre todo las mujeres que, además, ansiaban mostrarse vestidas según los preceptos de la moda londinense o parisina.

No hay mucho que pueda llamarse específicamente americano en la pintura colonial anglo-americana, lo que llama la atención si tenemos en cuenta que algunos de los personajes retratados terminarían participando activamente en la lucha contra el poder británico en nombre de sus derechos inalienables. Hay pocos indicios, aparte de la ocasional ardilla voladora, de que sus vidas transcurrían en un continente que poco tenía que ver con la naturaleza y paisajes europeos, como si el pintor deseara hacer abstracción de que sus clientes eran comerciantes o leguleyos de Boston y no de Liverpool (96).

96. *Retrato de Ward Nicholas Boylston*, un comerciante bostoniano, por John Singleton Copley, 1767. Boston Museum of Fine Arts.

Los tres aspectos más llamativos de la pintura colonial anglo-americana, además de su impulso imitativo y la casi completa ausencia de lo que los romanos denominaban *genius loci*, son, en primer lugar, cuánto tiempo fue necesario para que surgiera una primera escuela pictórica autóctona – más de un siglo desde los primeros asentamientos ingleses-; en segundo lugar, la escasa representación de la mezcla de razas e incluso de las poblaciones amerindias, especialmente en tratos con los colonos y no meramente como añadidos al paisaje; y, en tercer lugar, la inexistencia de artistas o escuelas artísticas no europeas que hubieran podido surgir durante los casi dos siglos de presencia colonial. Intentaré explicar lo anterior con algunos ejemplos en un instante. Aunque existen retratos de nativos y mestizos en Nueva Inglaterra, casi en su totalidad aparecen presentados ya sea como nobles salvajes o como temibles guerreros; a veces como enemigos, otras como ocasionales aliados, pero casi siempre separados por una barrera infranqueable de la sociedad colonial y, lo más importante, nunca como miembros de una familia mixta anglo-amerindia.

Para ver la enorme diferencia entre Hispano-América y Anglo-América, invito al lector a observar detenidamente los siguientes retratos de familia. Pertenecen al género llamado de castas, que floreció en México y, en menor medida, en Perú durante el siglo XVIII, al mismo tiempo que los pintores de Nueva Inglaterra estaban ocupados en retratar a la elite anglo-americana (97,98).

97. *De español y mestiza, castiza*, por Miguel Cabrera, 1763. Museo de las Américas, Madrid.

98. *De español y negra, mulato,* por Miguel Cabrera.

La diferencia entre el horror a la mezcla propio de la sociedad colonial anglo-americana y la diversidad de las sociedades hispanoamericanas de la misma época es ciertamente sorprendente. Mientras en Nueva Inglaterra los modelos de los pintores son ejemplos casi caricaturescos de pureza racial, en el género de castas encontramos un fascinante despliegue de la variedad humana. Planteo al lector las siguientes preguntas: ¿podemos imaginar al Sr. Boylston posando con su legítima esposa amerindia, si hubiera podido o querido tener una?; ¿o al futuro presidente Jefferson representado con su amante esclava?; ¿habría admitido la buena sociedad de Boston o Salem la representación pública de una mujer blanca con su marido negro paseando por un parque? Si la respuesta a estas preguntas es negativa, como en efecto ocurre, cabe preguntarse por la razón de que así fuera (99).

99. De negro y española, mulato. Anónimo, circa 1780.

La respuesta es obvia. El género de castas es la culminación pictórica de siglos de mezcla racial y cultural, el producto de un gigantesco proceso de mestizaje entre razas y civilizaciones. Por contraste, la pintura colonial anglo-americana, sus retratos individuales o de grupo, es la manifestación visual de una política deliberada, con contadas excepciones, de exclusión racial y cultural. Los expertos pueden discutir sin fin acerca del significado del género de castas: ¿fue la expresión de una sociedad obsesionada por la raza o simplemente fascinada por las casi infinitas posibilidades de atracción entre seres humanos diferentes?; ¿se trataba de una descripción neutra de la variabilidad genética, el resultado del encuentro sexual entre comunidades étnicamente distintas?; ¿respondía más bien a un propósito moral y político consistente en mostrar que la mezcla de las razas puras era superior a la unión entre mestizos o mulatos? Cualquiera que fuera la razón, y puede ser una combinación de las tentativas respuestas anteriores, la pintura hispano-americana representa, en mi visión personal, un grado más elevado de civilización que la desarrollada en Anglo-América, pues en aquélla, y a través de aquélla, tenemos acceso a un mundo que, si bien lejos de ser igualitario en términos de raza o clase -¿qué sociedad lo es completamente?- había al menos aprendido a vivir, y en cierta medida a aceptar, los diferentes matices con los que se presenta la diversidad humana a los ojos del observador.

Una diferencia incluso más reveladora entre las dos tradiciones americanas consiste en que muchos de los autores de la pintura de castas eran ellos mismos mestizos. Uno de los más famosos, y probablemente el mejor artista en la Nueva España del siglo XVIII, fue un mestizo de origen zapoteca educado por una familia mulata, Miguel Cabrera. Era nativo de Oaxaca y comenzó su carrera en un momento cuando otros pintores del mismo virreinato ya descollaban. Me refiero a artistas como Cristóbal de Villalpando, Juan Correa o José de Ibarra. Todos ellos estaban educados en la tradición occidental, lo que en los territorios de la Monarquía Hispánica implicaba la confluencia de las corrientes españolas, italianas y flamencas. Desde sus orígenes, el cultivo de las artes en los virreinatos americanos estaba abierto a las influencias internacionales, mediadas por el poder de la Iglesia y de la Corona. Quienes sostienen que existía interés por parte de las autoridades españolas por aislar a sus súbditos del Nuevo Mundo en una suerte de burbuja artificial olvidan que a través de una miríada de canales, incluyendo la labor de artistas españoles y foráneos que atravesaban el océano para explorar un prometedor nuevo mercado, lo mejor de la producción artística europea – Durero, Rubens, Zurbarán, Murillo…- era accesible en los territorios de la Monarquía española. Con el paso del tiempo, los artistas americanos, aunque al principio estaban abrumados por el peso de los maestros europeos, pronto comenzaron a desarrollar una multiplicidad de estilos locales, enriquecidos, especialmente entre los artistas mestizos, por la infusión de elementos visuales y conceptuales pre-colombinos, a menudo transformados por el impacto de la Conquista.

Aunque sea complicado simplificar, vamos a intentar resumir en algunas muestras visuales el proceso que condujo desde dos tradiciones separadas, la pre-hispánica y la occidental, a una gradual convergencia y finalmente a la emergencia de varios estilos mestizos que incluso llegaron a incorporar, a través de las conexiones urdidas por los galeones de Manila, influencias orientales, además de los legados islámico y hebreo imbricados en la civilización hispánica desde la Era de las Tres Culturas. Fue así como el Primer Intercambio Ibérico dio paso al Primer Intercambio Global también en los dominios del arte virreinal.

El lugar donde comienza nuestro recorrido por este proceso no es en una de las catedrales, palacios o plazas que ennoblecieron y embellecieron las grandes capitales y ciudades de los virreinatos, sino en la humilde iglesia de San Miguel Arcángel, en el pequeño pueblo de Ixmiquilpan, en el centro de México. En la mitad de la década de los cincuenta del siglo pasado, mientras el interior de la iglesia era restaurado, los operarios descubrieron una serie de asombrosas pinturas murales. Representaban una serie de batallas entre dos tribus amerindias y habían sido pintadas por indios otomíes bajo la guía, o al menos la supervisión, de frailes agustinos. Las tribus mostradas en los murales eran, por un lado, los propios otomíes, vestidos con atavíos de batalla típicamente Mexica, como guerreros jaguares o águilas blandiendo escudos y espadas de obsidiana; y, por otro, los nómadas chichimecas, mostrados semidesnudos y flanqueados por monstruos sobrenaturales. Los murales están además decorados con motivos vegetales, animales y geométricos derivados tanto de la iconografía local como renacentista (100).

100. Escena de los frescos de Ixmiquilpan con un guerrero Otomi luchando contra un nómada Chichimeco en un decorado con motivos clásicos.

La mezcla de imágenes y técnicas mesoamericanas, cristianas y clásicas en una remota villa de Nueva España ha atraído, como no podía ser de otra forma, el interés de numerosos estudiosos, quienes han tratado de explicar el origen de tan inesperada iconografía en el interior de una iglesia católica americana del siglo XVI. El enigma se complica por el hecho de que los autores fueron artistas otomíes. ¿Por qué se les permitió decorar un lugar de culto católico con imágenes paganas destinadas, como parece a primera vista, a glorificar las gestas de una tribu mexicana sobre sus enemigos? Se han avanzado muchas interpretaciones para explicar el misterio, pero una parece más pertinente que el resto. Resulta que, al igual que en tiempos pre-colombinos, Ixmiquilpan estaba en la frontera entre tribus nómadas y sedentarias. A medida que los españoles avanzaban hacia el norte desde las llanuras centrales de México no tardaron en chocar con los feroces chichimecos. En la lucha, los españoles se aliaron con los enemigos seculares de aquéllos, los otomíes. Los frescos de San Miguel serían parte de una astuta campaña de reclutamiento para co-optar a los otomíes apelando a su auto-imagen de guerreros valerosos y victoriosos y atrayéndoles así del lado español frente a sus enemigos comunes. Muy probablemente, los otomíes pensaban que eran ellos los que estaban alistando a los españoles. El resultado de tal matrimonio de conveniencia, no muy distinto al convenido entre los primeros conquistadores y sus aliados nativos contra los aztecas, fue, culturalmente, la fusión de dos tradiciones iconológicas y cosmológicas dando lugar a un nuevo y vertiginoso panorama cultural.

Los otomíes no fueron los únicos indígenas que encontraron conveniente adaptar sus propios intereses y estrategias de supervivencia a las tradiciones importadas de Occidente por los españoles. Durante los siguientes siglos, la nobleza mexicana y andina, aunque en parte integrada en las sociedades virreinales y en buena medida hispanizada, se enorgullecía de hacer valer su linaje ancestral y de exhibirlo visualmente, pero para ello encargaba retratos realizados dentro de las convenciones pictóricas europeas, aunque combinando los símbolos de poder y ropajes de sus antepasados con los de los propios españoles (101).

101. Retrato de *Marcos Chi Guan Tope*, Escuela de Cuzco, circa 1740. Museo Inca, Cuzco.

La aceptación visual de la nobleza pre-hispánica en el nuevo orden era parte de un ambicioso experimento de ingeniería social. Los españoles peninsulares y los criollos nacidos en el Nuevo Mundo eran, después de todo, una minoría y tenían que recurrir a diversas estratagemas para preservar su estatus. El matrimonio con la aristocracia local era una de ellas, aceptar sus reclamaciones a la propiedad y a la tierra de acuerdo con los antiguos linajes Inca o azteca, era otra. Pero no era suficiente para integrar a la mayoría de la población indígena. En este caso, fue necesario poner en marcha otros instrumentos de acomodación, incluyendo la celebración de rituales y fiestas sacras en los cuales la simbología local y la cristiana se mezclaban. De nuevo, las artes visuales se convertían en un medio ideal para multiplicar el efecto de las políticas de aculturación, unas políticas que, a su vez, eran adaptadas y manipuladas por cada grupo local para reafirmar su propia identidad.

Poseemos magníficos ejemplos de estas ambivalentes estratagemas en las pinturas realizadas por los artistas indios y mestizos de la escuela de Cuzco, la primera escuela artística que funcionó de manera continuada tras la Conquista y una de las más originales en la historia del arte occidental euro-americano. Bajo el patronazgo de arzobispos locales y el impulso de sus mejores artistas, muchos de ellos de origen Inca, como Diego Quispe Tito, Basilio Santa Cruz Pumacallao y muchos otros anónimos, la escuela andina produjo una serie de obras maestras en las que se aprecia una inteligente apropiación de técnicas y géneros europeos e incluso bizantinos, combinados con muestras de iconografía local desplegadas con gran virtuosismo. Veamos tres ejemplos que nos ayudarán a entender hasta qué extremos alcanzó el genio de esos artistas y la capacidad que demostraron para expresar una gran diversidad de significados.

El primero es la representación de un matrimonio entre el oficial español Martín de Loyola y la princesa Inca Beatriz Ñusta, un caso entre otros de cómo se unieron las elites españolas y locales para crear una nobleza hispano-americana (102). El segundo pertenece al ciclo del Zodiaco, pintado en 1681 por Diego Quispe inspirándose en una serie de grabados de la *"emblemata Evangélica"*, por el artista flamenco Adrian Collaert. El cuadro muestra la maestría de los artistas nativos a la hora de dominar los estilos más cosmopolitas, en este caso la tradición paisajística flamenca, un género en principio de lo más exótico para alguien criado en las altitudes andinas (103). Por último, el lienzo titulado El retorno de la procesión, parte de una serie del Corpus Christi, muestra la imbricación entre los ritos indígenas y las festividades hispánicas. Conforme la procesión entra en la Catedral de Cuzco, las milicias indias locales, en uniforme de gala y empuñando armas de fuego, escoltan a las autoridades municipales y a los portadores españoles y mestizos de los pasos procesionales. El comisionista de la obra, un indio devoto, es mostrado en actitud orante en la esquina inferior derecha del cuadro (104).

102. Matrimonio entre *Don Martín de Loyola y Doña Beatriz Ñusta*. Anónimo, circa 1680. Iglesia de los Jesuitas, Cuzco.

103. *Series del Zodiaco, Piscis*, por Diego Quispe Tito, 1681. Museo de Arte Religioso, Cuzco.

104. *Retorno de la procesión*, Escuela de Cuzco, circa 1675. Museo de Arte Religioso, Cuzco.

El florecimiento de las artes en Hispano-América no estaba confinado al virreinato de Perú. Un ejemplo todavía más fascinante de cómo las conexiones globales urdidas por la expansión ibérica dieron lugar a una extraordinaria variedad de frutos cosmopolitas y, en el proceso, a un nuevo tipo de humanidad globalizada, se encuentra en el virreinato de Nueva España. Lo podemos observar en los biombos japoneses decorados con escenas de la conquista de Tenochtitlan o la celebración de festividades indias en tiempos virreinales (105, 106).

105. Biombo con la representación de la caída de Tenochtitlan, México, finales del siglo XVII. Museo Franz Mayer, Ciudad de México.

106. Biombo con la representación de una boda amerindia y fiestas populares, circa 1690. Museo del Condado de Los Ángeles.

La dimensión cosmopolita de la ciudad de México tiene también una interesante expresión literaria en la obra de dos escritores novo-hispanos a inicios del siglo XVII. Uno de ellos era un indio nahua, Domingo Chimalpahin; el otro, un poeta español, Bernardo de Balbuena. Procedentes de dos orígenes diferentes, sin embargo compartieron una común experiencia vital y emplearon sus respectivas plumas para exaltar el lugar central que su ciudad estaba ocupando en la era del primer intercambio global.

Entre sus obras, Chimalpahin escribió en su lengua vernácula una historia de los pueblos de Nueva España en la cual utilizó a los autores clásicos y bíblicos para demostrar que las sociedades pre-hispánicas formaban parte de la historia universal y del designio salvífico divino. Pero, incluso de forma más interesante, escribió también en náhuatl una suerte de crónicas de su tiempo en las que registraba los acontecimientos que sucedían no solo en su tierra natal, sino alrededor del mundo entre 1577 y 1615. A juzgar por el enorme alcance de sus fuentes, parece como su humilde habitación en un monasterio a las afueras de la ciudad de México fuera el equivalente de la estación central de una cadena global de noticias, una especie de CNN en la temprana modernidad.

Entre las noticias que capturaron su curiosidad casi sin límites, se contaba el asesinato de Enrique IV de Francia, el 12 de mayo de 1610, el eclipse solar del 10 de junio de ese mismo año o la llegada a México, en noviembre también de 1610 de una embajada japonesa acompañando al oficial español Rodrigo de Vivero, quien acababa de negociar un acuerdo comercial con el Shogun Tokugawa Ieyasu. La delegación japonesa, compuesta por unos 23 miembros, comerciantes y, al menos, un especialista en minas, Tanaka Shosuke, fue recibida por el virrey Luis de Velasco y condujo a un prometedor, pero a la postre frustrado, intercambio diplomático entre Nueva España y la tierra del Sol Naciente. Pero lo que atrajo a Chimalpahin, más que los detalles políticos o económicos de la visita, fue el espectáculo exótico de los delegados japoneses recorriendo las calles de la ciudad de México.

"Todos ellos venían vestidos como allá se visten, con una especie de chaleco y un ceñidor a la cintura, donde traían su katana de acero (…) No se mostraban tímidos, no eran personas apacibles o humildes, sino que tenían aspecto de águilas fieras"[51].

La embajada japonesa permaneció en Nueva España unos dos meses antes de retornar a Japón. Algunos de sus miembros, según el relato de Chimalpahin, decidieron quedarse y ser bautizados, formando parte de una creciente comunidad asiática que conmutaba entre Oriente e Hispano-América siguiendo la ruta de los galeones de Manila.

El mundo globalizado de Chimalpahin apenas conocía fronteras. En su diario hay entradas que hacen referencia a Grecia, Armenia, Moscovia, Etiopía, Persia, Marruecos, Túnez, Persia o China, además de numerosos países europeos. Era un hombre también versado en filosofía, astronomía, asuntos políticos y, nadie es perfecto, cotilleos varios. Se consideraba a sí mismo como miembro de un *altepetl cemanahuac*, o Reino Universal, gobernado por el *cemanahuac tlahtohuani*, o Soberano Universal, el Rey de España. Aunque nunca abandonó la ciudad de México, como habitante de la capital de Nueva España tenía acceso directo a una réplica del mundo en miniatura, puesto que durante su vida, México acogía a hombres y mujeres de casi todas las razas y culturas. Era, ciertamente, un lugar donde se conectaban lugares lejanos, un verdadero teatro del mundo.

Las dimensiones globales de Nueva España no escaparon a la mirada poética y barroca de Domingo de Balbuena, el autor de *Grandeza Mexicana*,

---

[51] Citado en Gruzinski, Serge, *Las cuatro partes del mundo*, pag.32.

un poema epistolar dedicado a Doña Isabel de Tobar, publicado en 1604. Escrito en exaltados versos, el autor define en el mismo a México como el principal nodo en las expansivas redes de la globalización y el principal punto de encuentro del comercio mundial: "En tí se junta España con la China/ Italia con Japón, y finalmente /un mundo entero en trato y disciplina".

Examinando la saga de los galeones de Manila y las flotas atlánticas o leyendo a autores como Chimalpahin o Domingo de Balbuena, ¿cómo puede seriamente afirmarse que la globalización fue inventada en el siglo XVII por los holandeses o en el siglo XIX por la Royal Navy o en el siglo XX por los Estados Unidos de América?.

Llegados a este punto, es necesario disipar una extendida interpretación. Ejemplos como la pintura de castas, la escuela de Cuzco, los biombos de Nueva España o las obras del Inca Garcilaso, Domingo Chimalpahin o Bernardo de Balbuena, entre otras muchas, no fueron producto de una generación espontánea o creadas de la nada por una suerte de varita mágica. Fueron posibles gracias a la continua evolución de una forma específica de civilización cuyos orígenes se remontan a la Hispania romana, al proyecto Hispano-visigodo de San Isidoro, a la España de las Tres Culturas y a la temprana expansión de los reinos ibéricos. El Mundo Hispánico de los siglos XVI y XVII, globalizador y globalizado, no era un árbol sin raíces. Estaba asentado firmemente sobre sólidos cimientos, lo que explica su longevidad y su capacidad de supervivencia y adaptación a muy diversas configuraciones del mundo hasta nuestra misma época.

Además, al tiempo de convertirse en una realidad de dimensiones casi globales, el Mundo Hispánico poseía ya dos cualidades que son requisitos necesarios para el mantenimiento de una civilización: un deseo de permanencia, manifestado por la pasión por las ciudades como principal hábitat humano, y una gran sed por adquirir y diseminar conocimientos, como lo demuestra la precoz difusión, en el contexto de la moderna expansión europea, de universidades e imprentas en los territorios incorporados a la Monarquía.

El Mundo Hispánico es un cosmos urbano. Desde los tiempos del Imperio romano ninguna otra gran potencia construyó tantas ciudades en tan corto periodo de tiempo, con la dificultad añadida de que España fundó urbes sobre un espacio físico mucho más extenso y en condiciones geográficas y ambientales mucho más extremas. Para la mente hispánica, tan romana en muchos aspectos, la ciudad clásica es el emplazamiento por excelencia de la civilización. Cuando los exploradores y conquistadores se adentraban en una tierra desconocida, llevaban con ellos, literalmente, el plan de la ciudad ideal tal y como se entendía en la Antigüedad clásica, adaptada a un medio Cristiano. La española no era la típica extroversión basada en plantaciones o en bases comerciales, como la holandesa, inglesa o incluso la portuguesa. Desde el principio, la voluntad hispánica de permanencia en los territorios recién descubiertos fue expresada de forma rotunda por el cronista López de Gómara en su *Historia General de las Indias* al afirmar que "gobernar es poblar", es decir, fundar establecimientos permanentes donde los recién llegados, y de acuerdo con las Instrucciones Reales, también los pueblos autóctonos, pudieran llevar un modo de vida similar al de la metrópoli. Bajo la máscara del conquistador como gran destructor, se encuentra el rostro del conquistador como gran constructor de mundos. Cortés en Veracruz; Valdivia en Santiago de Chile; Pizarro en Lima... tan pronto como pisaban un nuevo territorio, su primer impulso era crear una ciudad perdurable. El primer empuje de la conquista corrió paralelo a la mayor fiebre constructora experimentada por un Imperio desde los tiempos de Roma. No era un capricho pasajero de los primeros conquistadores, sino que respondía a un claro designio político. En su carta a Cortés, fechada en 1523, el Emperador Carlos V instruyó al gran guerrero para que fundara ciudades de acuerdo a un plan predeterminado que contenía regulaciones precisas acerca de cómo incluir, en cada nueva urbe, "una plaza, una iglesia, un ayuntamiento, una prisión, un mercado, un matadero y un hospital... asegurando de que el trazado de las calles fuera derecho". Como resultado de esa política, entre 1492 y 1579 fueron fundadas más de 200 ciudades en el Nuevo Mundo, incluyendo Santo Domingo (1494); La Habana (1514); Panamá (1519); San Juan de Puerto Rico (1521); México (1523); Guatemala (1524); San Salvador (1525); Quito (1534); Lima (1535); Buenos Aires (1536 y 1580); Asunción (1537); Bogotá (1538); Santiago (1541); La Paz (1548); San Agustín (1565); Caracas (1567) y Tegucigalpa (1579). En el Pacífico asiático, Manila fue fundada en 1571.

La ciudad hispánica ultramarina fue concebida como centro del poder secular y religioso, como lugar de comercio e industria y, en el caso de las principales ciudades de los virreinatos, también como centro de aculturación y movilidad social para las elites locales, así como de aquellos amerindios de menor extracción social que tenían la voluntad y la capacidad de formar parte, con limitaciones, del nuevo universo híbrido creado por la Conquista. La ciudad virreinal tenía que ser un imán para atraer y suscitar la lealtad, y, si fuera posible, el respeto, de pueblos de diversos orígenes. En un magnífico cuadro de finales del siglo XVII, el artista criollo Antonio Ramírez representa la construcción, o la reparación después de un terremoto, pues las interpretaciones divergen, de la Catedral de Santiago de los Caballeros en Guatemala para mostrar la capacidad de la ciudad hispánica en el Nuevo Mundo, con sus principales monumentos e hitos, para acomodar y armonizar las vidas de distintas clases sociales y razas. (107).

107. *Catedral de Santiago de los Caballeros*, Antonio Ramírez, circa 1676.

La construcción o reparación de una catedral, incluso en una ciudad provincial como Santiago de los Caballeros, eran, por supuesto, empresas especializadas que requerían el uso de una mano de obra diversa y entrenada en distintas técnicas. En el cuadro de Antonio Ramírez se ven una variedad de trabajadores de etnias múltiples afanándose al tiempo que eran entretenidos por una banda de música tocando en el techo de la

Catedral. Mientras, en la calle, una similar variedad de tipos humanos es mostrada comprando y vendiendo en el mercado, o atendiendo una procesión de dignatarios religiosos. La participación de amerindios y mestizos en una gran cantidad de profesiones es atestiguada desde los mismos inicios de la Conquista. Bernal Díaz del Castillo, autor de la *Verdadera Historia de la Conquista de Nueva España,* afirmaba alrededor de 1568 que los naturales habían ya dominado las profesiones de Castilla y tenían sus propias tiendas y talleres como sombrereros, joyeros, pintores, escultores, cultivadores y en general ganándose la vida con su propio talento como artesanos o agricultores. Añadía que muchos hijos de la nobleza local eran capaces de leer en español e incluso de componer música a la manera europea. El proceso de aculturación, en realidad, era de doble vía. Una vez que el choque de la conquista fue dando lugar a una acomodación mutua, aunque desigual, los españoles, en particular los misioneros, comenzaron a realizar enormes esfuerzos para aprender y sistematizar las tradiciones y lenguas nativas, como vimos al mencionar el nacimiento de la moderna antropología en la obra de Bernardino de Sahagún y, en particular, su deuda con la labor del Colegio de Santa Cruz de Tlatelolco, donde Andrés de Olmos, el autor de la primera gramática de la lengua náhuatl en 1547, había enseñado latín a sus alumnos aztecas. Otro fraile, Alonso de Molina, compuso un diccionario español-mexica en 1555, que tuvo una segunda edición ampliada en 1571, con ayuda de un colaborador indígena, bautizado como Hernando de Ribas, quien también había sido educado en el mismo Colegio y dominaba el español, el latín y su propia lengua nativa (108).

108. *Vocabulario de español y lenguas mexicanas,* por Alonso de Molina, publicado en México en 1571.

Similares gramáticas y diccionarios bilingües fueron compilados por autores españoles, asistidos por colaboradores locales, para la mayoría de las lenguas amerindias a lo largo de los siglos XVI, XVII y XVIII en lo que constituyó un esfuerzo filológico sin precedentes, que solo sería superado en cantidad y calidad por la emergencia de la filología romántica, y fieramente nacionalista, alemana a finales del siglo XVIII. Aparte del náhuatl, tal fue el caso del maya, cuya gramática fue compilada por Juan de Coronel y Diego de Landa en torno a 1590, y, fuera del área mesoamericana, del quechua, cuya primera gramática moderna fue escrita en 1560 por Domingo de Santo Tomás. Además, en el caso del quechua, la administración española tomó la deliberada decisión de renovar e impulsar su frenada expansión como medio para favorecer su gobierno sobre una población más homogénea lingüísticamente. A tal fin, en 1551 ya había sido creada la primera cátedra de quechua en la Catedral de Lima y en 1608 fue publicado un Vocabulario de la lengua quechua por

González Holguín, quien reconoció que la autoría de su monumental obra era también debida "a los muchos indios de Cuzco, a quienes debe ser atribuido lo que de positivo pueda ser encontrado en ella".

El estudio comparado y sistemático de las lenguas y culturas americanas realizado por los españoles desde la misma emergencia de la realidad compuesta que fue la Hispano-América surgida de la Conquista no tuvo rival, tanto en rapidez como en extensión, en otras modernas empresas imperiales europeas, excepto en el caso de Portugal. A modo de comparación, la Compañía de las Indias Orientales, establecida en 1600 por la reina Isabel I como principal instrumento de imperialismo primero inglés y luego británico en Asia oriental, especialmente en la India, fue extraordinariamente reacia a permitir que sus agentes estudiaran y emplearan las costumbres y lenguas del subcontinente por temor a que una excesiva familiaridad pudiera hacerles más compasivos ante la suerte de la población local bajo la explotación extranjera. Fue solo en 1784, casi dos siglos después de la llegada de los ingleses al subcontinente indostánico, cuando Warren Hastings, en su capacidad de Gobernador General de la India, autorizó la creación de la Asiatic Society de Bengala. Como anécdota interesante, cabe mencionar que la idea de la Asiatic Society fue inspirada por el orientalista William Jones, quien tras estudiar sánscrito llegó a la conclusión, anteriormente alcanzada por el jesuita francés Gaston-Laurent Coeurdoux, de que ese idioma pertenecía a la misma familia lingüística que el griego y el latín: la familia indo-europea.

Para dar mejor una idea adicional de la enorme diferencia entre los esfuerzos realizados por los españoles en el aprendizaje y difusión de las lenguas amerindias y los realizados tardíamente por Gran Bretaña en sus posesiones asiáticas, al lector le puede interesar saber que la primera gramática de lengua hindi escrita en inglés fue publicada por John Gilchrist en 1796, y que el primer colegio financiado por la Compañía de las Indias Orientales para enseñar a sus agentes las lenguas y usos de la India, el Fort College, fue tan solo fundado en 1800. Similar mezcla de desprecio e ignorancia por parte de la política imperial inglesa, o británica, puede encontrarse en su actitud hacia la cultura de los pueblos nativos en América del Norte. En 1617, el rey Jaime I proyectó la creación de escuelas donde "esos bárbaros" pudieran ser instruidos en la fe cristiana. Al año siguiente, la Compañía de Virginia hizo planes para dedicar algunos fondos y terrenos a la construcción de una escuela a tal fin, pero el proyecto nunca se llegó a realizar. Varias décadas tuvieron que pasar para que en 1650 la Universidad de Harvard realizara algunas provisiones para la formación de jóvenes indios. El llamado Indian College duró cuatro décadas y nunca llegó a educar a más de seis indios, de los cuales solo uno se graduó, antes de ser demolido en 1693. Ese mismo año, el Colegio de William and Mary fue fundado en Virginia con el propósito de difundir el Evangelio entre los nativos, pero sus resultados fueron nimios. Mientras tanto, el Colegio de Nueva Jersey, más tarde Princeton, tuvo tres estudiantes amerindios en toda su historia colonial. Estos fueron todos los resultados de la educación de los amerindios en América del Norte. En contraste, la creación de una elite amerindia hispanizada fue objetivo prioritario en la empresa española desde sus mismos orígenes. Dos fueron los principales medios para conseguirlo: la apertura de universidades y colegios donde los nativos pudieran estudiar y graduarse de acuerdo con un curriculum inspirado en el de las instituciones españolas, y la difusión de libros, ya fueran importados desde la metrópolis o impresos en las primeras imprentas americanas. A este respecto, merece la pena mencionar que la primera imprenta del Nuevo Mundo fue fundada alrededor de 1538 en la ciudad de México, un siglo antes de que el invento apareciera en Anglo-América en 1638 en Cambridge, Massachusetts.

El primer libro impreso conocido en América es la *Doctrina Cristiana en las lenguas española y mexicana para beneficio de estos indios,* publicado en 1539 y fue seguido en las décadas posteriores por cientos de textos sobre teología, filosofía, medicina, astronomía, economía y una gran variedad de catecismos, gramáticas y diccionarios de lenguas vernáculas. No fue el único ejemplo. Otros lugares del Mundo Hispánico también tuvieron sus imprentas a lo largo del período virreinal. Tal fue el caso de Lima, donde el primer libro impreso apareció en 1584; Guatemala, donde la imprenta llegó en 1641; las misiones guaraníes de Paraguay, donde los jesuitas imprimieron los primeros libros a inicios del siglo XVIII; La Habana, donde el primer libro impreso, un tratado sobre los precios de las medicinas, apareció en 1723; o Bogotá, donde las primeras referencias a la imprenta local datan de 1582, si bien el primer libro impreso conocido es de 1738. En cuanto a las posesiones españolas en Asia, el primer texto impreso en Manila data de 1593 y fue un *Sumario de Doctrina Cristiana* escrito en español y tagalo, la lengua principal del archipiélago.

La fascinante saga de la imprenta en el Mundo Hispánico de ultramar, de México a Paraguay y de La Habana a Manila, es otra muestra más de la falacia tantas veces propagada acerca del obscurantismo y atraso de España. Una falacia que queda también claramente expuesta cuando se comprueba la masiva circulación de libros impresos a través de la

Monarquía Hispánica desde los inicios del siglo XVI. Muchos análisis de ese periodo repiten *ad nauseam* el tópico de que la Inquisición y las autoridades seculares ejercían un control tan absoluto sobre la distribución de libros que solo los devocionarios sancionados por la Iglesia estaban disponibles en los territorios hispánicos, impidiendo que sus habitantes tuvieran acceso a los productos de la era moderna. Se repite una y otra vez, en el mismo sentido, que la prohibición de libros de ficción y científicos establecida por sucesivos decretos reales mantuvo a las poblaciones hispánicas en la ignorancia sobre lo que pasaba en Europa e incluso en la propia España del Siglo de Oro. Una mirada a los hechos, siempre tozudos, demuestra que las cosas eran muy distintas. Para comenzar, la finalidad de las mencionadas prohibiciones era evitar que los indígenas estuvieran expuestos a las obras de ficción, sobre todo del género de caballerías, tan a la moda en la España de la época, y de ese modo conseguir que se concentraran en la adquisición de los primeros rudimentos de una educación religiosa y secular más prácticas. En segundo lugar, los comerciantes, oficiales de aduanas y colonos no tenían demasiada dificultad para evitar las prohibiciones. Los registros de la Casa de Contratación de Sevilla y de las notarías de los virreinatos, estudiados ya en la década de 1940 por Francisco Rodríguez Marín e Irving A. Leonard, entre otros eruditos, muestran que decenas de miles de libros de todos los géneros fueron exportados de España a América, un comercio favorecido por la exención de impuestos que disfrutaba la venta de libros impresos en el Nuevo Mundo. Como resultado de esa política impositiva y de la avidez con que las novedades escritas eran recibidas en Hispano-América y en Hispano-Asia, sabemos, por ejemplo, que muchos de los volúmenes de la primera edición del *Don Quijote* fueron exportados a México y Lima el mismo año en que fueron publicados, en 1605. Lo mismo vale para otra joya del Siglo de Oro, el *Guzmán de Alfarache*, cumbre del género picaresco publicada en 1599 por Mateo Alemán. Aparte de textos religiosos, novelas y otras obras de ficción modernas, muchos otros libros, clásicos latinos, textos humanistas y científicos, atravesaron los océanos en las flotas atlánticas y los galeones de Manila, que de esta forma se convirtieron en vehículos, mucho antes de los medios de comunicación de masas y de Internet, para el surgimiento de una naciente cultura global dominada, hasta ahora y puede que no por mucho tiempo, por Occidente. En un cargamento con destino a México, Lima o Manila era posible, por ejemplo, encontrar comedias griegas de Aristófanes; poemas latinos de Virgilio o manuales de retórica de Cicerón; el *Elogio de la Locura* de Erasmo; el *Tratado de Agricultura* de Alonso de Herrera; una traducción de *De Materia Medica* de Dioscórides; un manual sobre los *Secretos de la Cirugía*, de Pedro Arias de Benavides; la *Gramática de la Lengua Castellana*, de Nebrija; la *Historia Moral y Natural de las Indias*, de José de Acosta; manuales prácticos de farmacopea, minería, música, pintura o escultura y, por supuesto, las grandes obras de los autores del largo Siglo de Oro, desde *La Celestina*, los poemas de Boscán y Garcilaso o las Coplas de Jorge Manrique a las obras de Lope de Vega, Calderón, Góngora y, por supuesto, Cervantes.

La difusión de libros es un aspecto del masivo proceso de incorporación de nuevos mundos a la civilización occidental y de la concomitante transformación de Occidente por su contacto con otras geografías, pueblos y culturas llevado a cabo por España. Otro aspecto al que tornaremos ahora nuestra atención es la extensión de la educación occidental a través de una vasta red de colegios y universidades donde, desde el principio y a diferencia de otras empresas imperiales europeas, los nativos fueron animados a estudiar. Entre las primeras instituciones de enseñanza de ese tipo se cuenta el Colegio de San Francisco, fundado por el fraile flamenco Pedro de Gante, y del Colegio Imperial del Colegio de Santa Cruz de Tlatelolco, cuyo papel en el nacimiento de una cultura moderna americana y en la formación de una elite nativa hispanizada ya hemos mencionado. Menos conocida es la labor de esos colegios en la aparición de escuelas musicales locales bajo influencia europea. El mismo Pedro de Gante urgió al Emperador Carlos V a emplear la enseñanza musical como método de aculturación de los indígenas. Los estudiantes locales pronto demostraron su talento en este ámbito también y en poco tiempo los hubo con capacidad para dominar las formas más complejas de composición polifónica y de tocar, e incluso fabricar, los instrumentos más difíciles. ¿Alguien sería capaz de mencionar algún ejemplo en las colonias anglo-americanas, o bien holandesas, en donde a los nativos se les enseñara o se les permitiera tocar el violín o el oboe o componer música de estilo occidental?. No se encuentra en la historia de Virginia o de Massachusetts o de Nueva York en la época colonial un caso como el de Juan Pérez Bocanegra, el compilador quechua de un libro de canciones donde aparece la primera pieza de polifonía vocal compuesta en el Nuevo Mundo, el *Hanacpachap cussicuin*, probablemente compuesta por él mismo en 1631 (109).

109. El primer órgano de las Américas, en la iglesia de San Pedro, en la villa Andahuaylillas, cerca de Cuzco.

De igual importancia para la difusión del conocimiento occidental y la apropiación del conocimiento local fue la creación de las primeras universidades de estilo europeo en América y Asia. La primera institución de alta enseñanza en el Nuevo Mundo fue fundada en Santo Domingo en 1538, un siglo antes que Harvard, seguida por las de México y Lima, ambas en 1551. Hasta la era de la Emancipación, España fundó un total de veintiséis universidades en América. En cuanto a Asia, la primera Universidad de estilo europeo allí creada lo fue también por españoles y todavía sigue funcionando, se trata de la Universidad de Santo Tomás de Manila, establecida en 1611 (110).

110. Universidad de Santo Tomás en Manila, fundada en 1611. La más antigua universidad europea en Asia.

Trasladándonos a la época de la Ilustración, los territorios ultramarinos de la Monarquía española eran todavía parte integral de un edificio complejo, pero sólido, el resultado de dos siglos previos de mestizaje y amalgamación. Muchas de las capitales virreinales, e incluso algunos centros urbanos menores, se podían comparar favorablemente, en términos materiales e intelectuales, con sus contrapartes de los países europeos y estaban más avanzadas que los establecimientos coloniales de otras potencias nord-atlánticas. En retrospectiva, sabiendo que el Mundo Hispánico estaba destinado a fragmentarse políticamente a consecuencia de poderosas fuerzas centrífugas, aunque no a desaparecer como comunidad cultural, puede parecer sencillo minusvalorar o ignorar, como tantas veces se hace, sus logros mientras se conservó unido. Este es el camino elegido por muchos ideólogos tornados en historiadores. Su actitud es similar a la de quien menospreciara el legado griego con la excusa de que las polis griegas desaparecieron como entidades independientes y fueron incorporadas a los imperios romano, bizantino o turco; o la de quien olvidara el legado romano, ya que en último instancia su Imperio cayó a manos de los bárbaros o, más cerca de nuestro tiempo, la de quienes nos dijeran que las dimensiones imperiales de la Inglaterra victoriana, la Francia republicana o la República holandesa no merecen ser estudiadas porque terminaron en ruinas con los procesos de descolonización del siglo XX. Y, por supuesto, están aquellos críticos radicales para quienes todas las experiencias históricas mencionadas merecen ser condenadas *ad initium* a causa de su naturaleza explotadora. Obviamente, no vamos a seguir ese curso. Al reflexionar sobre la experiencia hispánica entre los siglos XV y XIX conviene recordar las palabras del gran americanista húngaro y pionero en el estudio del arte virreinal, Pal Kelemen, quien en su esencial ensayo escrito en 1937 y titulado *Vanishing Art of the Americas*, afirmó: "debe tenerse en cuenta que una vida literaria, humanista y científica de primer orden existió en las colonias hispano-americanas. Se trataba de un continente vivo y pensante, familiarizado con la producción intelectual europea, pero no dependiente provincianamente de ella. Cuanto más atrás nos movemos en la historia colonial, más encontramos que aquellos 300 años produjeron pensadores originales, académicos, poetas y músicos, artistas y escultores. Se leían más libros de lo que podemos imaginar (...), ricos aficionados dejaron descripciones de historia local que son valiosos para los investigadores de nuestros días; hubo frailes que meditaron sobre filosofía y se produjeron esmeradas obras poéticas"[52]. Cuanto más se estudia la cultura del Mundo

---

[52] Kelemen, Pal, *Vanishing Art of the Americas*, pag. 101.

Hispánico anterior a las emancipaciones, más evidente resulta la veracidad y actualidad de las afirmaciones del Dr. Kelemen.

De hecho, la opinión del Dr. Kelemen fue compartida mucho antes por un alemán que visitó Nueva España a inicios del siglo XIX durante un viaje al Nuevo Mundo. Alexander von Humboldt es, por supuesto, conocido como un gran erudito de curiosidad casi universal, cuyas contribuciones a las ciencias naturales hicieron avanzar en buena medida la causa de la Ilustración europea. Entre 1799 y 1804, bajo el patronazgo del Secretario de Estado español, Mariano Luis de Urquijo, Humboldt viajó extensamente por Cuba, Nueva España y América del Sur. Mientras permaneció en México, llevó a cabo extensos estudios sobre su estructura social, económica y cultural, tanto en la capital como en las provincias que visitó, sobre todo aquellas especializadas en la extracción minera, pues el sabio alemán estaba particularmente interesado en los aspectos prácticos de la geología y la mineralogía. Respecto de la capital, al tiempo que reconocía las grandes diferencias sociales entre las distintas clases, no pudo ocultar su entusiasmo en otros aspectos: "México es, sin duda, una de las más hermosas ciudades construidas por europeos en ambos hemisferios. Con la excepción de San Petersburgo, Berlín, Filadelfia y en algunas partes de Westminster, no existe ciudad de dimensiones similares que pueda ser comparada con la capital de Nueva España"[53]. En términos elogiosos se refirió también al Jardín Botánico de la ciudad y a su Escuela de Minas. En este último caso mencionó tanto el edificio, obra del arquitecto local Francisco de Tresguerras, como a la institución en cuanto centro de excelencia sobre las últimas tecnologías mineras. El fundador y

---

[53] Humboldt, Alexander, *Selections from the Works of the Baron De Humboldt*, pag.26.

director de la Escuela era el químico español Fausto de Elhuyar, uno de los grandes minerólogos de la época y descubridor, junto a su hermano Juan José, del tungsteno, también conocido como wolframio. No fue el único elemento químico descubierto por españoles en el Nuevo Mundo. En 1801, Andrés Manuel del Río, también profesor en la misma escuela, identificó el vanadio, mientras que medio siglo antes, en 1735, el gran astrónomo, explorador y administrador colonial Antonio de Ulloa había hallado platino, uno de los metales más raros en la corteza terrestre, usado hoy en día para una gran variedad de propósitos. Aunque este elemento noble había sido usado por las civilizaciones precolombinas para fines decorativos, el método moderno para producir platino maleable fue perfeccionado en España por los hermanos Elhuyar y por el químico francés Pierre François Chabaneau, bajo el patronazgo del Conde de Aranda. El proceso, mantenido secreto hasta 1914, fue comercialmente explotado en los laboratorios reales durante la llamada "Edad del Platino" en España, que tuvo fin a resultas de la invasión napoleónica, una de cuyas consecuencias fue la destrucción de la industria del platino local y la dispersión de los expertos que en ella trabajaban. Un recuerdo fascinante de este episodio casi desconocido es el cáliz realizado en 1778 por el joyero Francisco Alonso, con una de las primeras muestras de platino maleable. El cáliz fue regalado por el rey Carlos III al Papa Pío VI y puede ser todavía contemplado en el Tesoro de San Pedro en Roma.

Con ejemplos como los mencionados, no ha de extrañar que Humboldt llegara a la conclusión en su visita a Nueva España de que "no hay ciudad en el Nuevo Mundo, incluyendo las de los Estados Unidos, que despliegue tantos y tan sólidos establecimientos científicos como la capital de México"[54]. Y la ciencia no era el único terreno donde México sobresalía. Humboldt también exaltó las virtudes de la Escuela de Bellas Artes, donde, en sus propias palabras "la educación se da gratuitamente" y donde "rango, color y raza se mezclan: pueden verse indios y mestizos sentados lado a lado con los blancos, y los hijos de un pobre artesano pueden competir con los vástagos de los grandes señores del país"[55].

Durante mucho tiempo, los resultados de las expediciones científicas de Humboldt a lo largo y ancho de América y su contribución a la emergencia de disciplinas científicas como la geobotánica e incluso la ecología, fueron atribuidos a su genio solitario. En realidad, Humboldt utilizó extensamente las aportaciones acumuladas durante tres siglos de observaciones locales sobre las relaciones entre las condiciones físicas de cada hábitat, por ejemplo en las regiones andinas, y la biodiversidad tal y como habían sido acumuladas por redes de científicos españoles y criollos, como José Gumilla, Vicente Maldonado o José de Caldas, un naturalista colombiano que había participado en las expediciones del gran físico, botánico y matemático Celestino Mutis, a quien el mismo Humboldt admiraba y con quien se encontró en el transcurso de sus viajes.

En 1783, bajo patronazgo real, Mutis continuó la tradición de las grandes empresas científicas de siglos anteriores iniciando una expedición a través de Nueva Granada, una región que incluía los actuales estados de Colombia, Venezuela y Ecuador. Su propósito era estudiar la flora, fauna y geografía locales. Antes de emprender su tarea, Mutis ya conocía el terreno que iba a pisar, pues había trabajado en la zona como médico privado del virrey durante la década de 1760. Interesado, como su predecesor

---

[54] Humboldt, Alexander, *Idem*, pag. 28.
[55] Humboldt, Alexander, *Idem*.

Francisco Hernández, por las propiedades curativas de las plantas, hizo del estudio de la quinina, un alcaloide encontrado en la corteza del quino, usado para curar la malaria, su especialidad. Los usos terapéuticos de la quinina ya eran conocidos por los quechuas y habían sido usados para curar a la Condesa de Chinchón, de ahí el nombre dado al árbol productor – *Cinchona ledgeriana*- por Linneo.

Una vez al frente de la llamada Real Expedición Botánica, Mutis, acompañado por un equipo de botánicos y más de cuarenta dibujantes, pasó el resto de su vida coleccionando, describiendo y analizando más de 5.000 nuevos especímenes de plantas y compilando más de 6.700 dibujos de abrumadora belleza, que hoy pueden contemplarse digitalizados en Internet gracias a la labor del Real Jardín Botánico de Madrid. Además de su trabajo con las plantas y la farmacología, la curiosidad de Mutis se extendió desde el reino de las criaturas más pequeñas – escribió un tratado sobre hormigas y termitas, siendo uno de los fundadores de la mirmecología, una rama de la entomología- hasta las esferas celestes, puesto que creó el Observatorio Astronómico de Bogotá en 1803, el primero de su estilo en América durante la era post-colombina (111).

111. *Mutisia Clematis*, así denominada por Linneo en honor de Celestino Mutis.

Los éxitos científicos de Mutis, conseguidos a lo largo de 25 años en los que recorrió unos 8.000 kilómetros cuadrados, no fueron una gesta aislada en el Mundo Hispánico del siglo XVIII. Aunque las narraciones clásicas sobre la ciencia de la Ilustración apenas mencionan este hecho, más ocupadas como están narrando las aventuras del Capitán Cook o de Bouganville, lo cierto es que la Monarquía española fue una de las grandes impulsoras, si no la mayor, de las expediciones científicas ultramarinas durante todo el siglo de las Luces, habiendo financiado más de sesenta en América y en los territorios del Pacífico. Una de ellas, comandada por Alessandro Malaspina, desarrollada entre 1789 y 1794, tuvo un alcance global. Aunque su finalidad era esencialmente científica, consideraciones estratégicas también estuvieron en su origen, en concreto a la hora de buscar un elusivo Paso del Noroeste que conectara el Atlántico y el Pacífico a través de las regiones árticas y de consolidar la reclamación española sobre la costa del Pacífico septentrional norteamericano durante un periodo de renovadas hostilidades entre las grandes potencias.

De hecho, al tiempo de la expedición de Malaspina, muchos de los territorios que hoy forman parte de los estados occidentales de los Estados Unidos a lo largo de la costa del Pacífico habían sido explorados y en algunos casos colonizados y fortificados como medida precautoria para proteger el núcleo de las posesiones novohispanas, especialmente las minas de sus provincias norteñas. Así nacieron durante el siglo XVIII villas como San Blas o Mazatlán. La prevención de incursiones inglesas o francesas y el apoyo a la labor evangelizadora estuvieron también en el origen del sistema de misiones y presidios en California y en Medio Oeste norteamericano. Monterrey fue fundado en 1770 y San Francisco en 1776. En 1774, el virrey de Nueva España, Antonio de Bucareli, envió una expedición marítima hacia el norte al mando de Juan Pérez. En el verano de ese mismo año, los navíos españoles llegaron a la isla de la Reina Carlota, en la actual Columbia Británica, y poco después descubrieron un fondeadero, bautizado como Bahía de San Lorenzo de Nutka. En 1789, otra expedición al mando de José Martínez retornó a Nutka y tomo posesión de la rada. Poco después, el asentamiento español fue visitado por el explorador británico George Vancouver quien, a pesar de la animadversión entre ambos países, fue bien recibido y provisto de cartas de introducción para poder descansar en el Puerto de San Blas.

La fundación de la base de Nutka – o Nootka, como hoy aparece en los mapas- y otras expediciones que llegaron hasta Alaska, donde todavía perduran nombres españoles como Cordova o Valdes, marcaron el punto de máximo alcance septentrional del Imperio español en América. Por la

Convención de Nutka, España permitió a otras naciones participar en el comercio, sobre todo de pieles, que se estableció entre aquellos territorios y Asia. Una derivada interesante de aquellos episodios es que renovaron el celo colonizador de Rusia, país que tenía un interés de larga data en los territorios más septentrionales de América. En 1812 un destacamento ruso desembarcó en la Bahía de Bodega, cerca de San Francisco y estableció allí una base. Fue, curiosamente, el momento en el que los imperios ruso y español más cerca estuvieron y, a pesar de las mutuas sospechas, lo cierto es que resultó en un breve intercambio comercial entre los puestos más remotos de ambas naciones (112).

112. Grabado con una festividad en Nutka, por José Cardero, dibujante en la expedición Malaspina, 1792.

El ciclo de las expediciones ilustradas y, con él, del Mundo Hispánico unificado fue frustrado por la invasión napoleónica de España y el subsiguiente proceso de independencia de sus territorios americanos. El fin de este excepcional capítulo de la historia es usualmente narrado resaltando su dimensión conflictiva, que condujo a un periodo de fragmentación y declive. Como veremos en los siguientes capítulos, también llevó, desde el punto de vista cultural, a una reformulación radical del lugar de los pueblos hispánicos en un mundo dominado por otras potencias y, de paso, a una nueva explosión de energía artística e intelectual que en su momento terminaría contribuyendo de forma creativa a un cuestionamiento drástico de los presupuestos sobre los que se había fundado la Modernidad.

Hay también otro modo de redondear la historia del Mundo Hispánico en su periodo de unidad y es evocando otra expedición lanzada por España para circunnavegar el globo. A diferencia de la primera, comandada por Magallanes y Elcano, o de las rutas oceánicas de las flotas del Atlántico y de los galeones de Manila -ambas inscritas en un contexto de expansión imperial y dominación occidental- la última empresa global del Imperio español fue designada por razones estrictamente humanitarias. Conocida o, mejor dicho, desconocida, pues es ignorada en la mayoría de las historias de la ciencia, como la expedición Balmís, fue proyectada como la primera campaña de vacunación mundial en la historia. Su propósito fue inocular la vacuna de la viruela, descubierta en 1799 por Edward Jenner, en las poblaciones ultramarinas del Imperio. La aventura fue inspirada por la experiencia personal del monarca Carlos IV, quien había perdido varios miembros de su familia en una epidemia de la enfermedad y estuvo dirigida por el médico de la corte Francisco Xavier de Balmís. La expedición partió de España en 1804, justo cuando el país estaba siendo invadido por un ejército francés. En ausencia de métodos de refrigeración y esterilización más modernos, la vacuna fue transportada *in vivo* inyectándola en niños huérfanos bajo supervisión de una enfermera, de forma que pudiera ser pasada, por así decirlo, de brazo en brazo mientras durara el periplo, que incluyó las islas Canarias, Puerto Rico, Venezuela, Cuba, los territorios de Perú, Nueva Granada y Nueva España, las Filipinas, los puertos chinos de Macao y Cantón y desde allí, vía Santa Helena, de regreso a Lisboa, donde llegó en 1806. Tras recibir noticias de la culminación del viaje, el propio Dr. Jenner confesó a un amigo, "no puedo imaginar en la anales de la historia un ejemplo de filantropía tan noble y extenso como este"[56].

---

[56] Citado en Tárrago, Rafael E. "The Balmis-Salvany Smallpox Expedition: The First Public Health Vaccination Campaign in South America". Perspectives in Health. Volume 6-No. 1-2001.

CAPÍTULO 9

LA ERA DE GOYA

Tras la efímera sonrisa de la razón, los tres últimos capítulos en la obra de Lord Clark son un anti-clímax, un lento descenso hacia el filisteo materialismo y la angustia del siglo XX. El declive no fue abrupto, sino que alternó con períodos de esperanza y muestras de genio. Lo que ocurrió fue que, tras las alturas de la Ilustración, la mente occidental quizá se cansó de demasiada luz y especulación racional y fue seducida por un nuevo culto: el culto de la naturaleza. Las ruinas producidas por el colapso de la religión y la razón fueron ocupadas por un panteón de fuerzas ciegas, cuyos principales adoradores no fueron sacerdotes ni científicos, sino los poetas románticos y los pintores de paisajes. El romanticismo fue la nueva religión que atrajo a los espíritus solitarios y descarriados, a los nobles vagabundos que comenzaron a recorrer valles y montañas a la búsqueda de rincones prístinos y remotos donde encontrar una fuente de inspiración para sus almas sedientas. Este es el estado de ánimo que encontramos en la poesía romántica inglesa, en las obras de Woodsworth o Coleridge, capaces de vislumbrar lo absoluto en la forma de una nube o en el relieve de una montaña. Es también el espíritu que traslucen los paisajes de Caspar David Friedrich y sus visiones de paseantes solitarios en medio de una naturaleza que les envuelve y les absorbe, o que encontramos en el célebre cuadro de Constable sobre una nube amenazante de lluvia (113).

113. *Estudio de paisaje marino con una nube amenazante*, de John Constable, 1827. Royal Academy of Arts, Londres.

El deseo de comunión con la naturaleza típico del Romanticismo fue acompañado, y en algunos casos sobrepasado, por el anhelo de pertenencia a una comunidad fraterna de seres humanos que venía a sustituir a la unión mística con lo numinoso. La idea de un contrato social fundado en la voluntad popular, avanzada por Rousseau, pero ya presente en varios tratadistas medievales, como única fuente de legitimidad del poder por encima del Trono y del Altar estaba destinada a desestabilizar el orden del Antiguo Régimen. Fue así como la melancolía romántica se transformó en pasión revolucionaria.

Como su compatriota Burke mucho antes que él, Lord Clark no tenía en alta estima la Revolución francesa. La consideraba una pesadilla de la razón que sólo condujo a una esperanza falaz bañada en sangre. Es cierto que millones de seres humanos perecieron en nombre de la Libertad, la Igualdad y la Fraternidad y muchos más serían aniquilados, sobre todo durante el siglo XX, a consecuencia de totalitarismos cuyas raíces ideológicas pueden encontrarse en el iluminado siglo XVIII y cuyos métodos favoritos de ejecución de masas tuvieron sus antecedentes en la eficiente guillotina. Por otra parte, los iconoclastas revolucionarios acabaron con buena parte de las mejores manifestaciones del arte occidental en Francia, como Cluny y Saint Denis, algo que por fuerza no debía ser del agrado de Lord Clark. La Revolución Francesa, es cierto, fue una gran destructora, aunque al menos en pintura dejó algunos legados admirables, como es el caso de las sublimes piezas de propaganda realizadas por David, quien puso su pincel al servicio del sueño romántico de la revolución y, cuando las cosas comenzaron a cambiar, a mayor gloria de su gran usurpador, Napoleón Bonaparte (114).

114. *La coronación de Napoleón,* por Jacques Louis David, 1807. Museo del Louvre, París.

El designio megalómano de Napoleón fue un gran desastre para Europa y, en particular, para España. La imaginación nord-atlántica se solaza en la imagen exótica de España, el país del atraso material y de las pasiones violentas, de Carmen y Don José, ambos productos del romanticismo de allende los Pirineos proyectado hacia las cálidas tierras del Sur. Si esa España realmente existió, y no niego que durante el siglo XIX existiera un retraso económico y en la cultura política de nuestro país, no fue el fruto de una predisposición genética, ni de ningún defecto incorregible de un supuesto carácter nacional, sino de la disrupción provocada por los efectos de la invasión francesa y los desastres de la Guerra de la Independencia sobre un país cuyo curso histórico durante gran parte del siglo XVIII había seguido una senda reformista moderada y pragmáticamente ilustrada, distanciada tanto de los excesos de la Iglesia como de la Razón. Un país que, al mismo tiempo, en el dominio de las artes, produjo al pintor más revolucionario en la historia de Occidente hasta la llegada de Picasso; un artista que introdujo nuestro mundo, con todas sus contradicciones, esplendores y horrores, en el lienzo. Un genio a quien se ha llamado el último de los maestros antiguos y el primero plenamente contemporáneo; un testigo que, al mirar de frente los desastres de la guerra dijo "Yo lo vi" y nos forzó a mirar, incluso contra nuestra voluntad, la devastación causada no por la ira divina o la furia de la naturaleza, sino por los monstruos de la razón: un hombre llamado Francisco de Goya y Lucientes.

Muchos biógrafos de Goya se maravillan al preguntarse cómo fue posible que semejante genio pudiera haber nacido en la retrógrada España y no en Francia o en Gran Bretaña. En una obra clásica sobre la historia de la cultura europea entre 1750 y 1850, el estadounidense Robert S. Salomon afirmaba, comparando la situación en el siglo XVIII español con el equivalente en otras naciones más avanzadas europeas, que Goya había tenido el infortunio de haber nacido "en el más atrasado, reaccionario y corrupto país de Europa occidental"[57]. No cabe morderse la lengua aquí. Es difícil decir más sandeces en una sola frase. ¿Existía el equivalente de Transparencia Internacional para medir la corrupción de un entero país en el siglo XVIII?, ¿eran las elites políticas españolas más venales que la Corte de Luis XV o que los parlamentarios británicos a sueldo de la Compañía de las Indias Orientales?, ¿si Francia hubiera sido tan próspera y su política tan limpia y esclarecida, habría tenido necesidad de sufrir una sangrienta Revolución?. Dejo al lector que encuentre por sí mismo las respuestas.

De hecho, la primera mitad de la vida de Goya, quien nació en 1746 en un pequeño pueblo cercano a Zaragoza, coincidió con una era en la que España estaba gozando de un programa reformista acorde con una Ilustración templada tanto en la metrópolis, como en su enorme Imperio ultramarino. Hemos visto en el capítulo previo hasta qué extremo las reformas borbónicas permitieron modernizar, defender -gracias sobre todo a una renovada marina de guerra- y mejorar el conocimiento de los dominios americanos y del Pacífico. En el siglo XVIII España lanzó más expediciones científicas transoceánicas que cualquier otra potencia europea. En la propia península, en especial durante los reinados de Fernando VI (1746-1759) y de Carlos III (1759-1788), el reformismo abarcó casi todos los ámbitos de la vida nacional, incluyendo la Iglesia y la poderosa orden de los jesuitas, quienes fueron expulsados en 1767. Por supuesto, como ocurría con el resto de los déspotas ilustrados, el fin de las políticas borbónicas en España no era cambiar el sistema, sino racionalizarlo para hacerlo más eficiente y, en el mejor de los casos, procurar una mayor felicidad en la vida de sus súbditos, de acuerdo con el

---

[57] Solomon, Robert C., *History and Human Nature*, pag. 184.

programa de la Ilustración. En Francia, la resistencia de la monarquía y de la aristocracia a aceptar las demandas de las clases populares y de la burguesía, radicalizada por el activismo de una minoría, condujo a la Revolución. En Gran Bretaña, tras las destrucciones provocadas por las guerras religiosas y civiles de siglos anteriores, la política se había moderado y fue posible una evolución gradual hacia una forma cada vez más representativa de gobierno.

Mientras tanto, el programa reformista en España no siguió esos ejemplos extremos. Estaba más cercano al tipo de cambio dirigido desde arriba, como era el caso en Prusia o en Austria, donde un gobernante más o menos benigno, o al menos lo suficientemente pasivo como para no molestar más de lo conveniente entre partidas de caza y placeres cortesanos, sabía rodearse de un equipo de ministros y colaboradores eficientes, de tecnócratas, como diríamos en nuestros días, a quienes estaba confiada la tarea diaria de gobierno. Pues bien, España tuvo la suerte de contar con algunos de los ministros más competentes de la época. Hombres como José Patiño, quien bajo Felipe V, el primer monarca Borbón, estableció las bases para el renacer de la Armada, instituyó un censo moderno y renovó el sistema fiscal. O como sus brillantes sucesores bajo Fernando VI, José de Carvajal y el marqués de la Ensenada, quienes mantuvieron una política exterior neutral, regida por el principio "en paz con todos y en guerra con nadie", mientras que en el interior mejoraban las infraestructuras y comunicaciones, el comercio, la industria y la maquinaria de la administración. Y, para culminar, las figuras excepcionales, ya durante el reinado de Carlos III, del conde de Aranda y del conde de Floridablanca, cuya relación siempre tensa hizo posible el pragmático dinamismo que caracterizó la última fase del reformismo español antes de la dramática ruptura provocada por el doble impacto de la Revolución francesa y de la invasión napoleónica. Ambos fueron, me atrevo a decir, los dos últimos grandes políticos españoles capaces de pensar en términos auténticamente globales. No les quedaba más remedio que hacerlo. Leyendo sus memoriales e instrucciones secretas nos podemos dar cuenta de que España todavía a finales del siglo XVIII era una potencia formidable e ineludible en el teatro de las relaciones internacionales. No había una sola gran crisis o iniciativa diplomática considerada en Londres o en París que no requiriera conocer de antemano cuál sería la posición de la corte de Madrid. El papel esencial desempeñado por España en la independencia de los Estados Unidos es un claro ejemplo. La contribución de las armas españolas, dirigidas sobre el terreno por Bernardo de Gálvez, a las victorias en el frente meridional de la guerra, sobre todo en las batallas de Mobile, Pensacola y Nueva Providencia, fueron decisivas para limitar la capacidad británica a la hora de enfrentarse a los rebeldes americanos en el frente septentrional. Igualmente relevante fue la contribución del oficial español Francisco Saavedra y Sangronis, quien, junto con el almirante francés de Grasse, planificó la batalla de Yorktown e inspiró los esfuerzos para financiar los ejércitos revolucionarios por parte de la burguesía de La Habana (115).

115. *Francisco Saavedra y Sangronis*, Francisco de Goya, 1798. Courtauld Institute Galleries, Londres.

Los efectos de los esfuerzos reformistas descritos tuvieron eco en el ámbito cultural, tanto en España como en sus dominios de ultramar. Cualquier visitante de Madrid pude verlos en su expresión arquitectónica y urbanística paseando por el barrio de los Borbones, que incluye el Salón del Prado, con una de las mejores concentraciones de museos de Europa, el observatorio astronómico cerca del Parque del Retiro y el Palacio de Oriente, que con sus 3.418 habitaciones, 44 escaleras, 870 ventanas, 270 balcones y 135.000 metros cuadrados en total es el mayor palacio de Europa contenido en un solo edificio (116).

116. El Museo del Prado, diseñado en 1785 por Juan de Villanueva.

Como fue el caso con la colección de pinturas de Felipe II en El Escorial, la construcción del Palacio Real de Madrid también atrajo a un gran número de talentos pictóricos desde el resto de Europa. La nueva infusión de influencias foráneas en España había comenzado ya bajo el reinado de Felipe V al llegar a la corte de Madrid. Dado que el monarca era de origen francés y su segunda esposa, Isabel de Farnesio, era italiana de Parma, la presencia de artistas franceses e italianos no se hizo esperar. Su aportación supuso una desviación radical, tanto en forma como contenido, respecto del estilo de los últimos maestros de la escuela española durante el reinado de Carlos II. Comparemos una escena cargada con significado religioso, como la *Adoración de la Sagrada Forma,* de Claudio Coello, una obra maestra del barroco tardío (117), con el retrato de la familia de Felipe V de Louis Michel van Loo para comprobar el final de una era y el inicio de otra a través de la transición entre el juego ilusionista de perspectivas puesto al servicio de la alianza entre el Trono y el Altar y el esplendor, la pompa y la circunstancia magnificados por el estilo rococó al servicio de la corte regalista de Felipe V (118).

117. *La Adoración de la Sagrada Forma*, por Claudio Coello, 1685. El Escorial.

118. *La Familia de Felipe V,* por Louis Michel van Loo, 1743. Museo del Prado, Madrid.

La substitución del estilo religiosos barroco por otros más seculares no fue lineal. Cuando en 1761 Carlos III comisionó la decoración del Salón del Trono en el Palacio Real terminó seleccionando al pintor veneciano Tiepolo, conocido por su adhesión al viejo estilo alegórico. El resultado fue la espectacular *Apoteosis de la Monarquía española,* un panegírico a la gloria de España y una soberbia pieza de propaganda política (119).

119. *La Apoteosis de la Monarquía española*, por Giambattista Tiepolo, 1762-1766.

El Barroco tardío representado por Tiepolo finalmente perdió el favor del propio Carlos III en beneficio del neoclásico defendido por otro pintor extranjero en la corte de Madrid, el bohemio Raphael Mengs, quien fue elegido para decorar la Sala de Banquetes del Palacio Real en detrimento del veneciano, que, según la leyenda, murió consumido por el resentimiento.

Una de las razones que pueden explicar la inclinación de Carlos III a decantarse por un estilo reminiscente de la Antigüedad clásica en lugar de las líneas tortuosas del Barroco es su pasión, cultivada cuando era rey de Nápoles, por las excavaciones arqueológicas que llevaron al redescubrimiento de Herculano y Pompeya, las dos ciudades romanas destruidas por la erupción del Vesubio en el año 79. Bajo el patronazgo real, ambas villas fueron estudiadas por el ingeniero militar Roque Joaquín Alcubierre entre 1738 y 1748 y más tarde por Francesco de la Vega, otro oficial del ejército. Los trabajos de ambos y de sus colaboradores, entre quienes se encontraba el gran Winckelmann, padre del estilo neoclásico, precedieron en más de un siglo el descubrimiento de Troya por Schliemann, usualmente considerado el primer hallazgo moderno de una ciudad de la Antigüedad. Por cierto, Carlos III también apoyó los primeros estudios arqueológicos de una ciudad pre-colombina, las ruinas de Palenque, llevados a cabo en 1787 por Antonio del Río y el dibujante Ricardo Almendáriz, quien realizó los treinta dibujos de la arquitectura, relieves y glifos mayas que acompañan al ensayo sobre el descubrimiento escrito por del Río (120, 121).

120. Frescos de Pompeya, la ciudad redescubierta por Joaquín de Alcubierre bajo el patronazgo de Carlos III.

121. Dibujo de una figura maya con glifos en las ruinas de Palenque, por Ricardo Almendáriz.

¿Puede considerarse la España de los Borbones, en particular bajo el reinado de Carlos III (1759-1788) como un país ilustrado?. Como hemos visto, no se suele considerar así. El hecho de que el siglo XVIII español no culminara en una revolución como la francesa, o en un sistema parlamentario como el británico, parece evidencia suficiente para negar la existencia de una Ilustración española. Pero lo cierto es que si Francia tuvo que pasar por una revolución tan dramática y sangrienta ello significa que no era un país tan avanzado como parece. En cuanto a Gran Bretaña, su senda gradual hacia un sistema liberal y, al final, democrático debió gran parte de su éxito a que durante los dos siglos anteriores el país había sufrido tales guerras civiles y sangrientas convulsiones que ciertamente parecía llegada la hora de intentar los cambios de una forma más pacífica. Por contraste, la razón por la que España no siguiera el camino francés o el británico fue simplemente que, tras el cambio de dinastía sancionado por el resultado de la Guerra de Sucesión, los nuevos equipos dirigentes pusieron en marcha su propio programa de transición desde el Antiguo Régimen hacia un sistema de gobierno más acorde con los nuevos tiempos y, sobre todo, más adecuado a la naturaleza histórica de España. No sabemos dónde ese camino habría llegado, pues fue abortado al final del siglo por choques exógenos agravados por la incompetencia de Carlos IV, el monarca que sucedió a Carlos III en 1788, y su entorno. Fue una desafortunada coincidencia o, más bien, en términos de la filosofía de la historia de Arnold Toynbee, el resultado de dar las respuestas erróneas a los retos planteados por el inicio de la era revolucionaria en Europa y América.

Hay un testigo de excepción que prueba la hipótesis de una España ilustrada frustrada por razones que nada tenían que ver con su supuesta incapacidad congénita para el cambio hacia la modernidad. Cuando se afirma que Goya es el pintor de la eterna España negra, dominada por la superstición y el atraso, sólo tenemos que fijarnos en la primera parte de su carrera y en la evolución posterior del artista para comprobar cuán desacertada es esa interpretación de su obra y contexto vital y cuán poco tiene en cuenta la transformación de la propia personalidad del genio.

Como Velázquez, Goya se trasladó a la corte de Madrid tras haber aprendido la técnica pictórica en una ciudad de provincias, en este caso no Sevilla, sino Zaragoza. La fase de aprendizaje fue seguida, también como su predecesor, por un viaje a Italia, donde permaneció entre 1770 y 1771 y recibió el influjo del entonces triunfante estilo neoclásico. Afortunadamente, fue una influencia pasajera o, si se quiere, una etapa necesaria en su progresión hacia la grandeza (122).

122. *Sacrificio a Vesta*, por Francisco de Goya, 1771. Colección de Félix Palacio Remondo, Zaragoza.

En Madrid, donde le encontramos desde 1774 trabajando en la Real Fábrica de Tapices, Goya se sumergió en el ambiente de la ciudad, dominada por una mezcla de refinamiento aristocrático y gusto popular, al modo de los majos y las majas, a quienes representaba con deleite en sus dibujos para cartones y en algunos óleos (123).

123. *El juego de cometa*, por Francisco de Goya, circa 1777. Museo del Prado, Madrid.

Podemos observar la misma combinación de gustos nobles y populares en un bodegón del gran maestro del género en el siglo XVIII español, Luis Meléndez. Comparemos su composición sobre un servicio de chocolate - mezcla de refinado cosmopolitismo, representado por la porcelana china, y la humildad del chocolate y los mendrugos de pan-, con una naturaleza muerta típica de la tradición holandesa, con toda su lujosa ostentación (124, 125).

124. *Bodegón con servicio de chocolate*, por Luis Meléndez, 1770. Museo del Prado, Madrid. Frutos de la globalización hispánica: porcelana china y chocolate de las Américas.

125. *Naturaleza muerta con Nautilus*, de Willem Kalf, 1662. Museo Thyssen-Bornemisza, Madrid.

Pero la seducción del mundo de los majos y las majas no era suficiente para Goya. Tan ambicioso como Velázquez, anhelaba ser aceptado por la nobleza y por el círculo de ministros ilustrados en la corte de Carlos III. Más que en la compañía del pueblo en las fiestas de San Isidro, prefería ser visto con la aristocracia que se paseaba por el elegante

Salón del Prado. Quería ser conocido por quienes realmente contaban (126).

126. *Paseo ante el Jardín Botánico*, de Luis Paret y Alcázar, circa 1790. Museo del Prado, Madrid.

Es tan erróneo considerar a Goya tan sólo como el pintor de la España Negra como lo es considerarle un obseso por desvelar el lado obscuro de la razón, una suerte de Freud prematuro, como a menudo se le describe. Su carrera comenzó en Madrid celebrando las luces de la Ilustración, no condenándolas. Goya, muy probablemente, deseaba ser parte del programa reformista, al menos propagando sus ideales y glorificando a sus promotores. En 1783, obtuvo una comisión para pintar el retrato del poderoso conde de Floridablanca. En el cuadro resultante, vemos a Goya presentando su obra, como un humilde siervo, al ministro, quien interrumpe a hora tardía su examen de los planos para la construcción del canal de Aragón, una de las obras de ingeniería hidráulica más importantes de la época. El gesto del ministro y la actitud de Goya simbolizan tanto el respeto del primero hacia el artista como la

378

sumisión de las artes al proyecto político de la Monarquía (127).

127. *El conde de Floridablanca*, por Francisco de Goya, 1783. Banco de España, Madrid.

La ascensión social de Goya avanzó gracias al patronazgo del duque de Osuna y de su esposa, la inteligente María Josefa Pimentel. La pareja se convertiría en uno de los principales clientes del artista y posó para algunos de sus mejores retratos (128).

128. *María Josefa Pimentel, duquesa de Osuna,* por Francisco de Goya, circa 1785. Fundación Bartolomé March, Palma de Mallorca.

La duquesa de Osuna era una típica representante de la aristocracia y la moda que porta en su retrato muestra las influencias francesas pre-revolucionarias. Goya, como es sabido, era un asiduo cortejador, y estudioso, de las mujeres, si bien en su relación con la duquesa de Alba parece que no calibró bien sus fuerzas. También eran importantes sus amistades masculinas y apreciaba sobre todo la mantenida con Martín Zapatero, como revela su intercambio epistolar. Goya, especulaciones aparte, estaba fascinado por la naturaleza humana en toda su diversidad y sabía convertirla en materia para su arte. En ello tuvo suerte, pues su activa vida le permitió conocer algunos ejemplares fascinantes dispuestos a posar para sus pinceles y para la posteridad. Sería necesario un volumen para hacer justicia a su capacidad como retratista, pero si me forzaran a elegir un personaje entre la variedad dickesiana de su arte no dudaría a la hora de decidir (129):

129. *Doña Isabel de Porcel*, por Francisco de Goya, 1804. National Gallery, Londres.

Qué mujer tan extraordinaria. Era, o es, ya que pertenece a la galería de los inmortales, Doña Isabel de Porcel, la segunda mujer de Antonio Porcel, un comerciante liberal amigo de Goya. A diferencia de la duquesa de Osuna, Doña Isabel viste a la moda española. Por extracción social no era, empero, una maja, una mujer de las clases populares. Pertenecía a la clase alta, pero en España no había una distinción social tan rígida entre clases como, por ejemplo, en Inglaterra. Una aristócrata no sería discriminada por sus semejantes si decidía adoptar la vestimenta y pose de las majas, quienes, a su vez, competían en elegancia y dignidad con la nobleza. Dignidad es la palabra que mejor describe a Doña Isabel. No estamos ante la actitud fría y distante de tantos retratos en el estilo rococó o neoclásico propios de la época, ni ante una dignidad entendida como ideal ético o como mera pose. No, aquí estamos ante la sublime dignidad de la carne, de la feminidad afirmando su presencia bajo el untuoso pañuelo oscuro y la fina seda de la camisa. Los grandes ojos marrones, los labios sensuales, la fresca tonalidad de las mejillas, reflejada en los toques rosáceos de la ropa, los brazos en jarra, la mirada sobre el hombro, no en gesto de desafío, sino de suprema autoconfianza, la voluptuosa rotundidad de las formas….todo nos habla de una mujer que sabe quién es, en el sentido más cervantino, se encuentra perfectamente a gusto consigo misma y no le importa mostrarse así ante el mundo.

Con todo, también sería un error ir al extremo contrario y engañarnos pensando que Goya era el arquetípico arribista o el artista fácilmente seducido por la belleza natural. Incluso su atracción por las mujeres no le cegaba ante otras dimensiones menos seductoras del eterno femenino. Se sentía perfectamente confortable retratando a mujeres como vulgares prostitutas que, como en el *Capricho 20,* echan a escobazos a sus clientes tras haberles desplumado; o como criaturas ajadas, sometidas al paso del tiempo y las enfermedades, como en el despiadado *El tiempo y las viejas* (130, 131).

130. *Capricho 20, Ya van desplumados*, por Francisco de Goya, circa 1798. Museo del Prado, Madrid.

131. *El Tiempo y las viejas*, por Francisco de Goya, circa 1810. Musée des Beaux Arts, Lille.

El progresivo empeoramiento del carácter de Goya es usualmente atribuido a la enfermedad que le afligió desde 1782 y terminó causando su sordera. Su desventura fue agravada por algunos reveses sentimentales y por el decaimiento del programa reformista bajo el reinado de Carlos IV. Por supuesto, la degeneración de la Revolución francesa en sangrienta pantomima y su postrera transmutación en empresa imperial bajo Napoleón, con su dramático impacto en España y en el resto de Europa, también contribuyeron a su personal descenso a los infiernos. En cierto modo, sus ciclos vitales y creativos son similares a los de Beethoven, su único rival en el panteón artístico de la época. Como Goya, el músico alemán fue un creyente en la Ilustración y esperaba que los revolucionarios galos terminaran iluminando hasta el último rincón de la tierra con la antorcha de la Razón. Su decepción fue mayúscula. Es conocida la anécdota del músico rompiendo la partitura de la sinfonía Heroica dedicada a Bonaparte cuando supo que el pequeño corso se había coronado emperador, o su desesperación al escuchar las bombas francesas cayendo sobre su amada Viena. Y, por supuesto, están también los trágicos efectos de la sordera. Pero, la verdadera similitud entre ambos no estriba tanto en las vicisitudes de sus vidas cuanto en la naturaleza de su genio creativo. Los creadores pueden dividirse en dos categorías: "ampliadores" y "rompedores". Los primeros, llevan sus respectivas artes hasta el límite, pero permanecen dentro de los bordes definidos, ya sea por convenciones sociales o por tradiciones estilísticas. Los rompedores sencillamente se deshacen de tales trabas y se lanzan a conquistar nuevos territorios para la mente y los sentidos. Se puede pensar, por ejemplo, en Rafael como un ampliador y en Miguel Ángel como un rompedor. Rafael llevó el programa humanístico del Renacimiento hasta su perfección, pero Miguel Ángel se aventuró en un continente desconocido con su Último Juicio o con sus estatuas inacabadas de los esclavos (132, 133).

132. *La Fornarina*, de Raphael, circa 1518. Galeria Nazionale d'Arte Antiqua, Roma.

133. *Esclavo despertándose*, por Miguel Ángel, 1525-30. Galleria dell' Accademia, Florencia.

Goya y Beethoven eran rompedores de un tipo peculiar. Comenzaron sus carreras en los moldes del estricto neo-clasicismo y de ahí pasaron al romanticismo, guiados no por la busca del equilibrio en la composición, sino de la verdad en la expresión. Ello les llevó todavía más lejos, no tanto en la forma, ninguno de ellos traspasó las líneas que llevarían más tarde a las vanguardias al informalismo, como en el contenido. Ambos eran ciclotímicos, dados a alternancias agudas de introspección y extroversión. Cuando atravesaban la noche oscura del alma no les aguardaba, como a los antiguos místicos, una luminosa presencia divina para guiarles. Al contrario, tan sólo les rodeaba portentosas llamadas del destino o el vuelo de criaturas de pesadilla alrededor de una razón claudicante (134).

134. Capricho 43, *El sueño de la razón produce monstruos*, por Francisco de Goya, circa 1789. Museo del Prado, Madrid.

El *Capricho 43* se ha convertido en el símbolo del fin de la era de la Ilustración y en la premonición de la era irracional en la que todavía estamos inmersos. Pero, los monstruos sugeridos por el título, ¿aparecen por los excesos de la razón o, al contrario, por su abdicación? Difícil saberlo, quizá Goya prefería mantenerse ambiguo sobre este punto. Era, después de todo, un hijo de la Era de las Luces, pero su genio le permitía ver más lejos y más profundo que sus contemporáneos. Si pretendía advertirles sobre el porvenir, en ese caso su destino sería el de Casandra, cuyas premoniciones fueron ignoradas por los habitantes de Troya. Pero Goya no se sentía cómodo con el papel de profeta, sino con el de testigo de las locuras de sus contemporáneos. *Yo lo vi*, dice en uno de sus obras. Y lo que vio nos llena de pavor. El pintor de escenas mundanas y de la nobleza liberal, el retratista de la corte, el admirador de la mujer más codiciada de la época, se convierte en el cronista del alzamiento popular del 2 de mayo y de su sangriento epílogo, en testigo de los desastres de la guerra y de las atrocidades de ambos bandos y, finalmente, en el pintor de la angustia existencial y del descenso de la humanidad a los infiernos de la locura. Goya es el Rey Lear del canon pictórico occidental (135).

135. *Yo lo vi,* por Francisco de Goya, 1810-1814.

¿Cómo puede un hombre sobrevivir a tales visiones, a tales demonios interiores como los manifestados en las Pinturas Negras? Es demasiado fácil interpretarlas como el resultado de los efectos de tanta catástrofe en la sensibilidad de un hombre ya desequilibrado por la enfermedad y la mala fortuna. Sin duda, los acontecimientos de su vida y de su tiempo influyeron en el cambio de su visión del mundo y en la elección de nuevos medios de expresión. Pero otros contemporáneos suyos, también excelentes artistas, pasaron por tribulaciones semejantes y ninguno produjo obras tan revolucionarias. Quizá sea más próximo a la verdad pensar que las vicisitudes de su biografía acentuaron una predisposición ya existente a elegir los caminos de la invención y de la libertad, abandonando la senda académica y socialmente aceptada. Goya decidió quitarse cualquier filtro de los ojos y pintar lo que veía e imaginaba, sin restricción alguna. Fue el primer artista verdaderamente libre del arte occidental. Ya se tratara de un manicomio, de una prisión, la escena de un rapto o un vulgar y brutal asesinato, una ejecución o la criatura de una de sus pesadillas, su propósito siempre era el mismo: representar la verdad sin importarle las consecuencias; hacer visible lo que, aunque siempre había estado a la vista de todos, nadie antes había osado representar en el noble espacio del lienzo. No estaba interesado en embellecer la fealdad del mundo o en atribuir a personajes bíblicos o mitológicos comportamientos puramente humanos. Al igual que Freud un siglo más tarde, Goya reconoció las pulsiones más oscuras como parte de nuestra naturaleza, no como fuerzas externas. Con ello, no pretendía sumirnos en la desesperación, quizá, sino hacer la luz sobre aspectos de nuestra condición que habían permanecido ocultos o reprimidos. El amor de la verdad era la suprema guía de Goya, su redentor y su mejor antídoto contra la locura y la angustia de la muerte (137).

137. *Verdad, Tiempo e Historia*, por Francisco de Goya, 1797-1800. Museum of Fine Arts, Boston.

El problema era que, ya en tiempo de Goya, la verdad había dejado de escribirse con mayúsculas. Ya no había una verdad absoluta, esa idea había sido arrasada por la corriente de la historia. La verdad tenía que ser recreada, tenía que emerger en el Tiempo y ser narrada por la Historia. La vida y obra de Goya son un intento dramático y heroico por expandir su ámbito, para incluir en su definición la realidad antes relegada o ignorada. Era un esfuerzo que no podía ser concluido por una sola persona, por poderoso que fuera su talento e inmensa su imaginación creadora. Pero merecía la pena. Al final de sus días, Goya nos legó un dibujo en el que resumía su actitud ante la vida. Representa a un anciano venerable, caminando con ayuda de dos bastones, que musita mientras se acerca al final: "*Aun aprendo*"...y nosotros también con él (253).

138. *Aun aprendo*, por Francisco de Goya, circa 1828. Museo del Prado, Madrid.

CAPITULO 1O.

LOS RETOS DE LA MODERNIDAD

El siglo XIX fue un período de conflictos y divisiones en el Mundo Hispánico, tanto en la antigua metrópoli como en las nuevas repúblicas americanas. Pero no todo fue negativo. En muchas de las nuevas naciones fue también un siglo de modernización con sobresaltos, siempre a la búsqueda de modelos de organización colectiva que les permitieran navegar las turbulentas aguas de la independencia en medio de un contexto internacional extraordinariamente competitivo y agresivo. En cuanto a España, el impulso reformista que caracterizó al siglo precedente continuó en parte, pese a las dificultades provocadas por la invasión francesa. Aunque suele olvidarse en las historias de las ideas y formas políticas al uso, fue en nuestro país, ocupado por las tropas napoleónicas y en medio de una brutal guerra de liberación, donde una de las primeras constituciones liberales modernas fue promulgada y en el que los términos "liberal" y "liberalismo" adoptaron una clara connotación política.

Las Cortes españolas, habiendo tomado refugio en Cádiz, la joya mercantil sometida a sitio por los franceses y bajo una mortífera epidemia de fiebre amarilla, adoptaron el 19 de marzo de 1812 la Constitución que popularmente sería conocida como "la Pepa". Fue la primera Constitución escrita en la historia de España. Su texto proclamaba la soberanía de la nación, establecía un sistema parlamentario de gobierno y reconocía el sufragio universal masculino y la libertad de prensa. Fue también la primera Constitución en la historia negociada y adoptada por una asamblea compuesta por representantes de Europa, Asia y América, pues prácticamente todas las regiones del Imperio español estuvieron representadas en Cádiz, incluyendo diputados desde las Filipinas. Aún más, la Constitución de 1812 fue la primera ley fundamental moderna efectiva en algunos territorios que más tarde pasarían a formar parte de los Estados Unidos, antes de que en ellos se aplicara la Constitución estadounidense de 1787. En la ciudad de San Agustín, en Florida, hay todavía un monumento erigido en 1813 a la Pepa. Recordemos que San Agustín es la ciudad más antigua fundada y poblada continuamente por europeos en América del Norte (139).

139. Monumento erigido en 1813 en San Agustín para conmemorar la Constitución de 1812.

Otro dato interesante, y no suficientemente conocido, relativo a la Constitución de 1812 es que entre los diputados americanos presentes en Cádiz había un amerindio de Perú, Dionisio Inca Yupanqui, quien realizó una apasionada intervención a favor de los derechos de los nativos que arrancó los aplausos de los asistentes. Puesto que ya en el siglo XVI las Leyes de Indias habían reconocido a los indígenas como súbditos de la Monarquía y les habían otorgado una especial protección, resultó natural para los diputados de Cádiz aceptar que debieran convertirse en ciudadanos bajo el nuevo régimen liberal. De hecho, la Constitución de Cádiz definió la nación española como compuesta por españoles de ambos hemisferios, reconociendo la ciudadanía y, por tanto, el derecho al voto a los amerindios. A modo de comparación, los indígenas de los Estados Unidos sólo obtuvieron sus derechos de ciudadanía en 1924, más de un siglo más tarde.

Aunque la Constitución de 1812 sólo fue efectiva durante dos años, pues fue abolida en 1814 por Fernando VII con el apoyo del concierto de potencias post-napoleónico, lo cierto es que tuvo una gran influencia en el desarrollo del constitucionalismo, tanto en las repúblicas hispanoamericanas como en Europa. Para muchos españoles, la Pepa siguió viva como recuerdo de las libertades y derechos ganados y perdidos y como una constante incitación a recuperarlos.

A pesar de su rica herencia como componentes del Mundo Hispánico, muchas de las nuevas repúblicas aceptaron acríticamente la narrativa nord-atlántica acerca de su pasado: puesto que habían sido dominadas por una nación anti-moderna, habían sido mantenidas ajenas a los frutos del Renacimiento, de la Revolución Científica y de la Ilustración. Era tiempo para recuperar el forzado atraso uniéndose a las locomotoras de la modernidad....claro que viajando en vagones de tercera. Fue así como muchos países hispánicos, que nunca habían formado parte del más tarde denominado Tercer Mundo -un término inventado por intelectuales franceses en la segunda mitad del siglo XX- intentaron librarse de los lazos que todavía les unían con España tan sólo para caer bajo la dependencia material del mundo anglo-americano y la pretensión de hegemonía cultural de Francia. El proceso de des- hispanización parecía irreversible. ¿Seguiría el español el camino del latín y se desintegraría en varias lenguas?; ¿terminaría Argentina hablando una variedad de *cockney* londinense y México cantando rancheras en francés? Pudo parecer posible en algún momento, pero no sucedió. ¿Por qué?, cabe preguntarse. Existen varias respuestas razonables, pero una sobresale sobre el resto y puede ser resumida en un nombre: Andrés Bello (140).

140. Andrés Bello, por Raymond Monvoisin.

La trayectoria vital e intelectual de Andrés Bello constituye un puente que une tres diferentes períodos en la historia del Mundo Hispánico: unidad, fragmentación y reconfiguración. Bello nació en 1781 en Venezuela de padres españoles, de las islas Canarias. Cuando era niño,

394

recibió una sólida formación clásica. Era capaz de traducir la *Eneida* de Virgilio al español cuando apenas tenía quince años. Atraído también por las ciencias naturales, conoció a Alexander von Humboldt durante la visita de éste a Venezuela, una ocasión que le marcaría profundamente. Más tarde, el futuro humanista se graduó en Artes y al inició de los procesos revolucionarios escogió el bando de los independentistas. En 1810, viajó a Gran Bretaña como miembros de una misión diplomática encabezada por Simón Bolívar. Allí se casó y permaneció en Londres durante los siguientes diecinueve años. No fue un período sencillo. Sin medios de fortuna, Bello probó suerte en la diplomacia, en el mundo editorial y en el académico. Escribió también *América*, un poema épico de largo aliento en el que alaba en versos exaltados el potencial del continente liberado e imagina un futuro arcádico para sus habitantes en una visión casi jeffersoniana. Finalmente, en 1829 fue invitado a servir en el Ministerio chileno de Asuntos Exteriores y fue así como regresó al Nuevo Mundo. Allí se topó con el sueño bolivariano de unidad continental arrumbado por el caos que asolaba a la mayoría de las nuevas repúblicas. La independencia de la América hispana, como la de tantos países africanos mucho más tarde, comenzó mal. Pero Bello era optimista por naturaleza y pronto se lanzó a proponer reformas políticas, sociales y educativas de signo liberal en su patria de adopción. La Universidad de Chile y el Código Civil de aquel país, modelo para otras repúblicas hispanoamericanas, fueron algunos de los frutos de su empeño. Contribuyó, también, al desarrollo de una formidable escuela de derecho internacional, una disciplina con profundas influencias hispánicas que pronto echó raíces en el continente. Pero, por relevantes que fueron todos estos éxitos, lo que nos interesa en el contexto de este ensayo fue su incansable labor a favor de la unidad de la lengua. Que finalmente los hispanoamericanos no terminaran hablando en inglés o francés o en alguna mezcolanza al uso, fue obra de los esfuerzos de Bello y otros dedicados seguidores para acomodar las variedades del español hablado en América en una suerte de Koiné pan-hispánica. Frente a personajes como el argentino Sarmiento, que defendían una ruptura total con España y despreciaban con saña su legado, Bello veía perfectamente posible y saludable mantenerlo, enriqueciéndolo con corrientes provenientes de otros ámbitos culturales y con las propias creaciones autóctonas. En lugar de fragmentar el Mundo Hispánico, preconizaba su reconfiguración y expansión, modernizando su identidad cultural. Su mayor contribución a tan noble empresa fue su *Gramática de la lengua española para uso de americanos*, en la que proponía varias reformas ortográficas guiadas por el principio de simplicidad. Muchas de ellas fueron adoptadas en el sistema educativo chileno, pero no así en el resto de las repúblicas. Con característica generosidad, Bello renunció a su defensa e hizo un llamamiento a preservar la unidad de la lengua sobre la base de las reglas existentes, no suprimiéndolas, sino adaptándolas a la diversidad propia de tan amplia comunidad de hablantes. Su ecuanimidad encontró eco en las autoridades lingüísticas de Madrid, quienes, a diferencia de los políticos españoles de la época, demostraron una extraordinaria agilidad a la hora de reconocer la ineludible realidad de las nuevas repúblicas independientes. En 1853, Rafael María Baralt, un poeta y diplomático venezolano, fue el primer latinoamericano elegido como miembro pleno de la Real Academia Española. Pronto, otros prominentes hispano-americanos fueron aceptados como miembros asociados y en

1870, a instigación de Juan Eugenio Hartzerbusch, un dramaturgo y bibliotecario de fama en la época, fue adoptada la decisión de crear Academias asociadas de la Lengua en todas las nuevas repúblicas, una iniciativa extendida a Filipinas y a los Estados Unidos, en este caso en fecha más reciente. Así, la primera Academia del Nuevo Mundo fue inaugurada en Colombia en 1871 por Rufino José Cuervo, Antonio Caro y Marco Fidel Suárez, tres nombres, con el de Andrés Bello, que merecen un lugar de honor en cualquier historia de la civilización hispánica.

La preservación de la unidad lingüística a pesar de la fragmentación política fue posible gracias al éxito de las políticas de aculturación llevadas a cabo durante los tres siglos precedentes y, también, al ejemplo de numerosos intelectuales conscientes del valor de lo hispánico como componente aglutinador de la identidad de las nuevas repúblicas frente al creciente dominio anglo-americano. Ello no significó que los países recién independizados siguieran manteniendo su dependencia de la antigua metrópolis. Al contrario, la Hispano-América emancipada pronto asumió el liderazgo artístico y cultural que España no estaba en condiciones de asegurar. La historia de la corriente conocida como Modernismo así lo atestigua.

Al poeta y premio Nobel Octavio Paz le molestaba sobremanera que muchos estudios escritos por especialistas anglosajones y de otras latitudes ignoren el hecho de que como estilo literario, el Modernismo no nació en Londres, París o Nueva York, sino en los países de habla española. La narrativa al uso suele atribuir el origen de la Modernidad Tardía a la crítica del Romanticismo por Baudelaire, Mallarmé o Rimbaud, para a continuación mencionar al paso a Ralph Waldo Emerson al otro lado del

Atlántico y continuar con toda serie de "ismos" -Decadentismo, Simbolismo, Parnasianismo...- antes de recalar en autores anglosajones como Ezra Pound y su Imaginismo; TS Eliot y su mezcla de ortodoxia anglicana y cosmopolitismo; las andanzas dublinesas de James Joyce o las inmersiones de Virginia Woolf en la corriente de conciencia. En este relato también tienen cabida las vanguardias italianas, germanas o rusas; pero apenas se menciona la contribución hispánica salvo cuando se trata de nombres aislados y normalmente asociados con movimientos internacionales: Lorca y Dalí con el surrealismo o Picasso con el cubismo, como si se tratara de flores exóticas trasplantados a un suelo foráneo más fértil y acogedor. Ello no ha de sorprender. Puesto que en la versión nord-atlántica de la civilización el Mundo Hispánico nunca fue moderno, es difícil que en su seno apareciera cualquier manifestación propia de la Modernidad Tardía, salvo por imitación. Como ejemplo de esta sesgada visión, puede mencionarse el célebre ensayo de Stephen Toulmin, *La agenda oculta de la Modernidad*, publicado en 1990. Al examinar las diferentes versiones de la civilización occidental desde el siglo XVI hasta la crisis de la Modernidad, su única referencia a España demuestra una mezcla de ignorancia y prejuicios digna de mejor causa: "al inicio del siglo XVI, el Emperador Carlos I de España se había enfrentado a la Guerra de las Comunidades y la tomó como excusa para convertir o expulsar a los musulmanes, judíos y protestantes" (*Nota Bene*: los judíos habían sido convertidos o expulsados bajo el reinado de los Reyes Católicos y los moriscos no serían expulsados hasta 1609, bajo el reinado de Felipe III. Carlos I nada tuvo que ver en ambas decisiones). Y prosigue: "un siglo más tarde, el declive económico de España llevó a una fosilización de sus instituciones, que continuó tras la sustitución de los Habsburgo por los Borbones" (*Nota Bene*: nada más lejos de la realidad. Como hemos visto, la llegada de los Borbones fue seguida por una reforma completa de las instituciones de la dinastía anterior, que ya habían sufrido constantes mutaciones y adaptaciones en siglos anteriores a medida que el Imperio se expandía por todo el mundo) [58]. Es difícil cometer más errores en una simple sentencia. Cualquier estudiante que realizara las afirmaciones vertidas por el venerable Toulmin en un examen de instituto merecería un suspenso rotundo…y, sin embargo, la obra del susodicho continúa siendo un referente en los estudios sobre la Modernidad.

De hecho, el Modernismo, como fue por vez primera denominado en español, fue un término acuñado en 1888 por el poeta nicaragüense Rubén Darío, en una fecha en la que T.S Eliot o Ezra Pound todavía no sabían leer ni escribir, y constituye la respuesta hispánica a la crisis de una Modernidad en la que, como hemos visto a lo largo de este ensayo, el Mundo Hispánico había desempeñado un papel pionero y protagonista. De hecho, la elección de los términos Modernismo y Modernista por Darío tenía una connotación positiva, a diferencia de lo que sucede con la palabra *Modernism* en inglés, acuñada en 1734 por Jonathan Swift en una carta dirigida a Alexander Pope en la que la asociaba a la corrupción del lenguaje de la época. Como corriente estilística, el Modernismo hispánico tuvo además una consistencia de la que carecían movimientos coetáneos en Francia, divididos en multitud de corrientes y acusados personalismos. El conocimiento íntimo que Darío tenía de la vastedad del Mundo Hispánico gracias a sus constantes viajes y a su copiosa correspondencia

---

[58] Toulmin, Stephen, *Cosmopolis. The Hidden Agenda of Modernity*, pag. 93.

con escritores de diversas nacionalidades le ayudó a identificar el tronco común por encima de la variedad de sus preocupaciones e idiosincrasias. Lo que vio fue el nacimiento de un nuevo espíritu cosmopolita, mediado por la entonces omnipresente influencia francesa, pero, al mismo tiempo, deseoso de reafirmar una identidad propia producto de la fusión de elementos hispánicos y precolombinos en el marco de la exuberante naturaleza americana. Un movimiento tan ecléctico y con vocación de tomar el liderazgo de la república de las letras en español, produjo reacciones enfrentadas en los círculos literarios españoles. La recepción del Modernismo en la antigua metrópoli ha sido objeto de una densa industria ensayística. Uno de los aspectos más debatidos es si la Generación del 98 puede ser considerada como una versión española del Modernismo o algo aparte y esencialmente autóctono. Quienes han defendido su carácter original, entre ellos el poeta Pedro Salinas, señalan que mientras los modernistas hispano-americanos estaban más interesados en los efectos estilísticos de su obra que en el mensaje transmitido, los noventayochistas estaban obsesionados con el radical cuestionamiento de la naturaleza ontológica de España tras la derrota en la guerra de 1898 a manos de Estados Unidos y la pérdida de las últimas posesiones ultramarinas. Sin negar que haya una parte de verdad en ello, no cabe duda de que en el fondo nos encontramos ante dos variantes de una respuesta pan-hispánica a la crisis de la Modernidad, con la peculiaridad de que en su vertiente americana, la búsqueda de la originalidad en la expresión era parte esencial en la indagación acerca de la propia identidad. Esta actitud coincidió, contrariamente a la imagen de caos y empobrecimiento generalizado que se tiene de la América hispana en aquella época, con un período de crecimiento material en muchas de las repúblicas. Urbes vibrantes como Buenos Aires, Santiago o Ciudad de México atraían nuevas inversiones destinadas a infraestructuras, planificación urbana y la creación de centros culturales icónicos. La población también aumentaba, con una gran afluencia de emigrantes procedentes del sur de Europa. José Martí, el héroe de la independencia cubana, escribía en 1882 acerca de la atmósfera general: "el tren vence a la naturaleza; los periódicos, a la ignorancia; la luz penetra en los troncos ajados. Todo es expansión, comunicación, contagio, difusión"[59]. En la propia Cuba de Martí, todavía bajo dominio español, el progreso se había dejado sentir cuando en 1837 se abrió la primera línea de ferrocarril en América Latina y la séptima en el mundo, uniendo La Habana y Bejucal (141, 142).

141. El museo del ferrocarril en la villa de Bejucal, Cuba.

---

[59]Citado en González, Aníbal, *A Companion to Latin American Modernism*, pag.2.

142. Teatro Colón en Buenos Aires, inaugurado en 1908. La primera ópera representada en América fue la obra de Tomás de Torrejón y Velasco *La Púrpura de la Rosa*, en Lima, en 1701. La primera ópera compuesta en América fue *La Partenopea*, escrita en México por Manuel de Zumaya in 1711.

Al igual que la temprana Modernidad había sido la cuna del Mundo Hispánico, la Modernidad Tardía fue la partera de una renovación cultural que tuvo repercusiones en casi todos sus territorios, afirmando sus respectivas peculiaridades, pero también creando un sentimiento de solidaridad común, dirigido a menudo contra el coloso del Norte, como en la obra del propio Darío a partir de la derrota española en 1898. El poeta ya había visitado España en 1892, cuando ya era una celebridad tras haber publicado *Azul* en 1888. En Madrid, fue recibido por algunas de las luminarias locales, como el escritor y diplomático Juan Valera, quien le saludó como el mayor exponente de un renacimiento hispánico, una posición consolidada con su obra *Prosas Profanas*, publicada en 1896 y cuyo prólogo puede leerse como un manifiesto Modernista, en el que el propio Darío se imagina visitando la mansión de su abuelo español, quien le muestra una galería de ilustres antecesores: "este, me dice, es el gran

Miguel de Cervantes Saavedra, genio y manco; este Garcilaso; este Quintana. Yo le pregunto por el noble Gracián; por Teresa la Santa; por el bravo Góngora y el más fuerte de todos, Francisco de Quevedo y Villegas. Después, exclamo: Shakespeare, Dante, Hugo…(y en mi interior: Verlaine)".

Con el paso del tiempo, el eclecticismo de Darío y su gusto por la experimentación formal dio paso a un tono más siniestro e introvertido, un giro agravado por sus problemas con la bebida y sus frecuentes crisis maritales. Las esperanzas que había depositado en la América hispana también fueron cediendo ante el temor al imperialismo materialista angloamericano. En su *Oda a Roosevelt*, de 1904, aprendida por generaciones de hispanos, se dirigió al entonces Presidente estadounidense con versos proféticos: "Eres los Estados Unidos/ eres el futuro invasor/ de la América ingenua que tiene sangre indígena/que aun reza a Jesucristo y aun habla español (…) Tened cuidado. Vive la América española/ Hay mil cachorros sueltos del León Español".

Las premoniciones de Darío y su llamada a la reacción del Mundo Hispano ante la agresividad de Estados Unidos -demostrada de nuevo poco después con la creación de Panamá para facilitar la creación del canal bioceánico en 1903- se convirtieron en una cruzada ideológica en la obra del escritor uruguayo José Enrique Rodó, quien, en su ensayo *Ariel*, publicado en 1900, avanzó una visión de una América latina firmemente anclada en sus raíces grecolatinas y vivificada por la savia española y francesa en oposición a lo que denominaba como "nordomanía", la atracción fatal ejercida por el utilitarismo y el crudo materialismo angloamericano. Aunque no culminó en un movimiento político de efectos prácticos inmediatos, la obra de Rodó tuvo una profunda influencia en la cristalización de una comunidad cultural orgullosa de sus orígenes justo en el momento en que su incipiente andadura se veía más amenazada.

Mientras el Modernismo americano, aun en sus versiones más localistas, tenía un marco de referencia cosmopolita, su contraparte en España fue más introspectiva en sus principios. La Generación del 98 intentó dar respuesta al llamado Desastre indagando en los pliegues de la experiencia histórica nacional. Aunque aquel excepcional grupo de escritores sin duda contribuyó a renovar las anquilosadas letras patrias, su obsesión por el carácter y las esencias nacionales corría el riesgo de terminar en un *cul de sac* intelectual o, todavía peor, en una depresión colectiva (143).

143. *Mis amigos*, por Zuloaga, 1920-1936. Se trata de un retrato colectivo inconcluso de algunos miembros de la Generación del 98 y otros intelectuales, entre los que se reconoce a Ortega y Gasset. *El Apocalipsis* del Greco es la pintura que preside la reunión y el propio Zuloaga se autorretrata en una imitación de Velázquez pintando *Las Meninas.*

Sobresaliendo entre los autores que intentaron sacar al país de la postración que siguió a la derrota, destacaron dos figuras en apariencia opuestas, Unamuno y Juan Ramón Jiménez. Unamuno fue, sin duda, uno de los pensadores más originales de la Europa de su tiempo. Filósofo, filólogo, poeta, novelista, dramaturgo, maestro en el arte del origami y polemista inveterado, se le suele considerar como uno de los primeros representantes del existencialismo, aunque siempre se resistió a todo tipo de etiquetas. En su *Del sentimiento trágico de la vida*, publicada en 1912 y considerada a menudo un manifiesto existencialista, fue más allá de las connotaciones filosóficas y abstractas asociadas al movimiento para centrarse en el yo de carne y hueso, una actitud muy hispana con hondas raíces en Cervantes o Velázquez, para quienes el único sujeto merecedor de ser elevado a la categoría de obra de arte era el individuo real. Una de las imágenes más unamunianas era que la plenitud se alcanzaba al *gozarse uno la carne del alma*. Una afirmación radical del yo que entraba en agónica contradicción con la conciencia de la muerte. La lucha agónica entre creador y criatura es, de hecho, el eje de su obra y el principio existencial que confiere en ella sentido a la vida. En *Niebla,* su novela publicada en 1914, Unamuno recurre al tropo cervantino de la dialéctica entre autor y personaje, añadiendo como elemento de tensión dramática el enfrentamiento entre el protagonista Augusto y su creador, a quien revela que también es producto de la imaginación de un demiurgo, una criatura "nivolística", cuya consistencia es la de un sueño borgiano.

Aunque español hasta la médula de su espíritu, sería un error considerar que Unamuno era un representante arquetípico del escritor del 98, obsesionado con la esencia de la hispanidad. Su visión era mucho más amplia y tenía un alcance casi universal. Profesor de griego, dominaba las más recónditas literaturas y estaba prodigiosamente al tanto de las novedades intelectuales y políticas de su tiempo. Era capaz de disertar sobre el sentido de una oscura palabra escocesa en la poesía de Robert Burns, leer novelas eslavas en el original o disputar sobre la más reciente obra de Walt Whitman con igual pasión y minucioso conocimiento. Como no podía ser de otra forma, le interesaba todo lo que se producía en la América hispana. Su reacción ante el Modernismo de aquellas latitudes era ambivalente. En su poesía estaba inspirado por Fray Luis de León o por Quevedo y su actitud vital, siendo agónica, afectaba a sus gustos líricos, alejados de la aparente frivolidad y musicalidad de los poetas del otro lado del Atlántico. Su poema *Al Cristo pintado por Velázquez*, uno de los más emotivos jamás concebidos sobre un asunto profundamente religioso, pertenece a la tradición del Siglo de Oro y pudiera considerarse como un intento de refutar el modernismo con un retorno a una tradición más castiza.

Pero, incluso la nostalgia clásica y la fe que rezuman los versos del poeta no pueden hacernos olvidar el carácter contradictorio del pensamiento unamuniano. En otra de sus novelas, *San Manuel Bueno, Mártir,* parece intentar conciliar el dilema que le plantean la firmeza de sus raíces cristianas y la radicalidad de sus dudas como hombre de su tiempo, sólo para reconocer la imposibilidad de esa armonía entre fe y razón. El protagonista, cura en una remota aldea, no cree en Dios. Ahora bien, empleando argumentos que entroncan con el pensamiento de Maimónides, con su distinción entre el populacho que necesita la fe y las minorías capaces de emplear la razón y aceptar las consecuencias de su uso, el sacerdote llega a la conclusión de que para aliviar el peso de la existencia de su rebaño tiene que engañarles simulando que sigue creyendo y, al así hacerlo, no tiene más remedio que negarse a sí mismo, una solución ofrecida no como exponente de una síntesis dialéctica en la que los opuestos pudieran encontrarse, sino como una mera estrategia de subsistencia con la que enfrentarse al absurdo último de la vida. Como vemos, Unamuno era un pensador en las antípodas de lo liviano y no rehusaba confrontar los problemas filosóficos y teológicos más arduos. La figura que más se le asemeja en este sentido es Tolstoi. Ambos eran egocéntricos omnívoros, compartían la misma obsesión por la muerte, la misma actitud ambivalente ante la razón y la fe mediada por su educación, ya fuera católica u ortodoxa, pero en todo caso cristiana, y la misma convicción de que el camino de la salvación para sus respectivas naciones no estaba en el progreso material colectivo, sino en una suerte de individualismo agónico y mesiánico.

Dado su carácter y la trayectoria de su obra, no ha de extrañar que la posición de Unamuno ante el Modernismo fuera también compleja, si bien terminara prefiriendo lo que denominaba como "eternismo" frente a cualquier pretendida novedad, y más si sus proponentes pudieran ser considerados como hijos ambiciosos que quisieran hacerse con la herencia de la madre patria antes de su fallecimiento por causas naturales. Tal era también la actitud de otros compatriotas de Unamuno. En un reciente ensayo de recomendada lectura, Alejandro Mejías-López ha definido el proceso como una "Conquista a la inversa", empleando un concepto acuñado ya en 1908 por el novelista venezolano Díaz Rodríguez. El viaje de Rubén Darío a España en 1892 inició, transcurridos cuatro siglos desde la singladura Colombina, una especie de colonización americana de las letras españolas. Y, como sucediera con la primera Conquista, en este episodio también los recién llegados contaron con aliados indígenas que actuaron como mediadores culturales. Tal fue el caso de Juan Valera en su función de crítico literario, en la que percibió el carácter innovador de Darío, muy alejado de la caricatura de imitador afrancesado con la que muchos pretendían desprestigiar su talento. Valera también comprendió que los tiempos en que los españoles podían dictar las tendencias literarias había periclitado. De hecho, una nueva generación de escritores en la madre patria comenzaba a escabullirse de la sombra esencialista del 98 y aceptaba incorporar influencias foráneas, comenzando por las provenientes de las repúblicas hispanoamericanas. Autores como Salvador Rueda, Valle-Inclán, Villaespesa, Manuel Machado o Juan Ramón Jiménez se convirtieron en puentes vivos entre Europa y la otra orilla del Atlántico. Entre ellos, pronto descolló el genio de Juan Ramón. Como joven poeta, Juan Ramón había sido influido por Darío y Rodó, así como por los simbolistas franceses. Aunque devorado desde sus primeros años por premoniciones prematuras de muerte y tímido por naturaleza, como escritor fue capaz de establecer una relación apasionada con la poesía. La poesía era para él un medio para aprehender lo que se agazapa tras la transitoriedad de las cosas. Conforme fue madurando, estuvo cada vez más convencido de que esa esencia intemporal estaba en su mismo interior, era lo que denominaba "la Obra" y a ella se entregó en cuerpo y alma, a expensas de todo lo demás. Como el meticuloso escultor que intentara extraer una figura acabada y perfecta de una masa informe de mármol, así fue cincelando sus versos hasta dejarlos desprovistos de todo artificio, en un movimiento opuesto al de sus orígenes modernistas. Su última obsesión fue invocar la inteligencia para que le diera el nombre exacto de las cosas:

"¡Intelijencia, dame
El nombre exacto de las cosas!
…Que mi palabra sea
la cosa misma
creada por mi alma nuevamente.
Que por mí vayan todos
los que no las conocen, a las cosas;
que por mí vayan todos
los que ya las olvidan, a las cosas
que por mí vayan todos
los mismos que las aman, a las cosas…
¡Intelijencia, dame
el nombre exacto, y tuyo,
y suyo, y mío, de las cosas".

Tan extrema fe en la inteligencia llevó a Juan Ramón, al igual que a su contemporáneo, el filósofo Ortega y Gasset, a considerar qua la salvación de la nación estaba en las minorías creadoras y su perdición se aproximaba cuando éstas abdicaban de su función. Mientras el poeta dedicaba, provocador, sus obras a la "inmensa minoría", Ortega diagnosticaba el ascenso de la mediocridad y el declive de la aristocracia - entendida como el gobierno de los mejores- en su influyente ensayo sobre

La rebelión de las masas, publicado en 1930. Determinado a formar una elite educada en su patria, Ortega fue el incitador de una serie de iniciativas culturales durante las primeras décadas del siglo XX destinadas a exponer lo mejor de la juventud española a las corrientes estéticas, intelectuales y científicas europeas, de forma que alcanzara lo que denominaba como "el nivel de los tiempos". En ese contexto se inscribe la publicación de la *Revista de Occidente*, cuyo primer número salió en 1923 y donde pronto aparecieron artículos y colaboraciones de las más prominentes mentes de la época, contribuyendo a forjar una comunidad de pensamiento sin fronteras en una Europa en la que aún era posible ver triunfar la luz de la razón, antes de que se sumiera de nuevo en las tinieblas. Muchos de los colaboradores españoles en la *Revista* habían sido educados en otro de los pilares del proyecto reformista en el que Ortega depositaba sus esperanzas para la revitalización de la nación: la Residencia de Estudiantes, uno de esos lugares que, como el Toledo o la Córdoba de las Tres Culturas, Salamanca, El Escorial, Tlatelolco, Cuzco o el Parián de Manila han servido de puntos de encuentro entre las múltiples redes que se extienden en el interior del Mundo Hispánico y le conectan con el resto de culturas y civilizaciones. Fundada en 1910 por Alberto Jiménez Fraud, la Residencia había sido concebida por Francisco Giner de los Ríos, un profesor de vocación reformista que en 1876 había creado la Institución Libre de Enseñanza, seguida, en 1907, por la Junta para la Ampliación de Estudios, dos proyectos mediante los que pretendía formar una clase dirigente abierta al libre pensamiento y consciente de su responsabilidad social y política. La Junta ofrecía a los estudiantes españoles más prometedores becas para completar su educación en otros países punteros. Su primer presidente fue Santiago Ramón y Cajal, el fundador de las modernas neurociencias, quien en 1906 había obtenido el premio Nobel. Como joven médico, Cajal había participado en la campaña de Cuba que condujo al Desastre del 98 pero, a diferencia de muchos de sus contemporáneos, rehusó dejarse llevar por la atmósfera de pesimismo y depresión colectiva. Al contrario en una conferencia dictada en 1900 en la Universidad de Madrid exhortó a los jóvenes a que reaccionaran con renovadas energías y sacaran al país de su postración mediante el trabajo y la investigación: "a patria chica, alma grande", les dijo, animándoles a salir al exterior sin complejos y a "contribuir a aumentar el caudal de ideas españolas circulando por el mundo" (144).

144. El mejor antídoto contra la Depresión del 98: Ramón y Cajal trabajando en su laboratorio.

Como Juan Ramón en poesía y Ortega y Gasset en filosofía, Ramón y Cajal fue una de las figuras que en España agitaron el panorama cultural. No fueron los únicos. Otras personalidades hoy menos conocidas contribuyeron a incrementar el caudal de ideas y creaciones españolas en los ámbitos no sólo de las letras, sino de la ciencia y la tecnología. Entre ellas podemos mencionar a Leonardo Torres y Quevedo, un ingeniero y matemático que diseñó los aviones Astra-Torres, empleados por las fuerzas aéreas francesas y estadounidenses en la I Guerra Mundial, así como el Aerocar, un funicular sobre las cataratas del Niágara todavía en funcionamiento. Fue un pionero también al inventar el Telekino, un mando a distancia. Pero su mayor contribución fue en el campo de la inteligencia artificial, al crear en 1912 el Jugador de Ajedrez, un autómata antecesor de Deep Blue y capaz de jugar sin interferencia humana (145). Otro genial inventor fue, por supuesto, Isaac Peral, creador del primer submarino de propulsión eléctrica dotado con sistemas de navegación bajo el agua, probado en 1888. Y ello por no hablar de Juan de la Cierva, quien diseñó en 1920 y probó en 1923 el Autogiro, un precursor del moderno helicóptero.

145. El hijo de Torres y Quevedo demuestra el funcionamiento del Jugador de Ajedrez a Norbert Wiener, el fundador de la cibernética.

Como se ha dicho, el semillero de una elite española cosmopolita fue la Residencia de Estudiantes. Inspirada en los *Colleges* de Oxford y Cambridge, donde Gran Bretaña educaba a los administradores de su imperio, la versión española acogió algunas de las más creativas mentes del siglo XX. Federico García Lorca, Luis Buñuel y Salvador Dalí forjaron su temprana amistad en los años que compartieron en la Residencia, a principios de la década de 1920. Por su arquitectura neo-mudéjar pasaron también algunas de las mayores luminarias de la época: Einstein, Keynes, Madame Curie, Chesterton, Rabindranath Tagore, Howard Carter o Le Corbusier... (146).

146. Einstein visitando la Residencia de Estudiantes, 1923.

La historia de la transición en el siglo XX entre el Modernismo a las vanguardias suele ser contada desde el punto de vista de lo que ocurría en cinco o seis ciudades: París, Berlín, Viena, Moscú y Nueva York, con la adición de Milán/Roma y Zúrich algunas veces. Hablamos de la Secesión vienesa; o del Expresionismo berlinés; o del Futurismo milanés y romano o del Dada en Zúrich...y por supuesto de París y Nueva York como centros magnéticos de todo lo que ocurría de interés en el domino de las artes. En un reciente ensayo sobre las transformaciones acaecidas entre 1900 y 1914 titulado *Los años del vértigo*, el crítico cultural Philip Blom sigue el ejemplo clarkiano a la hora de escribir la historia de la civilización. El libro comienza con la Exposición Universal de París de 1900; continúa con el cambiante paisaje en las literaturas germana y rusa; visita la Gran Bretaña Eduardiana y la Viena Imperial; explora los descubrimientos científicos de Madame Curie, Rutherford o Einstein; menciona la carrera de armamentos entre las grandes potencias y culmina con la carnicería de la I Guerra Mundial y sus efectos sobre una multitud de ámbitos en la economía y la sociedad. En todo el ensayo se citan cientos de nombres y lugares, pero no hay un solo nombre hispanoamericano y tan sólo cuatro españoles son mencionados de pasada- Goya, Unamuno, Manuel de Falla y Ortega y Gasset- mientras que Picasso aparece con mayor profusión, pero sin apenas conexión con su país natal, como si hubiera surgido del aire. La pregunta es: ¿cómo se puede todavía escribir una historia de la Modernidad y las vanguardias en el siglo XX sin mencionar las greguerías de Ramón Gómez de la Serna, precursoras de las metáforas surrealistas, o el Creacionismo de Vicente Huidobro, o el Ultraísmo de Guillermo de la Torre y el joven Borges?, ¿cómo se puede escribir una historia del Surrealismo sin mencionar las contribuciones de Buñuel en la cinematografía, Dalí en la pintura o los grandes de la Generación del 27 - Lorca, Aleixandre, Cernuda, Alberti...- en poesía?, ¿ se puede considerar a Picasso tan sólo como un contribuyente al cubismo francés sin mencionar sus hondísimas raíces hispanas?. ¿Es posible ignorar a Madrid o Barcelona entre las ciudades más dinámicas de la Europa de la época?. Si alguien lo duda no tiene más que pasearse por la Barcelona de la Renaixenca y los edificios de Gaudí o por el Madrid de la Gran Vía, donde fue construido uno de los primeros rascacielos de Europa, e incluso puede que el primero (147,148).

147. Casa Milá, de Gaudí, un ejemplo de arquitectura civil catalana en la década de 1920.

148. La Gran Vía de Madrid a finales de la década de 1920, con el edificio de Telefónica en construcción al fondo.

En 1929, el año en que fue terminado el edificio de Telefónica, Luis Buñuel y Salvador Dalí presentaron *Un perro andaluz*, la primera película surrealista y todavía una obra maestra por la potencia de sus inquietantes imágenes, soñadas por sus creadores y concebidas como la única urdimbre de una trama inexistente. Tanto Buñuel como Dalí habían ya abandonado la Residencia de Estudiantes cuando el filme inició su andadura comercial y ambos se disponían a dejar una profunda huella en sus respectivas artes. Sus carreras serían cosmopolitas, pero como las de Lorca o Picasso, nunca dejarían de rezumar la influencia de sus orígenes españoles, por mucho que en algunas fases pretendieran renunciar a ellos. Así se percibe en la persistencia de una poderosa veta realista, discernible incluso en la obra del excéntrico y surrealista Dalí, creador del método paranoico- crítico, quien, es cierto, nunca negó su admiración por Velázquez, cuyo mostacho incorporó a su persona pública. Tampoco Buñuel, otro inveterado surrealista, pudo escapar a la influencia de Goya, cuyos *Caprichos* o *Pinturas Negras* acechan en los fotogramas de *Viridiana* o *El Ángel Exterminador*. No eran los únicos artistas en el Mundo Hispánico que luchaban agónicamente, al modo unamuniano, con las tensiones opuestas de la tradición y de la modernidad. Durante largo tiempo ignorados, al igual que sus compatriotas escritores, hoy comienza a reconocerse también la contribución de muchos pintores latinoamericanos a la revolución visual de inicios del pasado siglo. Después de todo, es ciertamente difícil afirmar que creadores como Orozco, Rivera, Siqueiros o Frida Kahlo en México, o Wilfredo Lam en Cuba, o Roberto Matta en Chile, o Alejandro Xul Solar en Argentina, o Joaquín Torres-García en Uruguay, o la anglo-mexicana Leonora Carrington, o la hispano- mexicana Remedios Varo, por citar algunos nombres, fueron meras comparsas o figuras secundarias en el arte del siglo XX. La mezcla de perspectiva renacentista, constructivismo e indigenismo en los murales de Rivera, o el cosmopolitismo esotérico de Torres- García, o la combinación de cubismo con influencias africanas y caribeñas en la obra de Wilfredo Lam, o la belleza inquietante de las escenas de Remedios Varo constituyen algunas aportaciones originalísimas al caudal común de la civilización occidental en su momento álgido de transformación (149, 150, 151, 152).

149. *El Gran Tenochtitlan*, por Diego Rivera, 1945. Palacio Nacional, Ciudad de México.

150. *Arte Universal*, por Joaquín Torres-García, 1943. Museo Nacional de Artes Visuales, Montevideo.

151. *La Jungla*, por Wilfredo Lam, 1943. Museum of Modern Art, Nueva York.

152. *Tres destinos*, por Remedios Varo, 1956. Colección Privada.

Nos acercamos al final de nuestro viaje. La historia de la contribución de España y del Mundo Hispánico a la civilización no ha terminado, obviamente. Pero en algún momento el autor tiene que dejar al lector para evitar inducirle al aburrimiento. Tan sólo le pido un poco de paciencia y el tiempo justo, antes de despedirme, para dejar en su boca un nombre y una obra que representan la culminación, y casi la extenuación, del canon occidental. Me refiero a Pablo Picasso y sus casi infinitos rostros (153, 154, 155).

153. *Autorretrato*, por Pablo Picasso, 1901. Musée Picasso, Paris.

154. *Autorretrato*, por Pablo Picasso, 1907. Narodni Galerie, Praga.

155. *Autorretrato ante la muerte*, por Pablo Picasso, 1972.

¿Cuántos Picasso hay?, ¿es Picasso un genio español, europeo, occidental, universal? Picasso fue uno y múltiple, pues su vida y su obra fueron una metáfora del Tiempo, siempre igual a sí mismo, siempre cambiante. Fueron, también, una metáfora del Espacio, siempre en movimiento, siempre inmóvil, fijo en el mismo sitio, que está en todas partes. Picasso es imposible de asir. Cuando uno llega dónde se piensa que está, ya ha corrido hacia otra parte. Picasso es la Teoría de la Relatividad encarnada en un hombre, masa convertida en energía, energía transmutada en materia. Su taller era un laboratorio donde no buscaba, encontraba. Como Einstein en el dominio de las ciencias, Picasso cambió para siempre nuestro modo de percibir la realidad desde el arte. Y esto me lleva a la pregunta sobre su pertenencia a un ámbito u otro de civilización. La respuesta es obviamente, sencilla. Era español, muy español y, por ello, universal. Su estirpe es la del Beato en su apocalíptica transmutación del orden de las cosas; la de los exploradores y conquistadores, en su deseo insaciable por empujar las fronteras del mundo y, al tiempo, poseerlo; la de Lope de Vega en su prodigiosa vitalidad y voracidad sexual; la de

Quevedo y su ingenio mordaz; la de Cervantes, con su capacidad de confundir lo real y lo fantástico; la de Velázquez y Goya, en su búsqueda de nuevas fronteras para la representación, en forma y contenido. Picasso es el español quintaesenciado, entre otras razones, porque así se consideraba a sí mismo y, como Don Quijote, sabía ciertamente quién era y quién quería ser. Y al ser español hasta los tuétanos era por ello europeo y occidental; y al ser europeo y occidental no podía sino ser universal. Picasso es, ante todo, el presente, el pasado y el futuro, pues en su vida y su obra todo arte y toda historia se convierten en nuestros contemporáneos.

POSTSCRIPTUM
ESPAÑA, LA TRADICIÓN OCCIDENTAL Y LA CIVILIZACIÓN

Es interesante recordar que las primeras imágenes de la versión audiovisual de *Civilización*, con la silueta pronto familiar de Lord Clark recortada contra los elegantes edificios parisinos que bordean el Sena, fueron rodadas mientras la capital francesa estaba envuelta en el caos de Mayo del 68. Los años en que fue concebida y grabada la serie coincidieron con uno de los períodos más tumultuosos de la Guerra Fría. Inevitablemente, el pesimismo del ambiente se refleja en la obra de Lord Clark y en sus admonitorias reflexiones acerca de la fragilidad de las sociedades occidentales. Hoy nos encontramos de nuevo en un momento similar (156).

156. Kenneth Clark con Nôtre Dame detrás mientras París ardía.

Europa está siendo visitada por fantasmas familiares, aunque porten disfraces ligeramente distintos que en el pasado. Lo mismo ocurre en los Estados Unidos. Baste leer o escuchar a Steve Bannon, el exconsejero áulico del Presidente Trump, o a sus equivalentes entre los movimientos esencialistas europeos, para encontrar un parecido sentimiento agónico en sus apocalípticas soflamas sobre el próximo fin de Occidente. Se nos repite insistentemente que el ciclo histórico iniciado hace cinco siglos con el ascenso de nuestra civilización está dando paso a un declive irremediable y a una nueva era dominada...¿por quién?. Algunos dicen que por Oriente, otros que por el Islam o por el Sur Global o por una elite financiera cosmopolita avariciosa y sin escrúpulos. Los profetas de la catástrofe final afirman que por el Caos. Cualquiera que sea el caso, vivimos en un estado de ánimo de anticipación espengleriana. Quizá, me tienta pensar, si viviera en nuestros días, el Beato de Liébana encontraría fácilmente nuevas fuentes de inspiración para alimentar su imaginación apocalíptica simplemente leyendo cada mañana la sección internacional de cualquier periódico. Pero, quizá, el mismo Beato podría concluir que, al igual que su mundo no se extinguió en torno al año 1000, tampoco lo hará el nuestro, o eso esperamos. De hecho, sus comentarios al Apocalipsis son una muestra de la capacidad de supervivencia de nuestra civilización: un milenio después todavía podemos admirar los iluminados frutos de su ansiedad creativa en la Catedral de Gerona o en un museo de Nueva York. Aun más, el Beato y sus seguidores contribuyeron a esa misma continuidad, ¿podrán decir de nosotros y de nuestros descendientes lo mismo dentro de mil años? ¿qué color y forma tendrá nuestro legado?

¿cuál será nuestro mensaje postrero, de esperanza o de desesperación?.

El Beato nos ofrece también una metáfora apropiada para expresar la capacidad de las distintas configuraciones del Mundo Hispánico para sobrevivir y adaptarse a las circunstancias más exigentes. Los escribas e iluministas que perpetuaron la tradición del Beato vivieron a través de siglos tormentosos. Las tierras de frontera que habitaban y los pueblos con los que convivían o guerreaban, los hombres y mujeres que amaban o exterminaban, habían cambiado y habrían de cambiar múltiples veces en épocas pasadas y subsiguientes. Tras el período de las Tres Culturas, una de las formas de Hispania resultó triunfante. Pero, a pesar de considerarse como exponente de una única expresión de la civilización -clásica y cristiana- era en sí misma el producto de siglos de mezcla cultural y genética y ninguna Inquisición ni pureza de sangre pudo terminar con esa realidad primordial.

Muchos autores de merecido prestigio siguen considerando que los siglos de presencia musulmana y judía en España no pertenecen propiamente a nuestra historia, o a la historia europea u occidental, sino que fueron desviaciones de un cauce ya predeterminado desde los tiempos de la Hispania romana y la posterior cristianización. Me parece una interpretación errónea del curso de la historia de España, de Europa y de Occidente. Los ocho largos siglos en los que convivieron poetas, doctores, estadistas, guerreros, poetas, amantes, artesanos, padres e hijos, matronas, comerciantes, ladrones y asesinos, sacerdotes o agricultores ya fueran musulmanes, judíos o cristianos son una parte integral e irrenunciable de quienes somos. Nuestro Mundo Hispánico es el producto de esos hombres y mujeres, y de los iberos, celtíberos, romanos y de los visigodos que les precedieron y de los exploradores, conquistadores, amerindios y mestizos que todavía estaban por encontrarse en el gigantesco proceso de extroversión, destrucción, creación e incorporación que dio origen a la Modernidad.

Cuando el Estado español emergió al inicio de la Era Moderna lo hizo adoptando la forma de una Monarquía compuesta que regía una sociedad en estado de fisión y fusión nucleares. No hubo tiempo para que tan inestable estado de cosas encontrara un punto de equilibrio, lo que explica muchos de los desarrollos posteriores en la historia de España, para lo mejor y lo peor. La identificación, por medio de una serie de combinaciones dinásticas, de ese naciente Estado con una ideología imperial rediviva, pero de estirpe clásica, coincidió con la era de las exploraciones y conquistas que provocaron la expansión de la civilización occidental. La Gran Extroversión Ibérica dio lugar así a la primera Era de la Globalización.

En España, un Estado y una sociedad en formación fueron propulsados por las poderosas fuerzas de la historia y por la voluntad de determinados individuos en posiciones de influencia y decisión a levantar un Imperio de proporciones mundiales. Algunos historiadores insisten en que el resultado, en lo que se refiere a la organización y explotación de las posesiones ultramarinas, fue posible gracias a la improvisación y a la importación de recursos humanos y materiales, métodos de gestión y tecnologías de extracción foránea, sobre todo nord-atlántica. No puedo estar completamente de acuerdo. La compuesta Monarquía Hispánica fue capaz de crear, en un proceso de prueba y error, una comunidad transcontinental y transoceánica que perduró unida políticamente durante unos tres siglos y culturalmente mucho más, hasta nuestros días. Fue capaz de hacerlo gracias a su extraordinaria capacidad para acumular, controlar y proyectar una gran variedad de instrumentos políticos, diplomáticos, militares, culturales, científicos y tecnológicos. Generaciones de exploradores, conquistadores, misioneros, comerciantes, artistas, administradores y todo tipo de gentes dejaron España para asentarse en los más remotos rincones de la Monarquía Hispánica. Conforme viajaban a través de océanos y continentes y se asentaban en algún lugar u otro, pusieron en marcha un ciclo de destrucción, creación, mezcla y consolidación sin precedentes. Así como la experiencia hispánica desde Roma hasta inicios de la Edad Moderna había sido, sobre todo, el producto de invasiones seguidas por períodos de amalgamación en las tierras ibéricas, la experiencia hispánica desde el siglo XV fue posible gracias a un movimiento centrífugo de expansión que se dejó sentir en partes del mundo que nunca, o tan sólo en fechas muy remotas, habían tenido contacto entre sí. El papel de España en la historia de la civilización ha sido en cierto modo el de un punto de encuentro y el de una plataforma de lanzamiento de pueblos y culturas, pero no sólo de una forma pasiva, sino extraordinariamente creativa. Es así como, aun formando parte de la civilización occidental, por mucho que Lord Clark no lo pensara así, España y el más amplio Mundo Hispánico la trascienden. Mientras otras naciones europeas como Gran Bretaña, Francia o los Países Bajos también tuvieron imperios ultramarinos y exportaron sus respectivas culturas a otras partes del mundo, o no pudieron o no quisieron crear nuevas versiones de la civilización occidental incorporando en su propia fábrica interna los pueblos y culturas considerados ajenos a sus "esencias" metropolitanas.

En la experiencia hispánica, por el contrario, Occidente fue concebido desde el principio como una realidad compuesta que constantemente continuaba asimilando nueva savia a medida que se expandía. Esa capacidad para absorber, no sólo intelectualmente, sino vitalmente, creativamente, nuevos elementos en su propio ser y para ampliar no sólo su campo de visión, sino su propia esencia, constituye la marca característica del Mundo Hispánico y su principal contribución a la historia de la civilización.

No todo el mundo comparte esta interpretación. En la historia de España, hasta en la más reciente, no han faltado quienes han pretendido y conseguido imponer, temporalmente, una visión monolítica de nuestra historia. Fuera de nuestras fronteras, también se ha intentado con obstinación minusvalorar la aportación hispánica, o distorsionarla hasta extremos propios de una mala caricatura. En su controvertido ensayo sobre el choque de civilizaciones, Samuel Huntington, aunque mantuvo a España dentro de Occidente, cosa que no hizo mi admirado Lord Clark, excluyó a Hispano-américa de la tradición occidental y la relegó a un rincón exótico. En su última obra, *Who are We?*, el mismo Huntington fue más lejos y consideró a los hispanos, en el sentido utilizado en los Estados Unidos, como una amenaza existencial a las esencias anglo-protestantes de esa gran República. La estrategia de Huntington, como la de otros autores nord-atlánticos, sobre todo anglosajones, era doble: por un lado, establecer una cesura insalvable entre España y la América de habla española y, por otro, considerar a los hispanos como una suerte de bárbaros infiltrados dentro de la ciudadela puritana. Divididos y excluidos -o relegados a la periferia- para así mejor ser manipulados y explotados por los centros neurálgicos del poder nord-atlántico, tal es la suerte que algunos nos tienen reservada desde la división en el siglo XIX del Mundo Hispánico hasta nuestros días.

Confrontar y superar tales estrategias es el reto de las nuevas generaciones de hispanos, cualquiera que sea su nacionalidad. El primer paso para hacerlo posible es elaborar narraciones alternativas de la experiencia histórica de nuestros pueblos que respondan no a visiones interesadas desde fuera, sino que sean concebidas desde dentro, desde lo que Ortega y Gasset o Julián Marías denominaran como la razón histórica propia. Adviértase que he hablado de narrativas y no de una única forma de contar la historia. Ha de ser así porque el Mundo Hispánico es plural. Dentro del mismo, la voz de los españoles, incluyendo la mía, es una más y no necesariamente la más relevante. Es bueno que sea así. España es un fragmento de ese vasto universo hispánico. Tuvo una función esencial en su creación y temprana expansión, es cierto, pero nada garantizaba que tuviera que ser así por siempre. La realidad hispánica de nuestros días es mucho más consciente de una diversidad que incluye, sin exclusiones ni privilegios y con cada vez mayor fuerza, el componente amerindio y mestizo, así como otras muchas influencias que se extienden a otras dimensiones de Occidente, al Extremo Oriente o al Sur Global. El cosmopolitismo de capas crecientes de las poblaciones hispánicas hace hoy imposible que el Mundo Hispánico pivote alrededor de un único centro. Esta es la gran diferencia con otras áreas culturales, por ejemplo la francófona, excesivamente dependiente del liderazgo de Francia.

Un Mundo Hispánico plural, con distintos nodos relacionados entre sí en múltiples redes, es la mejor garantía para que prosperen sus mejores energías intelectuales y materiales y también para hacer avanzar sus posibilidades de influir en la conformación de una civilización auténticamente global. En el camino, los hispanos no deberíamos olvidar nuestros orígenes. Recuperar, estudiar y revivir nuestra historia, en toda su plenitud y en todas sus dimensiones -amerindia, europea, africana, oceánica, asiática o, con más frecuencia, mezclada- es parte de la labor que nos espera, no para permanecer anclados en el pasado, sino para aprender del mismo y situar ese conocimiento en el cauce siempre creciente y cambiante de nuestra común experiencia humana de forma que otros puedan beneficiarse de él.

Es también necesario, me atrevo a decir, que el Mundo Hispánico, a pesar de trascender los límites de Occidente, pueda contribuir a su renacer. No para que de nuevo albergue ensoñadoras ambiciones de recuperar pasadas hegemonías, sino, entre otras razones, para evitar que caiga de nuevo en ellas. Si se me preguntara, diría que mi opción preferida para orientar el renacimiento de Occidente no se aparta demasiado de los consejos de George Steiner para el estudio de las humanidades en la era de la ciencia y de la globalización. Pues fue la senda abandonada del humanismo la que hemos de reencontrar y su promesa sin cumplir la que deberíamos empeñarnos en honrar. Ahora bien, ha de tratarse de un humanismo distinto del concebido en el Renacimiento. Para comenzar, el nuevo humanismo cosmopolita no ha de limitarse al estudio de los clásicos greco-latinos y de la Biblia, por importantes que ambas referencias sean. Un hombre o mujer occidentales civilizados, en la expresión de George Steiner, tienen hoy que incluir en sus estudios los textos esenciales de otras culturas y religiones. Si podemos convencernos de la necesidad de aprender de memoria pasajes de Homero, Ovidio o del Nuevo Testamente, no ha de resultar tan difícil dedicarle algunas horas a un poema de Du Fu, algunas suras del Corán o algunos versos del Mahabharata, aproximándonos a ellos, si es posible, en sus lenguas originales. Unas pocas horas restadas a tantas otras dedicadas a la televisión o a Internet podrían bastar, lo que no parece demasiado pedir.

El nuevo humanismo ha de colmar, asimismo, el creciente abismo entre lo que C. P Snow en su conferencia homónima denominara como las Dos Culturas, el cultivo de las letras y de las ciencias, de las más depuradas artes y de las más avanzadas tecnologías, como si de reinos separados por un infranqueable foso se tratara. Ese abismo no es natural, sino una consecuencia reciente de la especialización del saber en compartimentos casi estancos que no existían, como hemos visto, entre las grandes mentes de la Antigüedad y de la Edad Media. San Isidoro, Maimónides o Alfonso X, como más tarde Leonardo o Miguel Ángel, no hubieran sido capaces de comprender que un gran poeta o músico tuviera que renunciar a la astronomía o que un arquitecto o matemático no pudiera componer un poema de supremo efecto lírico o trazar un grácil retrato, pues todas esas obras son producto de los poderes de la imaginación y de la razón creadora. La Revolución Científica y la industrialización pusieron fin al hombre universal o, mejor, dejaron en suspenso su posibilidad. Pero el potencial para que cada uno de nosotros pueda llegar a serlo está ahí y existen ejemplos en el pasado que nos pueden guiar en el camino hasta conseguirlo. ¿Suena ambicioso? Pronunciemos un cervantino "vale", que lo sea.

Concluyo con una nota muy personal y que el lector me perdone. Si tuviera que elegir, tras este largo recorrido, una contribución hispánica -ya sé que algunos dirían catalana, lo que no me importa porque en modo alguno lo considero contradictorio- a la historia de la civilización, mencionaría el redescubrimiento de las Suites para Chelo de Bach por Pau Casals (157).

157. Pau Casals en la Abadía de Saint Michel de Cuxa, 1954.

Casi nadie había escuchado tan milagrosos sonidos desde su composición en 1720 en la pequeña ciudad alemana de Köthen. Fue gracias a las interminables horas dedicadas por Casals para domeñar la compleja partitura de Bach y a sus primeras interpretaciones públicas y grabaciones en la década de 1930 que las Suites retornaron a la vida. Desde entonces, no hay chelista que se precie - Rostropovich, Maisky, Yo-Yo Ma...- que pueda considerarse en plena posesión de su instrumento sin haber llegado a dominar la obra resucitada por el maestro catalán. Pues, si *Las Meninas* de Velázquez son la teología de la pintura, las Suites para Chelo de Bach son la sublime teología de la música, compuesta por un germano, rediviva por un hijo del Mediterráneo e interpretada desde una pequeña iglesia románica de los Pirineos para que sus notas resuenen en todo el mundo. Quiero creer que Lord Clark, gran amante de Bach, aprobaría mi elección para concluir este modesto ensayo.

BIBLIOGRAFIA

Sólo menciono en esta sección las obras que he consultado personalmente al escribir este ensayo y han contribuido a formar una visión personal de la historia de la civilización desde un punto de vista hispánico. Me permito recomendar al lector que complete esta lista, que no tiene pretensiones de ser exhaustiva, con otras contribuciones que ofrezcan perspectivas alternativas e incluso que contradigan la aquí ofrecida, pues es mediante el contraste razonado de visiones divergentes como avanza la empresa común que denominamos civilización.

INTRODUCCION

Clark, Kenneth, *Civilisation. A Personal View*. New York: Harper & Row, Publishers, 1969.

Clark, Kenneth, *Another Part of the Wood. A Self-Portrait*. London: Hamish Hamilton, 1985.

Clark, Kenneth, *The Other Half. A Self –Portrait*. London: Hamish Hamilton, 1986.

Elliot, John (ed.) *The Hispanic World*. London: Thames& Hudson, 1991.

Elliot, John, *History in the Making*. New Haven and London: Yale University Press, 2012.

Ferguson, Niall, *Civilization. The West and the Rest*. London: Allen Lane, 2011.

Huntington, Samuel P., *Who Are We? The Challenges to America's National Identity*. New York: Simon& Schuster, 2004.

Madariaga, Salvador de, *The Rise of the Spanish American Empire*. New York: The Macmillan Company, 1947.

Ostler, Nicholas, *Empires of the Word. A Language History of the World*. New York: Harper Perennial, 2006.

Uslar Pietri, Arturo, *Ensayos sobre el Nuevo Mundo. Antología de textos políticos*. Madrid: Tecnos, 2002.

CAPITULO 1

Brehuat, Ernest, *An Encyclopedist of the Dark Ages: Isidore of Seville*. New York: Columbia University, 1912.

Brown, Peter, *The World of Late Antiquity*. New York: W.W. Norton & Company, 1989.

Curtius, Ernst Robert, *European Literature and the Latin Middle Ages*. Princeton: Princeton University Press, 1953.

Huyghe, Rene (General Editor), *Larousse Encyclopedia of Byzantine and Medieval Art*. Feltham, Middlesex: The Hamlyn Publishing Group, 1968.

Slocum, Kay, *Medieval Civilisation*. London: Laurence King Publishing, 2005.

Thomson, E.A., *Los godos en España*. Madrid: Alianza Editorial, 2007.

CAPITULO 2

Burns, R.I (editor) *Emperor of Culture. Alfonso X the Learned of Castile and his Thirteenth-Century Renaissance.* Philadelphia: University of Pennsylvania Press, 1990.

Chevalier, Jean, *El sufismo.* México D.F: Fondo de Cultura Económica, 1998.

Dodds, Jerrylynn D, Menocal, Maria Rosa and Krasner Balbale, Abigail, *The Arts of Intimacy. Christians, Jews, and Muslims in the Making of Castilian Spain. New Haven: Yale University Press,* 2008.

Gilson, Etienne, *El espíritu de la filosofía medieval.* Madrid: Ediciones Rialp, 2009.

Guichard, Pierre, *From the Arab Conquest to the Reconquest: The Splendour and Fragility of al-Andalus.* Granada: Fundación El Legado Andalusí, 2006.

Lapesa, Rafael, *Historia de la lengua española.* Madrid: Editorial Gredos, 1981.

Lapidus, Ira M. *A History of Islamic Societies.* Cambridge: Cambridge University Press, 2002.

Leviant, Curt, *Masterpieces of Hebrew Literature.* Philadelphia: The Jewish Publication Society, 2008.

Lowney, Chris, *A Vanished World. Muslims, Christians, and Jews in Medieval Spain.* Oxford: Oxford University Press, 2006.

Martínez, Salvador H. *Alfonso X, el Sabio. Una biografía.* Madrid: Ediciones Polifemo, 2003.

Menocal, Maria Rosa, *The Ornament of the World. How Muslims, Jews and Christians Created a Culture of Tolerance in Medieval Spain*. New York: Back Bay Books, 2002.

Rubenstein, Richard E., *Aristotle's Children. How Christians, Muslims and Jews Rediscovered Ancient Wisdom and Illuminated the Dark Ages*. Orlando: Harcourt, Inc, 2003.

Russell, Bertrand. *History of Western Philosophy*. London: Routledge, 2001.

Sachar, Howard M. *Farewell España. The World of the Sephardin Remembered*. New York: Alfred A. Knopf, 1994.

Vega Esquerra, Amador, *Ramon Llull and the Secret of Life*. New York: The Crossroads Publishing Company, 2002.

Vega Esquerra, Amador, *Sacrificio y creación en la pintura de Rothko*. Madrid: Ediciones Siruela, 2010.

Vernet, Juan, *Literatura árabe*. Barcelona: Acantilado, 2002.

Vernet, Juan, *Lo que Europa debe al Islam de España*. Barcelona: Acantilado, 2006.

Una excelente grabación de la música compuesta en la España medieval es: *Las tres culturas. La música medieval española. Three Cultures in Medieval Spanish Music.*. Madrid: PNEUMA, 2001.

CAPITULO 3

Checa, Fernando y García García, Bernardo J, *El Arte en la Corte de los Reyes Católicos. Rutas artísticas a principios de la Edad Moderna*. Madrid: Fundación Carlos de Amberes, 2005.

Clavijo, Ruy González de, *Embajada a Tamorlán*. Madrid: Editorial Castalia, 1999.

Dandelet, Thomas James, *Spanish Rome, 1500-1700*. New Haven: Yale University Press, 2001.

Doussinague, José María, *La política internacional de Fernando el Católico*. Madrid: Espasa Calpe,1944.

Fernández-Armesto, Felipe. *Pathfinders. A Global History of Exploration*. New York: Oxford University Press, 2007.

Gerbi, Antonello, *Nature in the New World. From Christopher Columbus to Gonzalo Fernandez de Oviedo*. Pittsburg: University of Pittsburg Press, 2010.

Headley, John M. *The Europeanization of the World. On the Origins of Human Rights and Democracy*. Princeton: Princeton University Press, 2008.

Kirkpatrick, F.A, *Los conquistadores españoles*. Madrid: Espasa Calpe, 1960.

King, Margaret L., *The Renaissance in Europe*. London: Lawrence King Publishing, 2003.

Kristeller, Paul Oskar, *Renaissance Thought and the Arts*. Princeton: Princeton University Press, 1990.

Lane Fox, Robin, *Alejandro Magno. Conquistador del mundo*. Barcelona: Acantilado, 2007.

Levin, Michael, J. *Agents of Empire. Spanish Ambassadors in Sixteenth-Century Italy.* Ithaca, New York: Cornell University Press, 2005.

MacKenney, Richard, *Sixteenth Century Europe: Expansion and Conflict.* New York: Saint Martin Press, 1993.

Mattingly, Garret, *Renaissance Diplomacy.* New York: Dover Publications, 1988.

Restall, Matthew and Fernández-Armesto, Felipe, *The Conquistadors. A Very Short Introduction.* New York: Oxford University Press, 2012.

Signorotto, Gianvittorio, *Milán español. Guerra, instituciones y gobernantes durante el reinado de Felipe IV.* Madrid: La Esfera de los Libros, 2006.

Titley, Norah and Wood, Frances, *Oriental Gardens. An Illustrated History.* San Francisco: Chronicle Books, 1991.

Zerubavel, Eviatar, *Terra Cognita. The Mental Discovery of America.* New Brunswick: Rutgers University Press, 1992.

CAPITULO 4

Beltrán, Vicente, *Francisco de Vitoria.* Madrid: Editorial Labor, 1939.

Brown Scott, James, *The Catholic Conception of International Law.* Washington DC: Georgetown University Press, 1934.

De las Casas, Bartolomé, *A Short Account of the Destruction of the Indies* (edited by Nigel Griffin). London: Penguin Books, 1992.

Clayton, Lawrence A., *Bartolomé de las Casas and the Conquest of the Americas.* Oxford: Wiley-Blackwell, 2011.

Dumont, Jean, *El amanecer de los derechos del hombre. La controversia de Valladolid*. Madrid: Ediciones Encuentro, 2009.

Enloe, Cynthia and Seager, Joni, *The Real State of America Atlas. Mapping the Myths and Truths of the United States*. New York: Penguin Books, 2011.

Hoxie, Frederick E and Iverson, Peter, edited by, *Indians in American History. An Introduction*. Wheeling, Illinois: Harlan Davidosn, 1998.

Mumford Jones, Howard, *O Strange New World*. New York: Viking Press, 1964.

Pérez-Amador Adam, Alberto, *De legitimatione imperii Indiae Occidentalis. La vindicación de la Empresa Americana en el discurso jurídico y teológico de las letras de los Siglos de Oro en España y los virreinatos americanos*. Madrid: Iberoamericana, 2011.

Russell, Bertrand, *History of Western Philosophy*. London: Routledge, 2000.

Vitoria, Francisco de, *Relecciones sobre los indios y el Derecho de Guerra*. Madrid: Espasa Calpe, 1975.

CAPITULO 5

Álvarez Peláez, Raquel, "La obra de Hernández y su repercusión en las Ciencias Naturales". Asclepio- Vol. XLVII-2-1995, pp. 27-44.

Brown, Jonathan and Elliot, John, *The Sale of the Century. Artistic Relations between Spain and Great Britain, 1604-1655*. New Haven: Yale University Press in association with Museo Nacional del Prado, 2002.

Cañizares- Esguerra, Jorge, *Nature, Empire and Nation. Explorations of the History of Science in the Iberian World*. Stanford: Stanford University Press, 2006.

De la Rosa, Juan Manuel, *El ermitaño del Rey*. Sevilla: Algaida Editores, 2007.

Gauffreteau-Sevy, M. *Hyeronymus Bosh, "el Bosco"*. Barcelona: Editorial Labor, 1967.

Gómez de Liaño, Ignacio, *La variedad del mundo*. Madrid: Ediciones Siruela, 2002.

Hale, John, *The Civilization of Europe in the Renaissance*. New York: Atheneum, 1994.

Kamen, Henry, *The Escorial. Art and Power in the Renaissance*. New Haven: Yale University Press, 2010.

León- Portilla, Miguel, *Bernardino de Sahagún. First Anthopologist*. Norman, Oklahoma: University of Oklahoma Press, 2002.

Martinez Ruiz, Enrique (Director), *Felipe II, la Ciencia y la Técnica*. Madrid: Editorial Actas, 1999.

Panofsky, Erwin, *Problems in Titian, Mostly Iconographic*. New York: New York University Press. 1969.

Portuondo, Maria M. *Secret Science. Spanish Cosmographers and the New World*. Chicago: The University of Chicago Press, 2009.

Varey, Simon; Chabran, Rafael and Weiner, Dora B (editors). *Searching for the Secrets of Nature. The Life and Works of Dr. Francisco Hernández*. Stanford: Standford University Press, 2002.

Tras un largo período de olvido, la música española del Renacimiento y del Barroco está siendo objeto de estudio y aprecio gracias a la labor tanto de dedicados historiadores de la música como de virtuosos instrumentistas, entre quienes figura de forma prominente Jordi Savall y su conjunto Hesperión XX. El lector interesado puede acceder a excelentes grabaciones de música española de los siglos XV, XVI y XVII, como por ejemplo las realizadas por: Savall, Jordi, *España Antigua. Old Spain.* EMI Records, 2001; Turner, Bruno. Pro Cantione Antiqua. The London Cornett and Sackbut Ensemble: *El Siglo de Oro. Spanish Sacred Music of the Renaissance.* Teldec Classics International, 1993. Las composiciones españolas para órgano pueden ser escuchadas en Cea, Andrés (maestro organista), *Tiento a las Españas. Music of the Age of the Spanish Empire.* La Tirana, 1997

CAPITULO 6

Arteche, José de, *Urdaneta. El dominador de los espacios del océano Pacifico.* Madrid: Espasa Calpe, 1943.

Benfey, Christopher, *The Great Wave. Gilded Age Misfits, Japanese Eccentrics and the Opening of Japan.* New York: Random House, 2003.

Bernabéu Albert, Salvador, *El Pacífico español. Mitos, viajeros y rutas oceánicas.* Madrid: Prosegur, 2003.

Cooper, Michael S.J. *They Came to Japan. An Anthology of European Reports on Japan, 1543-1640.* Berkeley: University of California Press, 1965.

Elizalde Pérez- Grueso, María Dolores, *Las relaciones entre España y Filipinas. Siglos XVI-XX.* Madrid-Barcelona: Casa Asia/ CSIC, 2002.

Fenollosa, Ernest F, *Epochs of Chinese and Japanese Art*. Tokyo: ICG Muse, 2000.

Fish, Shirley, *The Manila-Acapulco Galleons. The Treasure Ships of the Pacific*. Central Milton Keynes: AuthorHouse, 2011.

Franke, Herbert and Trauzettel, Rolf. *El Imperio chino*. Madrid: Siglo XXI, 1978.

Griffis, William E. *The Mikado's Empire: A History of Japan from the Mythological Age to Meiji Era*. Tokyo: ICG Muse, 2000.

Lach, Donald F. *Asia in the Making of Europe. Volume I. The Century of Discovery*. Chicago: The University of Chicago Press, 1965.

Lach, Donald F, *Asia in the Making of Europe. Volume II. A Century of Wonder*. Chicago: The University of Chicago Press, 1977.

Lidin, Olof G. Tanegashima. *The Arrival of Europe in Japan*. Copenhagen: NIAN Press, 2002.

Lison Tolosana, Carmelo, *La fascinación de la diferencia. La adaptación de los jesuitas al Japón de los samuráis, 1549-1592*. Madrid: Akal, 2005.

Mitchell, Mairin, *Friar Andres de Urdaneta, O.S.A. (1508-1568). Pioneer of Pacific Navigation from West to East*. London: Macdonald and Evans, 1964.

Murase, Miyeko (edited by,) *Turning Point. Oribe and the Arts of Sixteenth Century Japan*. New York: The Metropolitan Museum of Art, 2003.

Ortega y Gasset, José, *Una interpretación de la Historia Universal*. Madrid: Alianza Editorial, 1989.

Smith, Adam, *The Wealth of Nations*. New York: Classic House Books, 2009.

Sola, Emilio, *Historia de un desencuentro. España y Japón, 1580-1614*. Madrid: Fugaz Ediciones, 1999.

Spate, O.H.K, *The Spanish Lake*. Canberra: ANUE Press, 2004.

Spence, Jonathan, *The Chan's Great Continent. China in Western Minds*. London: Penguin Books, 1998.

Toynbee, Arnold J. *A Study of History. Abridgement of Volumes I-VI by D.C. Somervell*. New York: Oxford University Press, 1976.

VVAA. *El galeón de Manila*. Madrid: Aldeasa/Ministerio de Educación, Cultura y Deportes, 2000.

Walton, Timothy R., *The Spanish Treasure Fleets*. Sarasota, Florida: Pineapple Press, 1994.

CAPITULO 7

Alonso, Dámaso, *Poesía española. Ensayo de métodos y límites estilísticos*. Madrid: Editorial Gredos, 2008.

Auerbach, Erich, *Mimesis. The Representation of Reality in Western Literature*. Princeton: Princeton University Press, 2003.

Barnstone, Willis (editor and translator), *Six Masters of the Spanish Sonnet*. Carbondale and Edwardsville: Southern Illinois University Press, 1993.

Bloom, Harold, *The Western Canon. The Books and School of the Ages*. New York: Riverhead Books, 1994.

Brenan, Gerald, *The Literature of the Spanish People*, New York, Cambridge University Press, 1953.

Brown, Jonathan, *Images and Ideas in Seventeenth-Century Spanish Painting*. Princenton, New Yersey: Princeton University Press, 1978.

Brown, Jonathan, *Painting in Spain, 1500-1700*. New Haven:Yale University Press, 1998.

Cervantes, Miguel de, *Don Quijote de la Mancha*. Edición del Instituto Cervantes dirigida por Francisco Rico. Barcelona: Instituto Cervantes-Crítica, 1998.

Cervantes, Miguel de, *The Portable Cervantes, translated and edited by Samuel Putnam*. New York: Penguin Books, 1976.

Close, Anthony, *A Companion to Don Quixote*. Woodbridge, Suffolk: Tamesis, 2010.

Green, Otis H. *Spain and the Western Tradition*. Madison and Milwaukee: The University of Wisconsin Press, 1965.

López Baralt, Luce, *San Juan de la Cruz y el Islam*. Mexico D.F.: El Colegio de México, 1985.

Maravall, José Antonio, *La cultura del Barroco. Análisis de una estructura histórica*. Barcelona: Editorial Ariel, 2002.

McCrory, Donald P., *No Ordinary Man. The Life and Times of Miguel de Cervantes*. London: Peter Owen Publishers, 2005.

Moffit, John F., *The Arts in Spain*. London: Thames and Hudson, 1999.

Paz, Octavio, *Convergences. Essays on Art and Literature*. London: Bloomsbury, 1987.

Peers, Allison E., *The Mystics of Spain*. Mineola, New York: Dover Publications, 2002.

Riquer, Martín de, *Para leer a Cervantes*. Barcelona: Acantilado, 2010.

Stratton-Pruitt, Suzanne L. (edited by), *The Cambridge Companion to Velázquez*. Cambridge: Cambridge University Press, 2002.

Trusted, Marjorie, *The Arts of Spain. Iberia and Latin America, 1450-1700*. London: Victoria & Albert Publications, 2007.

CAPITULO 8

Arciniegas, Germán, *Latin America: A Cultural History*. New York: Alfred A. Knopf, 1966.

Bernier, Oliver, *The World in 1800*. New York: John Wiley & Sons, 2000.

Burkholder, Mark A. and Johnson, Lyman L. *Colonial Latin America*. New York: Oxford University Press, 2008.

Chang-Rodríguez, Raquel (edited by), *Beyond Books and Borders, Garcilaso de la Vega and La Florida del Inca*. Lewisburg: Bucknell University Press, 2006.

Chang-Rodríguez, Raquel (edited by), *Entre la espada y la pluma. El Inca Garcilaso de la Vega y sus Comentarios Reales*. Lima: Fondo Editorial de la Pontifica Universidad Católica del Perú, 2010.

DeGuzmán, María, *Spain´s Long Shadow. The Black Legend, Off-Whiteness and Anglo-American Empire*. Minneapolis: University of Minnesota Press, 2005.

Elliot, J.H. *Empires of the Atlantic World. Britain and Spain in America, 1492-1830*. New Haven: Yale University Press, 2006.

Ellis, Joseph J., *American Sphinx. The Character of Thomas Jefferson*. New York: Vintage Books, 1998.

Fernández-Armesto, Felipe, *The Americas. A Hemispheric History*. New York: Modern Library Edition, 2003.

Gruzinski, Serge, *Las cuatro partes del mundo. Historia de una mundialización*. México D.F: Fondo de Cultura Económica, 2010.

Humboldt, Alexander von, *Selections from the Works of the Baron de Humboldt Relating to Mexico, with notes by J. Taylor*. La Vergne: General Books, 2010.

Ishikawa, Chiyo (edited by), *Spain in the Age of Exploration, 1492-1819*. Seattle: Seattle Art Museum, 2004.

Kagan, Richard L. *Urban Images of the Hispanic World. 1493-1793*. New Haven: Yale University Press, 2000.

Katzew, Ilona, *Casta Paintings: Images of Race in Eighteenth-Century Mexico*, New Haven: Yale University Press, 2004.

Katzew, Ilona (edited by), *Contested Visions in the Spanish Colonial World*. New Haven: Yale University Press, 2011.

Kelemen, Pál, *Vanishing Art of the Americas*, New York: Walker and Company, 1977.

Leonard, Irving A., *Books of the Brave: Being an Account of Books and Men in the Spanish Conquest and Settlement of the Sixteenth Century New World*. Cambridge, MA: Harvard University Press, 1949.

MacLanlan, Colin M. and Rodriguez O., Jaime E., *The Forging of a Cosmic Race. A Reinterpretation of Colonial Mexico*. Berkley: University of California Press, 1980.

Reyes, Alfonso, *Letras de la Nueva España*. México D.F: Fondo de Cultura Económica, 2000.

Rodríguez, José Manuel, *El almirante Blas de Lezo. El vasco que salvó el Imperio español*. Barcelona: Altera, 2008.

Sanz Camañes, Porfirio, *Las ciudades en la América Hispana. Siglos XV al XVIII*. Madrid: Silex, 2004.

Schwab, Raymond, *The Oriental Renaissance. Europe's Rediscovery of India and the East, 1680-1880*. New York: Columbia University Press, 1984.

Stein, Stanley J. And Stein, Barbara H., *Apogee of Empire. Spain and New Spain in the Age of Charles III, 1759-1789*. Baltimore: The John Hopkins University Press, 2003.

Vergara Hernández, Arturo, *Las pinturas del templo de Ixmiquilpan. ¿Evangelización, reivindicación indígena o propaganda de guerra?*. Hidalgo: Universidad Autónoma del Estado de Hidalgo, 2010.

VVAA, *Pintura de los Reinos. Identidades compartidas en el mundo hispánico*. Mexico D.F: Fomento de Cultura Banamex, 2010.

La música del Nuevo Mundo hispánico puede escucharse gracias a un creciente número de grabaciones en el mercado. De especial interés resulta: Hesperus, *Spain in the New World. Renaissance, Baroque and Native American Music from New Spain*. KOCH International Classics, 1999.

CAPITULO 9

Chávez, Thomas E., *Spain and the Independence of the United States. An Intrinsic Gift*. Alburquerque: University of New Mexico Press.

Farías, Luis M. *La América de Aranda*. México DF: Fondo de Cultura Económica, 2003.

Giménez, Carmen y Calvo Serraller, Francisco, *Pintura Española. De El Greco a Picasso. El tiempo, la verdad y la historia*. New York: The Solomon R. Guggenheim Foundation, 2006.

Herr, Richard, *The Eighteen Century Revolution in Spain*. New Jersey: Princeton University Press, 1960.

Hughes, Robert, *Goya*. London: Vintage, 2004.

Ringrose, David R. *Spain, Europe and the "Spanish Miracle":1700-1900*. Cambridge: Cambridge University Press, 1996.

Solomon, Robert C., *History and Human Nature. A Philosophical Review of European History and Culture, 1750-1850*. New York: Harcourt Brace Jovanovich, 1979.

Steen, Michael, *The Lives and Times of the Great Composers*. Cambridge: Icon Books, 2003

Todorov, Tzvetan, *Goya. A la sombra de las luces*. Barcelona: Galaxia Gutenberg, 2011.

Tomlinson, Janis A. *Goya in the Twilight of the Enlightenment*. New Haven: Yale University Press, 1992.

Vaca de Osma, José Antonio, *Carlos III*. Madrid: Eidiciones Rialp, 1997.

VVAA, *El arte del siglo de las luces*. Barcelona: Galaxia Gutenberg. Círculo de Lectores, 2010.

CAPITULO 10

Bloom, Philipp, *The Vertigo Years*. London: Weidenfeld& Nicolson, 2008.

Brown, C.G. *A Literary History of Spain. The Twentieth Century*. London: Ernest Benn Limited, 1972.

Butler, Christopher, *Modernism. A Very Short Introduction*. New York: Oxford University Press, 2010.

Calinescu, Matei, *Cinco caras de la modernidad. Modernismo, vanguardia, decadencia, kitsch, posmodernismo*. Madrid: Editorial Tecnos, 2003.

González, Aníbal, *A Companion to Spanish America Modernismo*. Rochester, NY: Tamesis, Woodbridge, 2007.

Gray, Rockwell, *The Imperative of Modernity. An Intellectual Biography of José Ortega y Gasset*. Berkeley and Los Angeles: University of California Press, 1989.

Jrade, Cathy, L. *Modernismo, Modernity and the Development of Spanish American Literature*. Austin: University of Texas Press, 1998.

Krauze, Enrique, *Redentores. Ideas y poder en América Latina*. Barcelona: Random House Mondadori, 2011.

Lapesa, Rafael, *Historia de la lengua española*. Madrid: Editorial Gredos, 1981.

López Morales, Humberto, *La aventura del español en América*. Madrid: Espasa Calpe, 1998.

Lucie-Smith, Edward, *Latin American Art of the 20th Century*. London: Thames and Hudson, 1993.

Marichal, Juan, *El secreto de España. Ensayos de historia intelectual y política*. Madrid: Santillana SA, Taurus, 1995.

Mejías-López, Alejandro. *The Inverted Conquest. The Myth of Modernity and the Transatlantic Onset of Modernism*. Nashville, Tennessee: Vanderbilt University Press, 2009.

Miller, Arthur I. *Einstein, Picasso. Space, Time and the Beauty that Causes Havoc*. New York: Basic Books, 2001.

Nicholls, Peter, *Modernisms. A Literary Guide*. New York: New York, 2009.

Onís, Federico de, *España en América. Estudios, ensayos y discursos sobre temas españoles e hispanoamericanos*. Barcelona: Editorial Universitaria Universidad de Puerto Rico, 1968.

Paz, Octavio, *La otra voz. Poesía y fin de siglo*. Barcelona: Editorial Seix Barral, 1990.

Reyes, Alfonso, *La experiencia literaria y otros ensayos*. Madrid: Fundación Banco de Santander, 2009.

Sánchez Vidal, Agustín, *Buñuel, Lorca, Dalí. El enigma sin fin*. Barcelona: Editorial Planeta, 2000.

Shaw, Donald, *La Generación del 98*. Madrid: Ediciones Cátedra, 1997.

Torre, Guillermo de, *Literaturas europeas de vanguardia*. Sevilla: Editorial Renacimiento, 2001.

Toulmin, Stephen, *Cosmopolis. The Hidden Agenda of Modernity*. Chicago: The University of Chicago Press, 1990.

Warncke, Carsten-Peter, *Pablo Picasso 1881-1973*. Koln: Taschen, 2007.

POSTSCRIPTUM.

Huntington, Samuel, *The Clash of Civilizations and the Remaking of World Order*. New York: Simon & Schuster, 1996.

Snow, C.P., *The Two Cultures*. New York: Cambridge University Press, 1998.

Steiner, George, *A Reader*, New York: Oxford University Press, 1984.

La versión de Pau Casals de las *Suites* de Bach puede disfrutarse en la grabación restaurada realizada por Ward Marston, en Naxos Historical, 2000.

Terminado en Nueva York, julio de 2016.

A mis padres, quienes me inculcaron el amor a los libros y al conocimiento.

Made in the USA
Monee, IL
29 May 2020

32145133R00267